"课程思政"教学案例集

KECHENG SIZHENG JIAOXUE ANLIJI

主编 李世平

立信会计出版社
LIXIN ACCOUNTING PUBLISHING HOUSE

图书在版编目(CIP)数据

"课程思政"教学案例集/李世平主编. —上海：
立信会计出版社，2019.7（2022.5重印）
ISBN 978-7-5429-6222-5

Ⅰ.①课… Ⅱ.①李… Ⅲ.①思想政治教育-教案（教育）-高等学校 Ⅳ.①G641

中国版本图书馆 CIP 数据核字（2019）第 150563 号

策划编辑	窦瀚修
责任编辑	陈旻
封面设计	陈凯　南房间

"课程思政"教学案例集
KECHENG SIZHENG JIAOXUE ANLIJI

出版发行	立信会计出版社
地　　址	上海市中山西路 2230 号　　邮政编码　200235
电　　话	(021)64411389　　传　真　(021)64411325
网　　址	www.lixinaph.com　　电子邮箱　lixinaph2019@126.com
网上书店	http://lixin.jd.com　　http://lxkjcbs.tmall.com
经　　销	各地新华书店
印　　刷	常熟市华顺印刷有限公司
开　　本	710 毫米×1000 毫米　　1/16
印　　张	15
字　　数	257 千字
版　　次	2019 年 7 月第 1 版
印　　次	2022 年 5 月第 2 次
书　　号	ISBN 978-7-5429-6222-5/G
定　　价	68.00 元

如有印订差错，请与本社联系调换

编 委 会

主　编　李世平
副主编　文选才　秦浦泉　万金城
编　委　程振强　徐爱荣　赵阳子
　　　　　陈　凯

前　言

2016年12月8日,习近平总书记在全国高校思想政治工作会议上指出,要用好课堂教学这个主渠道,思想政治理论课要坚持在改进中加强,提升思想政治教育亲和力和针对性,满足学生成长发展需求和期待,其他各门课都要守好一段渠、种好责任田,使各类课程与思想政治理论课同向同行,形成协同效应。2017年3月,上海高校在工作实践中提出"课程思政"的育人理念,即抓住课程改革的核心环节,着力将思想政治工作贯穿于教育教学全过程、各环节,充分发挥思想政治理论课以外的各门课程的育人功能,强化知识传授和价值引领相结合的课程目标。

2017年6月,上海立信会计金融学院获批成为"上海课程思政教育教学改革整体试点培育单位"。在统筹推进"课程思政"教育教学改革的过程中,学校按照"先试点、后推广、全覆盖"的工作步骤,深入挖掘各门课程蕴涵的"课程思政"价值元素,完成了所有课程教学大纲修订与部分重点课程"课程思政"教学团队建设;按照"统筹布局、分步实施、滚动发展"的思路,充分发挥广大教师教书育人的主体作用,构建了"课程—实践—网络—教材"四位一体的"课程思政"教学组织模式。两年来,学校培育"课程思政示范课程"100门,包括52门专业教育课程、37门综合素养课程以及思想政治理论课程等。各门课程努力探索"知识传授与价值引领相结合"的有效路径,把价值观的培育和塑造"基因式"融入教育教学全过程。

"课程思政"必须要发掘、设计并运用好所有课程的育人元素,将理论知识和价值引领有机串联与凝结,实现知识传授与价值观塑造之间的自然交融,切实提高课堂"育人"实效性。基于以上理念,在"课程思政"这种价值引领式的授课新模式下,创建和丰富"课程思政教学案例库"是一个行之有效的创新举措,教师通过互鉴共享"课程思政"教学经验,更好地在专业学科知识体系中发掘和联通与育人知识体系的"契合点",把握两者间天然的关系,厘清其中的"思政育人脉络",更好地用学生喜闻乐见的方式方法,润物无声地开展"立德树人"工作。

鉴于此,本书精选出上海立信会计金融学院"课程思政"典型教学案例,力求有所突破。本书收录的教学案例基本上包含五方面内容:一是教学背景,它描述教学情境背景,包括时间、地点、人物、课程性质等。二是教学过程,它完整阐述教学动态,注意凸显知识传授与价值引领的结合,紧紧围绕"课程思政"理念的落实和工作的推进。三是教学结果,它描述教学结果,包括师生的收获、体会、心理变化、情感体验等。四是教学分析,它着重分析课程中最能反映教学主题和育人元素的关键和细节,归纳对课程的"思政化"设计和处理的重点及难点,对知识传授与价值引领的契合点和"课程思政"教学创新点进行梳理性解读。五是教学反思,它总结经验与不足,形成对"课程思政"教学实践的再认识、再思考。

本书在编写过程中突出"坚持社会主义办学方向,扎根中国大地办大学"等新理念,始终坚持把思想引领和价值导向作为重点,对每一个"课程思政"教学案例进行了严格的把关和审核,特别注重对其"思政内核"的提炼和丰富,以生动、鲜活、具体的"课程思政"典型教学设计支撑和丰富汇编内容,提升"课程思政"教学实践意义。

本书系上海立信会计金融学院"课程思政"教育教学改革阶段性成果,为集体智慧结晶。全书由李世平担任主编,负责确定写作思路和框架,审定教学案例和全书统稿工作;由文选才、秦浦泉、万金城担任副主编,负责制定教学案例写作范式,选辑、审核教学案例。在教学案例的收集、整理、选编以及本书出版过程中,陈凯、赵阳子作了大量的具体工作,在此表示特别感谢。本书的教学案例由上海立信会计金融学院毕玉江等任课教师撰写和提供。

本书可作为高校"课程思政"教学参考书目,特别适用于财经类院校本科层次教学。鉴于本书是首次基于上海立信会计金融学院"课程思政"改革创新实践的初步教学经验成果编写而成,加之编者水平有限,书中难免有一些不成熟的思想及不足之处,还望广大读者批评和指正。

编　者

2019 年 7 月

目 录

第一部分　思想政治理论课程篇

双轮驱动下保险业的社会管理功能再认识 …………………………… 003
中国金融体制改革历史及成就 …………………………………………… 007
诚信内涵与价值的多维思考及育人实践 ………………………………… 012
社会信用体系建设法制保障不可或缺 …………………………………… 023
会计与诚信价值观 ………………………………………………………… 029
旁听司法审判,培养法治思维 …………………………………………… 034
通过实践考核培养学生"知"与"行" …………………………………… 039
"一带一路"倡议:新时代、新定位、新前景 ……………………………… 044
揭批一起历史虚无主义的弥天大谎 ……………………………………… 050

第二部分　专业教育课程篇

金融风险管理中的诸多价值理念 ………………………………………… 057
让优秀成为习惯——"数学分析精讲"中的人生启示 ………………… 062
塑造正确的财务管理利益观,加强社会责任感 ………………………… 069
遵守法律坚守诚信是开展国际贸易业务的基石 ………………………… 073
从 GDP 看中国经济的崛起 ……………………………………………… 081
中国经济增长奇迹 ………………………………………………………… 085
中共十四大以来中国宏观经济政策实践 ………………………………… 088
中美贸易战:深思与启示 ………………………………………………… 093
中国制造 2025:思考与启示 ……………………………………………… 103
"一带一路"倡议构建人类命运共同体平台 …………………………… 110
中国产业结构调整及政策 ………………………………………………… 117

松江大学城食品企业的诚信选择——基于委托代理模型 …………… 121

地方政府雾霾治理行为分析——基于合作博弈理论 ……………… 125

无信不立——保险的最大诚信原则兼谈保险的道德含义 …………… 130

为保险安全上把锁——从泛鑫保险骗局看保险法律监管 …………… 135

从"利比亚事件"看政治风险和海外投资保险 ……………………… 141

JavaEE 体系结构与科技强国 …………………………………………… 147

SSH 框架与工匠精神 …………………………………………………… 152

会计诚信职业素养 ……………………………………………………… 157

同济堂资产评估"乌龙"事件引发的职业道德思考 …………………… 161

数字化叙事法英语演讲课上的诚信主题教育 ………………………… 166

关于人力资源管理理论基础人性假设的思考 ………………………… 170

第三部分 综合素养课程篇

国际经济组织与全球经济治理和大学生责任意识 …………………… 177

世界银行集团的治理功能变化与改革 ………………………………… 181

从中美贸易摩擦探讨中美关系之"修昔底德陷阱" …………………… 185

给留学生讲好中国故事 ………………………………………………… 191

在英语学习中强化民族自信——以"Fighting with the Forces of Nature"
  单元写作训练为例 …………………………………………………… 197

学好翻译,讲好中国故事 ………………………………………………… 206

英语语言技能课堂中中华文明价值观的传播 ………………………… 211

将"工匠精神"融入"书画装裱工艺" …………………………………… 215

将弘扬中华传统文化融入"书画装裱工艺" …………………………… 220

学习《不忘初心》,唱响革命精神 ……………………………………… 226

第一部分　思想政治理论课程篇

双轮驱动下保险业的社会管理功能再认识

毕玉江　沈　晨

一、教学背景

"财经中国"课程是2018年度学校"课程思政教学改革"试点课程。本次授课内容是专题"保险中国",授课对象为2018级新生,授课时间为2018年10月23日,授课地点为2号教学楼109教室。保险最基本的功能是风险管理。而随着保险业的不断发展,现代保险业已经赋予了保险新的内涵,在保险保障的基础上,保险又兼具了资金融通和社会管理功能。本专题内容使用了大量的实际案例、名人名言以及翔实的数据和政策信息,不仅为学生介绍了保险市场发展的基本情况、保险的基本功能及其社会管理功能,还从保险从业人员能力要求的角度为学生提供了学习指导,引导学生要有积极向上的心态、扎实的学科专业知识,在平时要与人为善、团结友爱。本节课采取教师讲授、学生提问与交流的方式进行。

二、教学过程

本专题以大量现实事例让学生了解保险的各种社会及经济功能,保险除了提供保障以外,还能够发挥资金融通、社会管理等功能,在现代经济体系中具有非常重要的作用。

学生通过本专题的学习,关注保险的社会管理功能,对我国经济的全面发展有深刻的认识。

学生通过学习现代保险的定义,了解保险的基本原理,就是在"人人为我、我为人人"的互助共济基础上,依据大数定律测算保费和理赔间的对应关系,并借助精算技术实现了保险在风险管理中的最大效用。

教师在授课过程中指出,作为现代金融体系的三大支柱之一,大多数人只熟悉保险产品的保障功能。实际上,随着社会经济的发展,保险产品在满足风险管理需求的同时,也被赋予了资金融通与社会管理的新功能。教师明确现代保险所具有的保险保障、资金融通与社会管理三大功能,主要通过各种形式的保险产品来实现,满足了现代生活多层次的社会需求,使学生对保险的作用有更加全面的认识。

教师通过指出现代保险业的兴起正是基于保险行业在维护国民经济正常运转、国民生活正常运行过程中所发挥的保险保障功能,使学生对保险的宏观经济作用也有初步的了解。随着社会经济的发展,保险出现了与其他金融行业相融合的趋势,保险公司推出的一些集保险保障、储蓄和投资功能于一体的保险产品,如万能险、分红险和投连险,在提供部分保障功能的同时,也赋予保险投资理财的功能。保险成为攻守兼备的金融工具。

在现代保险的社会功能部分,教师重点介绍了保险的社会管理功能,以此来帮助同学更加深刻地理解政府在改善民生、保障人民安居乐业方面所做出的各种努力。比如,以事实数据指出城乡社会保险的巨大作用:从2012年六部委发布《关于开展城乡居民大病保险工作的指导意见》后,由政府主导、商业保险机构承办的大病保险制度在各地陆续启动试点。其目的是解决"因病致贫、因病返贫"问题,使绝大部分人不会再因为疾病陷入经济困境。2015年全国大病保险已覆盖9.2亿人,加上基本医保经办机构承保的1.3亿人,目前大病保险已经在全国实现了全覆盖,已有345万患者直接受益。

在政府民生保险投入方面,教师分别列举了上海、张家港和青岛的典型做法。上海嘉定区政府以向保险公司购买服务的方式,为辖区内50多万常住人口购买包括自然灾害、火灾、爆炸、大病等在内的民生综合保险计划,其影响在全市不断扩大。张家港"自然灾害民生保险"是由政府出资的政策性保险,凡符合条件的居民和住房,将自动纳入该保险的保障范围,无需自行办理并支付保险费。青岛政府买单包括学生运动保险、电梯责任险、家庭财产保险、长期医疗护理保险等。

在三农保险方面,《国务院关于加快发展现代保险服务业的若干意见》第五条明确提出大力发展农业保险,通过农村小额信贷保险、农业基础设施保险、农民养老健康保险等,创新支农惠农方式。"十二五"时期,我国农业保险业务年均增速21.2%,农业保险累计为10.4亿户次农户提供风险保障6.5万亿元,向

1.2亿户次农户支付赔款914亿元。目前,农产品价格保险试点扩展到26个省份,承保农作物增加至18种。农房保险已覆盖全国所有省市,参保农房9358万间,提供风险保障达1.4万亿元。

教师还以名人对保险的认识来提高学生对保险的观念。专家指出,保险很重要,持有保险是一种责任,也是一种财富。不光是咱们这么认为,很多知名人士,也是这样认为。可见,保险切实关系着每个人的生活,无论对富人还是穷人,无论对名人还是普通人,都非常重要。

本部分最后总结:保险已经不仅仅是一种金融工具,更是一种先进的观念、一种科学的理念和一种现代的生活方式。教师授课使学生对现代保险的功能作用具有更加深刻全面的认识。

在本专题的第二部分,较为详细地介绍了保险业的发展情况。其分别以保险机构蓬勃发展、保费收入快速增长、资金运用逐步放开、承保业务竞争激烈、发展模式更为科学等主题来加以概括。以保费增长为例,"十二五"期间,我国保险市场规模先后赶超德国、法国、英国,全球排名由第六位升至第三位,2015年对国际保险市场增长的贡献度达26%。根据发展规划,"十三五"末,即2020年我国保费收入目标是4.5万亿元。但是同时也显示我国保险市场发展的问题,尽管总保费位居前列,但保险密度、保险深度等指标与保险强国比较仍有差距。从保险密度看(人均保费):我国仅为281美元/人,不到世界平均水平的一半,远低于美国、日本等发达国家水平。根据发展规划,2020年我国的保险密度发展目标为500美元/人,未来发展空间巨大。从保险深度看(保费占GDP的比例),我国仅为3.6%,世界平均水平为6.3%,美国、日本、英国和法国等发达经济体在10%左右,我国与国际的差距非常明显。根据发展规划,2020年我国保险深度的目标为5%,未来发展潜力巨大。

三、教学结果

本专题主要使学生较为全面地了解保险的作用以及我国保险业发展的现状,特别是结合保险的社会管理功能的发挥,使学生了解保险在宏观经济管理、政府社会管理方面发挥的重要作用。保险不仅仅是为了以备不时之需,保险资金也为政府提供了社会管理的资源。学生通过本专题的学习,更加深刻地了解我国政府在使用保险保障民生方面所做出的努力,增强学生的爱国情感。

本专题也直面中国保险业发展仍然不足的现状,使学生了解我国保险市场发展空间仍然较大,鼓励学生努力学习金融保险知识,积极投身于我国保险事业的发展进程。

四、教学分析

本专题的教学主要通过课堂讲授、师生交流的方式，在使学生初步了解保险市场发展进步的现状的同时，提醒学生关注保险资金的运用带来的社会管理功能。教师通过强调现代保险在保险保障、资金融通与社会管理这三个方面的功能，使学生对保险行业有全面、客观的认识，从资金管理的更高角度来认识保险市场的发展以及保险行业的功能。

保险市场的健康发展需要诚信、友善的社会环境，也需要对保险行业全面了解、具有敬业精神的各类人才。在本专题授课的提问环节，学生与授课老师进行了较长时间的问答交流，教师的详细指导为学生提供了职业发展所需能力储备的相关信息。课后仍有不少学生继续与教师进行交流互动，专题授课取得较好效果。

五、教学反思

因为本学期选修本课程的均为一年级新生，对我国经济各方面的发展成就、现状、基本情况等信息缺少直观认识，特别是对相对细分的社会经济领域而言更是如此。相对而言，保险市场的发展与学生直接的关联度不高，因此，本专题的授课没有过多讲授保险相关的专业知识，而是从保险的资金汇集、资金运用这"两个轮子"来为学生讲解，使学生不仅了解了保险的保障功能，还能从资金运行这个角度了解政府的社会管理功能，能够帮助学生全面了解、认识保险行业。

授课教师为保险资管领域的高级管理人员，对保险市场与保险资金的运用有非常丰富的实务知识，也对学生的情况比较了解。教师不仅为学生介绍了保险市场发展的基本情况、保险的基本功能，还从保险从业人员能力要求的角度为学生提供了学习指导，引导学生要有积极向上的心态、扎实的学科专业知识，在平时要与人为善、团结友爱。教师通过本专题的授课，较好地将专业知识与学生能力培养结合起来，取得了较好的教学效果。

在以后课程建设中，教师可以考虑进一步增加实际案例资料，通过现实案例让学生更加关注诚信、敬业、友善、平等、法治等社会准则的重要性，并结合自己的专业学习加强实践。

中国金融体制改革历史及成就

潘瑞姣 刘 亮

一、教学背景

"财经中国"课程是学校"中国系列"通识类选修课程。本专题为"金融中国",授课内容为中国金融体制改革历史及成就,授课教师为校外专家、上海社科院刘亮副研究员,授课对象为2018级学生,授课时间为2018年11月13日,授课地点为浦东校区2号教学楼109室。"金融中国"专题包含以下四方面的内容:中国金融体制改革的历程回顾、中国金融体制改革取得的历史性成就、上海国际金融中心建设迈出重要步伐及自贸试验区金融开放创新取得积极成效。本专题的教学目标是通过对改革开放后中国金融体制改革历史进程的回顾,使学生对中国金融改革历程及金融系统发展现状有个比较全面的理解,在此基础上总结中国金融体制改革取得的成就及未来的发展方向,帮助学生树立与这个时代主题同心同向的理想信念,勇于担当这个时代赋予的历史责任。

二、教学过程

"金融中国"专题包含以下四方面的内容:中国金融体制改革的历程回顾、中国金融体制改革取得的历史性成就、上海国际金融中心建设迈出重要步伐及自贸试验区金融开放创新取得积极成效。本专题的第一个教学目标是计划通过对改革开放后中国金融体制改革历史进程的回顾,使学生对中国金融改革历程及金融系统发展现状有个比较全面的理解,在此基础上总结中国金融体制改革取得的成就及未来的发展方向,帮助学生树立与这个时代主题同心同向的理想信念,勇于担当这个时代赋予的历史责任。

在授课内容安排上,本专题主要分为以下几个部分:

首先,教师简单介绍中华人民共和国成立后金融体系的构建历史。中华人民共和国金融业诞生在解放战争年代。解放战争胜利在即之时,为了统一货币、促进物资交流、支持生产恢复和发展,中央开始着手创建完整的金融体系。1948年12月1日,中国人民银行正式组建成立。这是我国社会主义金融事业的开端,标志着中华人民共和国金融体系的诞生。之后,通过合并解放区银行、没收并改组官僚资本银行、取缔外资银行的在华特权、改造私人银行与钱庄以及建立农村信用社组织等途径,中华人民共和国金融体系逐步建立起来。

到1952年国民经济恢复时期结束时,我国已经建立了以中国人民银行为核心,在中国人民银行统一领导下的几家专业银行和其他金融机构并存的金融体系格局;对各类金融机构实行了统一管理,有效调控了市场货币供求。中华人民共和国金融体系在党和政府的领导下,制止了存在多年的通货膨胀,稳定了金融体系,促进了国民经济逐步恢复和发展。在第一个五年计划中,与高度集中的计划管理体制相适应,各类金融机构按照苏联银行模式进行了改造,建立起一个高度集中的国家银行体系,即"大一统"的银行体系模式,并于1953年开始建立集中统一的综合信贷计划管理体制,实行"统存统贷"的管理方法,银行信贷计划纳入国家经济计划,为经济建设进行全面的金融监督和服务。这一状况一直延续到20世纪70年代末。

这部分内容的授课目的是使学生对改革开放前的中国金融体系的主要特征及历史成就有一定的了解。

其次,教师介绍改革开放以来中国金融体制改革历程。中国的金融体制改革从1978年真正开始。1979年10月,邓小平提出"要把银行作为发展经济、革新技术的杠杆,要把银行办成真正的银行",从而开始了恢复金融、重构金融组织体系的工作。30多年来的金融改革,遵循了一个以市场为取向的、渐进化的改革逻辑,改革的巨大成就体现在从整体上突破了传统的计划金融体制模式,基本建立起一个符合现代市场经济要求的市场金融体制模式。

以1993年为界,改革可以分为两个阶段。第一阶段(1979—1993年),主要是突破过去那种高度集中型的金融机构体系,朝多元化体系方向改革。1983年9月,国务院发布《关于中国人民银行专门行使中央银行职能的决定》,确立了中国人民银行的性质与地位,另设中国工商银行办理中国人民银行原来所办理的全部工商信贷业务和城镇储蓄业务。中国人民银行完全摆脱具体银行业务、专门行使中央银行职能,标志着我国金融机构体系变革的一项重大转折,即中央银行体制的正式建立,同时构建了四大专业银行的商业银行体系。"工、农、中、建"四大商业银行业务严格划分,分别在工商企业、农村、外汇和基本建设四大领域占据垄断地位。同时,在这一时期,票据承兑贴现市场和同业拆借市场开始初步形成,开始构建全国的金融宏观调控体系。

第二阶段(1994年以后)中共中央已经明确提出了建设社会主义市场经济体制的目标,金融体制也进入全面深化改革的关键时期,我国金融业在已有的基础上继续发展,初步建立起社会主义市场金融体制的基本框架。这一阶段的改革目标是:建立适应社会主义市场经济发展需要的以中央银行为领导、政策性金融和商业性金融相分离、以国有独资商业银行为主体、多种金融机构并存的现代金融体系。在具体实施中,改革主要是围绕贯彻"分业经营、分业管理"原则推进的。1994年开始,我国进行了新一轮外汇管理体制改革,进一步发挥市场机制的作用,为我国加入世界贸易组织和实现人民币可兑换奠定了基础。

1994年,我国相继成立了国家开发银行、中国农业发展银行和中国进出口银行三家政策性银行,标志着我国政策性银行体系基本框架的建立。我国于1995年3月正式颁布《中国人民银行法》,2003年修改《中国人民银行法》。这次修改,从法律上分清了中国人民银行和银监会的职责,为这两个机构依法行政提供了法律依据,同时为银行业的进一步发展留下了空间。银监会成立后,立即着手四大商业银行的股份制改造及上市工作。同时,中国的货币市场不断完善,利率市场化也有了一定的进展。

1990年11月26日,中国第一家证券交易所——上海证券交易所宣告成立。接着,深圳证券交易所于1991年7月3日宣告成立。沪、深证券交易所以及1990年建设的STAQ系统(中国证券交易自动报价系统)成为中华人民共和国成立后我国证券市场重新建立的正式标志。自此,中国证券市场的发展开始了一个新的篇章。1999年《中华人民共和国证券法》正式施行,明确了我国以证监会为核心的集中统一的监管模式,对证券市场的长远发展有着积极的作用。1998年保监会成立,对中国保险业履行行政管理职能,并实施市场监管。至此,"一行三会"的金融监管体系开始形成。

这部分内容的授课目的是使学生对改革开放后的中国金融体系的构建历程有一定的了解。

最后,作为本部分授课内容的总结,师生们讨论改革开放后中国金融体制改革的历史成就。改革开放后中国金融体制改革的总体思路是金融风险可控下的渐进式改革,主要成就包含以下几个方面:金融宏观调控机制得以建立并不断完善,利率、汇率市场化改革日益深化,金融企业改革取得重大进展,金融对外开放迈出坚实步伐,金融安全网建设扎实推进,等等。

中国现代金融体制的构建历史不过短短三四十年的历史,直到2003年才有了现代金融体系的雏形,因此中国的金融体制改革任重道远。在此,教师有必要引导学生理性看待中国金融体系的构建历史、建设成就及未来发展,既不必妄自菲薄,也不必妄自尊大,帮助学生树立与这个时代主题同心同向的理想信念,勇于担当这个时代赋予的历史责任。

三、教学结果

考虑到修学本课程的学生大多缺乏相应的专业知识储备,教师的授课角度尽量从学生的日常生活经验出发,深入浅出。在具体的授课方式上,教师较多采用问题式的启发式教学,鼓励学生从自身生活经验出发进行思考和讨论,然后再通过课堂讲授进行全面深入的分析。

教学相长,教师发现,尽管学生缺乏相关的专业知识储备,但是从各自的生活经验出发,学生还是对金融很感兴趣,也愿意对中国的金融体系有更多的认知。学生的很多想法也丰富了教师对我国金融体系未来发展方向的理解。从课后反馈来看,学生认为开设"金融中国"这个专题很有必要,使他们对于中国金融体系的构建历程和未来发展方向有了比较全面、客观的认识,加强了他们的责任感和使命感。

四、教学分析

本专题的教学目标是计划通过对改革开放后中国金融体制改革历史进程的回顾,使学生对中国金融改革历程及金融系统发展现状有个比较全面、客观的理解,在此基础上总结中国金融体制改革取得的成就及未来的发展方向,帮助学生树立与这个时代主题同心同向的理想信念,勇于担当这个时代赋予的历史责任。本部分内容的授课时间是45分钟。在具体的授课方式上,教师较多采用问题式的启发式教学,鼓励学生从自身生活经验出发进行思考和讨论,然后再通过课堂讲授进行全面深入的分析。从课后反馈来看,学生认为这种启发式的教学方法鼓励他们自主思考,提高了学生的课堂参与度,值得推广;而且开设"金融中国"这个专题很有必要,使他们对于中国金融体系的构建历程和未来发展方向有了比较全面、客观的认识,加强了他们的责任感和使命感。

五、教学反思

在改革开放前的中国金融体系的主要特征及历史成就这部分内容的授课中,在具体课堂组织上,为了激发学生的课堂主动性,在讲这部分内容之前,教师会问学生几个问题鼓励学生思考和讨论。比如,什么是金融?中国的金融体系是什么时候开始建立的?中国人民银行是什么时候成立的?改革开放前中国金融体系的主要特征?改革开放前中国金融体系的主要成就?改革开放前中国金融体系主要有哪些优点和局限性?等等。

在改革开放后的中国金融体系的构建历程的授课中,在具体课堂组织上,为了激发学生的课堂主动性,在讲这部分内容之前,教师会问学生几个问题。比如,什么是金融体系?现代国家的金融体系主要包括哪些部分?中国商业银行有哪些?你接触最多的商业银行是哪家?中国未来金融体系会向哪个方向发展?等等。

基于前面的授课内容,教师让学生自己总结中国金融体制改革的主要成就。在课堂组织上,教师需要把握好时间进度,引导学生讨论不偏离主题,有效进行。

诚信内涵与价值的多维思考及育人实践

孔祥成

一、教学背景

"信用中国"课程是2018年度学校"课程思政教学改革"试点课程。本次课授课内容为第二章"诚信概论：历史渊源与当代实践"中的"诚信内涵与价值的多维思考及育人实践"一节，授课对象为2018级大一新生，授课时间为2019年4月4日，授课地点为2号教学楼413教室。本课程是上海立信会计金融学院（以下简称立信）面向本校全体学生开设的一门思想政治理论选修课，旨在遵循中共十八大以来习近平总书记关于培育和践行社会主义核心价值观中"诚信"的重要论述，耦合我校"诚信"文化特色和"财经"学科特色。课程目标是：以"信用"（诚信）文化教育为载体，将社会主义核心价值观之"诚信"规范的基本要求和内在目标，融入财经类院校学生的专业知识传授和知识结构培养的教学过程，实现德育功能的展现从"思政课程"到"课程思政"的自觉扩展、延伸，真正做到全员育人、全过程育人、全方位育人，从而切实做到德育为先、立德树人，与思想政治理论课同向同行，协同育人。本节课"诚信概论：历史渊源与当代实践"，其主旨在于通过对信用相关概念与内涵的阐释，引领学生树立正确的信用观，并积极投身社会信用体系建设，尤其学习践行社会主义核心价值观中的"诚信"要求。近百年的风云变幻和空间辗转，立信校训已成代代立信师生的风骨，立信精神早已名扬天下。刚刚步入立信的大一新生，往往对校史、校训的理解不够清晰、深刻。为了促进新生更为迅速、有效地掌握立信精神与校园文化，加深对"内诚于心、外信于人"的理解和认同，发掘信用文化中的诚信品质，出乎信、入乎诚，教师特以"诚信内涵与价值的多维思考及其育人实践"为题，有机切入

"信用中国"课程体系之内。本节课采取教师讲授为主和学生课堂提问相结合的方式进行。

二、教学过程

(一) 什么是诚信

诚:"鬼神无常享,享于克诚。"(《尚书·太甲下》)这时候的诚是指人们对神灵、祖先的虔诚,因为神灵无处不在,无所不能,正所谓"人类一思考,上帝就发笑",对待神灵一定要虔诚,心诚则灵,引申为人的言行和内心思想一致,为人处世不说谎、不虚伪。春秋以后,诚被赋予道德本体论的地位。孟子曰:"是故诚者,天之道也。思诚者,人之道也。"荀子也强调:"诚者,君子之所守也,而政事之本也。"(《荀子·修身》)可见,诚是对个体思想品德、内在修养的要求,"内诚于心"。

信:从"人"从"言""所谓道,忠于民而信于神也。"原指祭祀时对上天和先祖们所说的诚实无欺之语,引申为通过大家共同缔结契约、制定法律来对群体进行共同约束,不食言、不违约,遵守共同的约定。孔子说:"人而无信,不知其可也。"荀子:"政令信者强,政令不信者弱。"(《荀子·议兵》)可见,信是衡量道德品质的外在表现和普遍要求,也是处理人际关系的准则,主要是指在市场行为中的信用、信誉和社会交往中的恪守承诺。

诚与信:比较而言,"诚"是内因,"信"是外因;"诚"是修德,"信"是立命;"诚"是自律,"信"是他律;"诚"是根本、基础,"信"是结果、归宿。诚+信=诚实守信。毛泽东曾如是解释诚信的含义:诚信就是当老实人,做老实事,说老实话,实事求是。

(二) 为何要讲诚信

从正面讲,诚信是立身之基、交友之道、兴业之源、治国之本。从反面看,不讲诚信则会带来各种问题。《吕氏春秋》之《贵信篇》中阐释了"不信"的五种后果:"君臣不信,则百姓诽谤,社稷不宁;处官不信,则少不畏长,贵贱相轻;赏罚不信,则民易犯法,不可使令;交友不信,则离散郁怨,不能相亲;百工不信,则器械苦伪。"

1. 人无信不立:诚信是人品的名片

关于诚信与美德的关系,古今中外的贤哲均肯定了诚信是一个人美好品德的名片。先来看一下外国贤哲们的名言：①高尔基："人类最不道德处,是不诚实与怯懦。"②德国哲学家康德："道德确实不是指导人们如何使自己幸福的教条,而是指导人们如何配享有幸福的学说。"③美国国父华盛顿："我希望我将具有足够的坚定性和美德,藉以保持所有称号中,我认为最值得羡慕的称号：一个诚实的人。"④日本著名作家池田大作："工作上的信用是最好的财富。没有信用积累的青年,非成为失败者不可。"

西方的圣贤们对诚信有目共睹,中国史书对诚信的记载和褒扬更是不绝于缕。例如：①季布一诺,重于千金。千金易得,季布一诺难求。②孔子的"轻千乘之国,而重一言之信",一言九鼎。③吕鹏搏指出："凡人立于天地间,遇事必当之以'诚',而后人始信其为人,乃得有为人之价值。尚诈术者,何能立名建业。"

其实,在孔子看来,诚信不仅是人的一张名片,而且是安身立命的价值根基,"人而无信,不知其可也。"朱熹也把"忠信"看作是为人安身立命之根本。"人道惟在忠信……人若不忠信,如无木之本,水之无源,更有甚的一身都空了。"所以,孔子主张"吾一日三省吾身,为人谋而不忠乎？与朋友交而不信乎？传不习乎？"(《论语·学而》)

我国著名的哲学家、思想家、教育家、社会活动家梁漱溟曾于1930年来立信做讲座,他主要研究人的问题和社会问题。其中有一句话对人生的描述非常精辟："人一辈子首先要解决人和物的关系,再解决人和人的关系,最后解决人和自己内心的关系。"这三个关系处理好了,你就会感觉生活如鱼得水,做自己想要做的事；如果这个关系处理不好,那就会产生各种问题。因为不论是解决人与人还是人与自己的关系,都要涉及对人的评价和认可问题。诚信是一个人立身行事得到别人认可的无字名片,正如季布的一诺千金、曾子杀猪、商鞅立木的典故,由自己诚信而带来的别人对你的信任,便是一个人人品的最好名片。

恪守承诺固然是诚信思想的价值依据,而诚实劳动才是诚信思想的实践基础。甘肃硬汉罗彦勇(如图1所示)身残志坚不乞讨,诚实劳动致富。罗彦勇双臂残疾拒绝乞讨,为家盖房子而去工地挣钱,诚实劳动,诚信人生。与此形成鲜明对比的是拥有健全双手,却有着残疾心灵的懒汉乞丐伪装残疾人的骗子(如图2所示)在透支人们的善良。

2. 业无信不兴：诚信是经济交易的品牌

真实不仅是人生的命脉,是一切价值的根基,还是商业成功的秘诀,谁能信守不渝,谁就可以成功。美国作家德莱塞认为,诚信实际上是个人和企业的一

图1 甘肃硬汉罗彦勇①

图2 伪装残疾人的骗子②

种无形资产。许多有过在美国或欧洲生活经历的学者或学生都能体会到,西方社会绝大多数民众,都能恪守"信"字,都有"信"乃立足社会之根本的认知和行

---

① 赵卫国:《双臂残疾男子拒绝乞讨工地挣钱为家盖别墅》,中新网,2017.11.20。
② 袁琛:《"断腿男"冷风中爬行乞讨怎么他又站起来逃了》,华商报,2013.11.22。

为。国内人们惊羡西方的信用环境。联想到国内某些商人的欺诈行径，有些人甚至错误地认为，不讲信用似乎是中国人的习惯，中国人距离信用很远。

其实，自古以来，中国文化就非常重视"信"，主张人无"信"不立。而且，东方的"信"，主要是通过道德教化，成为人们的一种自觉意识，与西方主要通过制度惩戒来进行有所不同。

商人逐利，本无可厚非，但中国传统文化认为君子爱财，取之有道，讲究的是诚信经营，义利结合，形成了中国的儒商情怀。一生创办了500多家企业的日本企业之父、商业之父——涩泽荣一：一手拿《论语》，一手拿算盘，是日本儒家资本主义的代表性人物。

中国著名的徽商和晋商，将诚信视为商誉的命根子，梁启超评论"晋商笃守信用"，作为晋商代表的祁县乔家，曾于包头复盛油坊装运胡麻油，返回山西销售。一次，经手的伙计为了谋图厚利，在胡麻油中掺假，乔家发现之后，立刻倒掉重装，虽然在经济上蒙受了一些损失，却招来了近客远商。比如，晋商与蒙古人之间就建立了诚信关系。对于绝大多数的蒙古人而言，他们只要认准晋商某一牌号的砖茶之后，就长期购用，一生不变，而且只认牌子，从不还价。甚至，他们还以晋商的砖茶代替银两货币作为交换手段。此外，晋商还为蒙民赊销物品，一季一结。晋商与蒙民均讲信用，凡应允之事，必须办到。曾经有人对山西旅蒙商人的成功作了总结，认为晋商"平则人易亲，信则公道著，到处树根基，无往而不利"。再如，中华老字号同仁堂一直恪守诚信不欺的经营原则。几百年前，他们就有一句堂训：修合无人见，存心有天知。同仁堂人说，尽管许多工作客户是看不到的，但他们的存心可与天鉴证。磊落与坦荡，可见一斑。

华人首富李嘉诚的成功与其视诚信为生命的人生态度密不可分。《远东经济评论》曾经评价道：有三样东西对长（江）实（业）至关重要，它们是名声、名声，还是名声。李嘉诚认为，重要的是要建立个人和企业的良好信誉，这是资产负债表中无法显示却具有无限价值的资产。商业的存在除了创造繁荣和就业机会，最大的作用是服务人类的需求。企业本身虽然要为股东谋取利润，但"正直"是企业文化的基础，也可以视其为经营中的一项成本。一个有使命感的企业家，应该努力坚持走一条正途，正直赚钱最好。

诚信可以兴业，不诚信也可以将企业毁于一旦。

2018年暑假的一则长春长生公司（以下简称长生）践踏诚信底线，救命药也敢造假的新闻震惊了国人的视听：

长生为掩盖冻干人用狂犬病疫苗生产存在记录造假的事实，对内部监控录像储存卡、部分计算机硬盘进行了更换、处理，销毁相关证据。这是长生自

2017年11月份被发现疫苗效价指标不符合规定后不到1年,再曝疫苗质量问题。

  2018年7月22日,李克强总理就疫苗事件做出批示:此次疫苗事件突破人的道德底线,必须给全国人民一个明明白白的交代。2018年7月23日,习近平总书记对长生疫苗案件做出重要指示指出:长生违法违规生产疫苗行为,性质恶劣,令人触目惊心。有关地方和部门高度重视,立即调查事实真相,一查到底,严肃问责,依法从严处理。

  一针小小的疫苗,为何能引发这么大的波浪,惊动了国家最高领导人,其背后是人们的焦虑、担忧,是人们对国产疫苗的信任度。针对人们的关切,习近平总书记指示:"要及时公布调查进展,切实回应群众关切。"在习近平总书记的心里,疫苗并不是小问题,而是关乎群众的健康大问题,是建设小康社会的重要内容。目前,公安机关已对长生违法违规生产狂犬病疫苗案件开展立案侦查。截至2018年7月25日,公安机关依法对长生董事长高某芳等16名涉嫌犯罪人员刑事拘留,冻结涉案的企业账户、个人账户。

  信用的特点是难得易失,费10年功夫积累的信用,往往由于一时的言行而失掉。我国企业每年因失信导致的经济损失有6 000亿元!

3. 国无信不荣:诚信是治国安邦的基石和国际交流的通行证

  社无信不宁,国无信不荣。诚信缺失,电信诈骗,学术造假,当官做人当面一套背后一套,摔倒扶不得……林林总总的不诚信严重影响市场经济的健康运行,影响社会稳定,影响对社会和政府的信心和信任,败坏社会风气,加剧人们之间的不信任,企业和个人造假,还损害国家形象,影响企业国际竞争力。如何治理?

  邓小平曾说:"讲信义是我们民族的传统。"《中庸》有言曰:"唯天下至诚,方能经纶天下之大经,立天下之大本。"诚信不仅是修己之本和交友之道,而且也是为政之基。在《论语·颜回》中就有一段子贡向孔子请教如何治理国事的对话。孔子说:"粮食充足、军备充足、人民信任三者而已。"子贡说:"如果迫不得已要去掉一项,应该去掉哪一项?"孔子说:"去掉军备。"子贡又问:"如果不得已还要去掉一项,应该去掉哪一项?"孔子说:"去掉粮食。"自古以来,人总是难免一死,但是如果没有人民的信任,国家就无法生存。孔子的回答诠释了树立政府诚信的价值。在粮食、武力和诚信三者之间,人民的信任和拥护排在第一位。荀子也认为诚信能成霸业:"义立而王,信立而霸,权谋立而亡。"肯定了诚信在为政治国中的重要价值。

  看一张全球的GDP(国内生产总值)的排行表。中新经纬客户端2017年

2月25日电，全球GDP总量达74万亿美元，具体数据是：总量排名第一的美国占比24.32%，排名第二的中国占比14.84%，第三、第四分别是日本和德国各占比5.91%和4.54%。可见在整个经济总量中我们排第二(2010年中国GDP超过日本，成为世界第二大经济体，中国GDP连续8年世界排名第二)，在整个的世界发展格局当中，中国的地位越来越举足轻重，国家的"一带一路"倡议等战略的提出，都取得了非常好的全球响应，大家在全球化的过程当中，对如何共赢、共享达成了共识，形成了一种趋势。

在2017年的两会上，李克强总理在《政府工作报告》中指出："回顾2016年，中国作为负责任的大国在国际与地区事务中发挥了建设性的作用，为世界和平与发展做出了重要贡献。展望2017年，是内外兼修、兼善天下打造人类命运共同体。"作为一个负责任的、讲信用的、可信任的大国，如何在全球化的竞争过程当中起到一个大国应该承担的责任是我们应该思考的，是和我们每个人都相关的。

打造诚信中国既是建设负责任大国的标志，同时也是现代化建设和人民群众的要求。那么，如何构建不愿失信，不能失信，不敢失信的体制机制？

(三) 怎样讲诚信

针对四大领域的失信行为，国务院于2014年发布了《社会信用体系建设规划纲要(2014—2020)》，引发人们的关注。之后，中宣部部长刘奇葆在出席推进诚信建设制度座谈会再次强调，不断完善政务诚信、商务诚信、社会诚信、司法公信管理制度(见新华网2014年8月2日)。

加强信用体系建设——必须坚持以政府信用为重点，诚信反映在政府治理中，就是要权由民赋、权为民用、权受民督，取得人民的信任。而且各项政令不能朝令夕改，要有连续性和稳定性，不能新官不理旧账，各项法令和规定领导干部要带头执行，政治上讲诚信，才能获得人民群众的信任。在此基础上，政府要制定指导思想、目标和基本原则，提高行政效率和公信力，有计划、分步骤地推进社会信用体系建设工作，加强监管，为征信行业发展提供法制保障，鼓励、引导企业和个人使用信用信息产品，依法行政，制定信用管理的法律、法规，构造失信处罚的有效机制。

1. 机制：止恶扬善

诚信是靠礼治还是法治？是自律还是他律？对于一般人而言，诚信除了道德的自律，失信还要诉诸于外在的制约。比如，文明交通，没有设红绿灯的路口，单纯依靠路人和开车人的个人素质礼让很难做到有序运行。又如，有红绿灯没有安装摄像头,闯红灯没有拍摄和扣分罚款处罚的话,素质低的人便会对交通指示灯视而不见。所以说,社会诚信和信用的确立,同样需要社会信用体系的建立。既要有立法,让乐于助人者敢于去扶摔倒的老人,也要让碰瓷者害怕严惩而不敢讹人。如果诚信的成本太高,而不诚信的成本太低的话,便会助长社会歪风邪气。

这种外在的制约机制有很多,包括别人的差评、社会福利机会、信用积分、贷款资格、乘坐公共交通工具的资格,直至法律上的严惩。对那些坑蒙拐骗的骗子和制售假药的不法奸商,对那些欠钱不还的老赖,还有谎称身体不好而强占别人座位的"座霸",都要根据性质轻重予以不同程度的严惩。

大家知道,上海的车牌一牌难求,如果竞拍车牌的话,要求参拍者的驾照近年来如果违法记录达到4次以上即取消参拍资格。信用卡很方便,但一旦信用记录不好的话,将会影响你将来的买房贷款。芝麻信用分如果等级好的话,骑小黄车可以免除押金。同样道理,我们也不难理解,为什么信誉好的人,向同学朋友借钱时不需要借条和证人。

2. 熟人社区＋网站、媒体曝光

随着市场经济的发展,人口流动愈来愈大,城市向陌生人社会发展。人们之间的经济交往更多地依靠契约合同,契约合同具有法律效力,依靠的是法律的强制力,但走法律程序费时费力费钱,很多无赖就钻这个法律诉讼成本高的空子,对于这种"我是无赖我怕谁?"式的无赖,除了法律武器,还有其他的一些惩戒机制。比如,曝光无赖的行为,可以选择在不诚信者的熟人社区和单位里,也可以在网站和媒体上曝光。信用中国网站上公开各类信用信息超过6 800万条,查询浏览人数每天突破100万人次,总访问量突破1亿人次,成为各地方、各部门和各行业的信用信息公开的"总窗口"。

3. 法律惩戒

一旦进入法律追责程序,既要强制执行,还有相关的配套处罚,截至2016年11月,共限制730多万人次购买机票,190多万人次购买火车票,6.7余万失信人担任企业法定代表人及高管;58余万失信被执行人主动履行了法律文书确定的义务,让老赖无处可藏、无处可走。

4. 人民有信仰,国家有力量,民族有希望

一个国家,一个民族,缺什么也不能缺信仰。诚信的培养和诚信社会的治理,单靠法律是远远不够的。还必须从信仰的角度树立诚信的绝对价值。信仰,作为人生的价值观念,在不同的历史和语境里,以不同的面貌出现。

在西方国家里,它与宗教精神紧紧相依,表达着对神的虔诚和自身被救赎的渴望。例如,美国总统宣誓就职时"左手握《圣经》,右手握《宪法》",这一传统源自美国第一任总统乔治·华盛顿而一直沿袭至今。《圣经》中《旧约》与《新约》的这一"约"字,原意正是"盟约"。它神圣而庄严的见证,让宣誓者在法理之外,更以信仰之名守誓。

在古老的东方,中华民族沿袭着膜拜和贡献,在因果报应,轮回善恶中寻找精神的庇佑。中国人的天道信仰,"扪心自问"、"天地良心"、"天地有正气"、天行健君子以自强不息、天道酬勤、苦心人天不负、发誓中的"苍天作证"、不做亏心事不怕鬼敲门、人在做天在看,等等。

哲学家康德说过:"这个世界上唯有两样东西能让我们的心灵感到深深的震撼:一是我们头顶灿烂的星空,一是我们内心崇高的道德法则。"这说明德是立身之本。无论是宗教意义上的信仰,还是建构在伦理道德上的信仰,其背后都存在着一套共同的普遍价值。正如学者周孝正指出:信仰就是对大自然的心灵仰慕,对未知领域的敬畏心情,对社会公正的内心追求,对美好人生的情感寄托。

如今14亿中国人,"前所未有地靠近世界舞台中心""前所未有地接近实现中华民族伟大复兴的目标""前所未有地具有实现这个目标的能力和信心",充满了自信。中国特色社会主义是我们共同的理想信念,"中国梦"是每位中国人的梦,包括诚信友善在内的社会主义核心价值观是中国人共同的价值操守和文化信仰。

5. 教育:止于至善

我们社会主义大学培养什么样的建设者和接班人?这是个严肃的话题。北京大学钱理群教授曾在一次座谈会上说过:"我们的大学在培养一批精致的利己主义者。"果真如此的话,值得我们警醒和反思。

大学使命:"大学之道,在明明德,在亲民,在止于至善。"今天我们的大学要立德树人铸魂。

同学们,咱们立信不是一所很大的学校,但却是一所很有名的学校:李冬君在其编著的《中国私学小史》(学习出版社,2011年5月)中指出,立信会计学校是"继南开大学之后一所最为著名的私立专科学校,在20世纪40年代享有极高的社会声誉"。1931年江淮流域爆发特大水灾,救灾任务千头万绪,为防止救灾财物被贪污和挪用,当时的国民政府救济水灾委员会将审计工作委托给第三方的立信会计师事务所办理。可见,当时政府和社会各界对立信同仁的信任。"新中国成立初期我国上海的立信会计学校为新中国的建设培养了大批会计人才,闻名全国,堪称一流。"①

原财政部部长项怀诚在1998年视察立信时说"国内外许多会计专家包括财政部的很多领导都是立信培养出来的""立信有许多长处,有潘老留下的'立信'这一巨大的无形资产,千万不能丢掉"。朱镕基有一次视察工作的时候也说:"我在国家计委工作的时候,总会计师就是立信毕业的,这个学校培养的学生不做假账。"同学们设想,难道是立信培养出来学生不会做假账吗?不是技术不会,而是坚守职业道德不去做假账。"诚信为本,操守为重,坚持准则,不做假账"。这是会计准则中对每一个会计从业人员的要求。

同学们,记得季羡林先生曾说过:"真话不全说,假话全不说。"挪威戏剧家亨利克·易卜生亦曾如是说过:"每个人对于他所属的社会都负有责任,那个社会的弊病他也有一份。"当我们抱怨发生在身边不诚信的人和事的时候,我们的内心有没有想过,我们应该为诚信社会的建立做些什么?作为立信的学子,我们能否从立志、守身、处事、待人方面将立信这块沉甸甸的金字招牌发扬光大?我相信,今日我们以立信为荣,明日立信将因各位而名扬天下。

三、教学结果

本次授课所设定的教学目标基本实现。
(1) 学生对于何谓"诚""信"以及"诚信",有了更为系统的理解和把握。
(2) 通过多个具体案例的讲解与分析,调动学生学习兴趣,改善课堂教学氛围。
(3) 重视情感、态度、价值观的正确导向,把培养学生高尚的道德情操与健康的审美情趣贯穿于整个授课过程,尤其注重强化讲诚信、守信用对于个人、社会乃至整个民族的重要性。

四、教学分析

(1) 学知识不易,学做人尤难。本次教学,阐释诚信的内涵与要义是基础(知识传授),引领学生树立正确的诚信观则是核心(价值引领)。中国特色社会主义是我们共同的理想信念,"中国梦"是每个中国人的梦,包括诚信友善在内的社会主义核心价值观是中国人共同的价值操守和文化信仰。面对复杂多变

---

① 顾明远:《重塑大学文化》,中国大学教学,2015(2)。

的国内外形势,我们应该更为坚定地做到讲诚信、守信用。为了实现这一育人目标,本次授课不仅引经据典,加强理论阐释,而且进行案例分析,更为直观地呈现诚信对于个人、社会乃至民族生存与发展的重要性。

(2)"立信",这在潘序伦先生建校之初就已经深深融入我们的大学精神中。"信以立志,信以守身,信以处事,信以待人,毋忘立信,当必有成",这24个字将诚信要义集中而成体系地概括出来,既可坐而论道,亦可起而行之。要求立信学子在立志、守身、处事、待人诸方面都能诚信为本,并将诚信作为一种终极的信仰,即"毋忘立信,当必有成",而这也是本次课教学的终极目标。

为了实现"诚信育人"的目标,教师在教学过程中大量引用名人名言与经典案例,并且结合时政热点与校史校训,全方位、多维度地对诚信的重要性尤其为何要讲诚信进行深度解析(人无信不立、业无信不兴、国无信不荣)。打造诚信中国既是建设负责任大国的标志,同时也是现代化建设和人民群众的要求。那么,如何构建不愿失信,不能失信,不敢失信的体制机制?这也是本次授课的难点内容。

五、教学反思

诚实守信与每一个人息息相关,我们都希望能够生活在诚信的氛围中,这不仅可以降低生活成本,而且还可以提高生活质量,增加幸福指数。只有在一颗诚实的心中才能生长出善良、正直、勇敢、谦逊;只有一个诚实的人才能信守诺言,履行约定,获得他人的信任与尊重。只有一个诚实勇敢的人,才能守身如玉,忠于职守,威武不能屈,贫贱不能移,不被外界利诱迷惑,才能发现真理并坚持真理。只有诚实守信,才能建立良好的人际关系,打下牢靠的事业基础,取得坚实的人生业绩;只有诚实守信,社会秩序才能有条不紊,文明进步才有可能。

本次教学力图帮助学生树立正确的诚信观,在立志、守身、处事、待人等诸多方面能够切实加以践行。在本次教学过程中,颇多引用经典案例,尤其注重深化对立信校史校训的解读。此不仅有助于学生意识到立信学子应当具备坚守诚信的责任感,而且能够进一步增加学生的荣校、兴校的使命感。虽然此次教学效果较为理想,但在教学过程中,教师还可以适当地增加讨论互动环节,通过学生的发言来掌握学生心理与情感上的反应与变化,并及时采取合理有效的方式加以强化或纠正,改善教学模式,提高教学效果。

社会信用体系建设法制保障不可或缺

施继元

一、教学背景

"信用中国"课程作为全校性的思想政治选修课,以"信用"为主题,以古今中外的诚信历史文化为背景,结合现实中的热点"信用"问题展开教学。本课程授课对象为选修本课程的同学,授课地点在松江校区图书馆一楼学术报告厅。本次教学以"社会信用体系建设的法制保障"为主题,以2018年引起各界广泛关注的长生"疫苗事件"[①]为切入点,通过博弈模型讨论在具有失信惩罚机制、奖守信罚失信等条件下达成博弈双方守信均衡策略的条件,帮助学生通过较规范的经济学分析的方法,领会社会信用体系建设中法制保障的重要性及其主要内容。学生通过本次课的学习,了解制度设计在社会信用体系建设中的重要作用,明白随着社会征信体系建设的逐步推进、信用法律、法规的建立和完善,中国社会信用体系建设将加快发展,"信用中国"建设已经进入快车道。

二、教学过程

(一) 由长生的案例导入社会信用体系法制保障的重要性

2018年7月中旬,国家药监局发布告指出,长生冻干人用狂犬病疫苗生产

---

① 赵文君:《药监部门依法从严对长春长生公司违法违规生产狂犬病疫苗做出行政处罚》,中新经纬,2018.11.17。

存在记录造假等行为。之后,国家药监局在7月22日通报了该公司的有关情况。由此,引起了舆论的广泛关注和讨论。从网络上反馈来看,网民一边倒的痛骂该企业。在纷纷要求严惩违法行为的同时,有不少网友对自己之前接种的疫苗心生疑惑,甚至有人觉得国外的疫苗才安全,严重影响了人民群众对国产疫苗的信任。

长生伪造疫苗的事情曝光以后,国家药监局介入,并对其巨额处罚。2018年10月16日,国家药监局和吉林省食药监局对长生违法违规生产狂犬病疫苗做出行政处罚:没收违法所得,并处违法生产、销售货值金额3倍的罚款,两项合计罚款人民币91亿元;吊销其《药品生产许可证》,撤销其狂犬病疫苗药品批准证明文件;对涉案14名直接负责的主管人员和其他直接责任人员,做出依法不得从事药品生产经营活动的处罚。2018年11月16日深夜,上海和深圳证券交易所正式发布《上市公司重大违法强制退市实施办法》,并修订完善《股票上市规则》《退市公司重新上市实施办法》等规则;深圳证券交易所宣布启动对长生重大违法强制退市机制,其股票从11月19日起开始停牌。

此次事件给我们的启示:如果你不讲诚信,制造伪劣产品,就会受到严厉的处罚。

长生的案例是一堂最好的法律教育课。长生事件不是孤立的,这是长期存在的社会问题。由于社会信用体系没有完全建立起来,此前此类事情也屡屡发生,但更多的处罚是"罚酒三杯",处罚的力度远远不够。

政府要以长生假疫苗案为契机,树立起"严刑峻法"的重罚模式,对食品药品领域的质量安全事件进行最严厉的惩罚。"严刑峻法"以增加失信成本,才能减少此类事件的发生。以美国为例,为什么偷税漏税的人较少?美国偷漏税的违法成本高,失信者偿付高额罚金,举报者能够获得丰厚的奖励,有力地减少了偷漏税违法行为的发生。当然我们也要考虑另外一个因素,如果罚得过于严厉,是否会被沦为不规范执法的工具?因此,司法的"公信力"先要建立起来。如果连"公信力"都没有建立起来,一味地"严刑峻法"也是存在问题的。

下面,我们通过博弈模型从理论上分析为什么需要联合的激励和惩戒。

(二) 用博弈模型说明联合激励、联合惩戒的重要性

模型中的甲和乙,有"守信"或"不守信"两个策略,也就是说,他们都可以选择"遵守承诺"或者"违背承诺"。每个策略的收益博弈矩阵如表1所示,每个人都根据自己收益的最大化来作决策。

表 1 博弈矩阵

项目		乙	
		守信	不守信
甲	守信	5, 5	−5, 8
	不守信	8, −5	0, 0

博弈的纳什均衡:博弈的均衡策略是甲、乙双方都不守信。因为不管对方是否守信,选择不守信收益较高。结局具有"囚徒困境"的特征,当甲和乙都不约而同地选择"不守信",对于社会来说,收益为0。博弈均衡虽然体现了个体理性,但是集体非理性,造成社会效率巨大损失。

如果我们有完善的法律制度,让各方都守信,那么社会效率将极大提高。因此,我们要通过制度设计,力争达到好的博弈均衡,使得博弈双方的总收益最大化。

为此,我们可以对模型加以修正,加大处罚力度,形成新的博弈收益矩阵:失信者一旦被发现则将被严惩。我们假设对其处以 10 单位的罚款,被发现的概率为 P,引入惩罚机制的收益矩阵如表 2 所示。

表 2 引入惩罚机制的收益矩阵

项目		乙	
		守信	不守信
甲	守信	5, 5	$-5, 8-10P$
	不守信	$8-10P, -5$	$0-10P, 0-10P$

引入惩罚机制后博弈的均衡状况:

当 $P<30\%$ 时,(不守信,不守信)是纯策略纳什均衡;当 $P>50\%$ 时(守信,守信)是纯策略纳什均衡;当 $30≤P≤50$ 时还存在混合策略均衡。

俗话说,"民以食为天"。我们党和政府始终把维护广大人民群众的根本利益放在首位,故而也就一直十分重视和强调食品安全的重要性。例如,习近平总书记在 2015 年 5 月有关食品安全的讲话中提到"最严谨的标准、最严格的监管、最严厉的处罚、最严肃的问责"。所以说,处罚力度一定要大。

失信惩戒的处罚不仅仅可从经济角度出发,该机制可以从以下四个方面入手:行政性信用惩戒机制;市场性信用惩戒机制;社会性信用惩戒机制;司法性信用惩戒机制。以智利为例,不仅取消造假者的经商资格,而且三代以内都没有资格经商。智利就是这样把假冒伪劣治住了,极大地提高了造假成本。目前我国正在建立信用分级分类监管制度;工商部门有企业异常经营名录和严重违法企业名单制度;交通、环保、商务、海关、税务、质检、食药监、安监、旅游等部门建立信用分类监管制度或严重失信黑名单制度,建立健全信用激励和惩戒机制。

对之前的博弈模型再作一点修改,对守信者加以奖励,奖守信罚失信双管齐下,奖守信罚失信的收益矩阵如表3所示。同学们可以在课后对X和Y的取值及其对博弈均衡的影响进行讨论,进而思考应如何加强社会信用体系的法制保障。

表3 奖守信罚失信的收益矩阵

项目		甲	
		守信	不守信
乙	守信	$5+X, 5+X$	$-5+X, 8-Y$
	不守信	$8-Y, -5+X$	$0-Y, 0-Y$

《社会信用建设规划纲要2014—2020》中提到,要构建守信激励和失信惩戒机制,主要包括以下四方面内容:加强对守信主体的奖励和激励;加强对失信主体的约束和惩戒;建立失信行为有奖举报制度;建立多部门、跨地区信用联合奖惩机制。其中,对于守信主体的奖励和激励要重视物质和精神方面的双重奖励。多部门跨地区的联合惩戒则意味着更大的处罚力度。比如,信用长三角建设就是很好的制度设计:该设计联通上海、江苏、安徽、浙江,打造趋同的信用制度环境,深度融合的一体化区域信用体系,更高水平的信息交换共享,更为开放的信用服务市场。长三角区域信用联动奖惩机制,区域内重点领域失信黑名单制度,以行政监管性惩戒带动市场性惩戒、行业性惩戒和社会性惩戒,加快形成"四位一体"的失信惩戒联防体系,切实加大对严重失信行为主体的跨省市联合惩戒力度。如此一来,整个长三角三省一市的失信人都会被列入黑名单,扩大守信联合激励和失信联合惩戒的区域可以强化联合奖惩制度,使失信者寸步难行,真正形成"联合惩戒"。可见,制度设计的要义在于:让守信者收益更大,失信者损失更大。因此,信用长三角建设符合经济学原理,是科学的制度建设。

我们通过学习,认识到信用行为受到很多法律、法规的约束,通过法制保障,奖励守信者、严惩失信者,双管齐下,才是提高社会总收益最好的办法。怎样通过制度设计,让"守信"比"不守信"要好,是我们努力的方向。

无论是从专业发展角度,还是为人处世角度,我们都要始终把"信"放在首位。在座的各位学生今后大部分也将从事与财会或金融相关的工作,这就对我们提出了更高、更严的要求。希望同学们不仅要牢记我们的校训"立信",而且更要在生活工作中切实的去遵循。这也是我们学习践行社会主义核心价值观的重要体现。

三、教学结果

学生通过本次课程的学习,不仅对引起社会广泛关注的"疫苗事件"有了更多的了解,并且在此基础上意识到,政府对这种严重危害人民生命安全的行为将会建立一系列科学合理的处罚机制。政府雷厉风行、严惩违法的果断举措有利于提高学生对政府的信任与支持度。教师在教学中使用博弈模型说明了奖罚并举、联合奖惩的重要性,既符合金融财会专业学生的学科特点,同时也能更直接地引发学生对坚守信用才能真正互利共赢的思考。

四、教学分析

(1)学生通过本次课程学习,能够更为系统地认识到社会信用体系建设中法制保障的重要性和必要性,并由此引发学生对于社会信用与个人信用之间关系的思考。在学习的过程中感受到信用就在我们身边,与每一个人的生活密切相关。

(2)疫苗与每个人的生活乃至生命息息相关。教师以此案例作为教学内容的导入,不仅能调动学生的学习兴趣,同时可以引发他们的思考,那就是如果生活在信用缺失的环境中,对于我们每个人而言,没有真正的获益者,最终都是受害者。

社会信用体系的建立,离不开法制的保障。学生通过本节课程学习,不仅可以对利用博弈模型分析社会问题有更为深刻的理解,而且也能认识到在推进依法治国的过程中,法制对于社会信用体系建立的重要性。同时,学生在潜移默化中,在心理上和情感上相信政府决策、拥护党的领导;意识到坚守信用对于个人成长、国家发展而言都具有十分重要的意义,无论遇到怎样的挑战、面临怎样的诱惑,讲信用始终是我们每个人的底线。

本次教学的重点在于,教师引领学生加深对社会信用体系建立必要性的认知,并在此基础上通过反思和比较认识到科学的制度设计的重要性,从而对政府加强法制建设,保障社会信用体系建立重要意义有更深的理解。本次教学的难点在于,教师授课的对象主要是大一新生,对博弈论知识及财会或金融专业知识了解不多,对博弈模型均衡的变化及其与通过法制建设强化社会信用制度保障之间的逻辑关系理解需要多加点拨。

五、教学反思

本次教学在总体上基本达到了"课程育人"的目标,学生在学习到信用相关专业知识的同时,加深了对于通过法制保障,提升社会信用的理解和思考。

博弈论是研究行为博弈参与者相互作用、相互影响的理论。博弈论是应用数学的一个分支,目前在生物学、经济学、国际关系学、计算机科学、政治学、军事战略和其他很多学科都有广泛的应用。现实生活中很多行为都具有对抗性,且不同行为人之间相互影响,在这类行为中,参加斗争或竞争的各方各自具有不同的目标或利益。为了达到各自的目标和利益,各方必须考虑对手的各种可能的行动方案,并力图选取对自己最为有利或最为合理的方案。如何找到最佳行动方案,这就是博弈论要研究的课题。这一经济理论在信用这一主题中也十分有用,尤其是在社会信用体系建设这一主题上。

社会信用体系是一种社会机制,它以道德为支撑、产权为基础、法律为保障。在社会信用体系的建立过程中,在博弈模型的建构和解析下,政府推动加强法制建设是社会信用体系建立的制度保障,可以促进我们自觉地去讲信用、守信用,在博弈中合作共赢。这些都是在本次授课过程中希望学生了解、思考和认可的内容。

当然,本次课程亦有不少不足之处。例如,不能巧妙地将"信用"这一课程主旨更为系统、有效地融入教学中,部分衔接有些生硬,应当更多的通过对相关案例的引用和解读来引领学生在生活、学习以及以后的工作中坚守信用。

会计与诚信价值观

季晓峰

一、教学背景

"思想道德修养与法律基础"课程是公共必修课程。本次课授课内容为第四章"践行社会主义核心价值观"中的"诚信"这一价值观,授课对象为2018级商务英语专业2班和3班,授课时间为2018年10月15日,授课地点为松江校区5DM11教室。"思想道德修养与法律基础"是高校思想政治理论课程(以下简称思政课)体系的重要组成部分,是帮助大学生提高思想道德素质和法律素质的课程。它既是意识形态教育,又包含着丰富的思想性,还指引大学生直面现实问题,是一门适应大学生成长成才的需要,帮助大学生正确认识人生与社会的课程。课程内容以人生观、价值观、道德观、法律观教育为主线,对理想信念、爱国主义、民族精神、人生价值、道德、法律等问题加以讨论。本次课紧密围绕"课程思政"的综合教育理念,使思政课和专业关联,以会计诚信这一主题为切入点来展开社会主义核心价值观中的诚信价值观教育。

二、教学过程

教师课前准备:事先布置学生阅读1934年4月19日潘序伦先生在中央文化运动委员会的一篇题为《假账问题》的演讲(《文化先锋》1946年第14期),用于在课堂上进行小组讨论;由于教学中的实例和个案较多,教师备课时需要较好地利用多媒体课件。

教师问题导入(5分钟):回顾创业板造假"第一股"万福生科的造假案件,展现龚永福是如何从一个老实忠厚的农村穷孩子沦为一个老奸巨猾的金融诈骗犯的过程,让学生思考本可以靠诚信逐步壮大走向事业辉煌的企业为什么要靠造假来取得肮脏的利益,从而进入对会计诚信问题的探讨。

(一) 作为社会主义核心价值观的诚信

我们的诚信价值观承接中国传统诚信伦理,同时又重视现代契约诚信。在完善社会主义市场经济体制的今天,要特别重视诚信的作用。市场经济与诚信具有高度关联性。在中国经济新常态的今天,会计财务专业技术队伍的诚信素养对市场经济的稳定有着至关重要作用。

诚信是社会主义核心价值观个人层面的价值要求。这里,以古罗马将军莱古勒斯与迦太基人的战争诚信为例,说明诚信是一种高尚的人格力量,以此解释罗马人对诚信的信仰在古代西方商业文明中的价值;同时,诚信不仅仅只是个人层面的要求,对一个单位也是宝贵的无形资产,对社会来说是正常秩序的基本保证,就国家而言更是良好国际形象的重要方面。

(二) 会计诚信的含义

会计诚信即财务诚信,是社会经济关系发展到一定阶段的产物,是传统诚信的发展与延伸,它要求会计人员立足会计实践,力行诚实守信。财务诚信有狭义和广义之分。广义的会计诚信指资本信用、商业信用、管理信用等方面的内容。狭义的会计诚信指企业向外界提供客观、真实、合法、有效的财务会计报告,为财务信息需求者的经营决策提供可靠依据。

教师组织学生分组讨论上周布置的阅读材料(10分钟)。教师通过课堂讨论激发学生对假账问题发表自己的见解,潘序伦这篇演讲尽管面对的是20世纪30年代的情况,但对我们当下面临的会计诚信问题还是极有现实意义。课堂讨论前,教师设定清晰的任务,避免小组教学成为叽叽喳喳的闲聊。

(三) 现代社会的会计诚信缺失之原因分析

教师以著名的安然公司为例子(5分钟视频),分析其通过会计造假维持公司不正当利益的几个途径:①构造特殊目的实体(Special Purpose Entity,SPE);②构造复杂的公司体系进行关联交易;③将未来不确定的收益计入本期收益。

教师从对安然事件的分析总结出会计诚信缺失的部分原因:利益的驱动弱化了会计职业操守、制度安排欠妥对相关各方难以形成有效约束、法律法规的不健全等。

会计造假是个历史悠久、影响恶劣的世界性问题。我国随着社会主义市场经济体制的建立,人们的职业道德观念发生了深刻的变化,一些原有的道德规范已经不能完全适应新形势的需要,而新的道德规范尚未形成。会计业是诚信行业,近年来发生的许多会计造假事件,使会计的公信力受到严峻的挑战,对会计业的发展带来了严重不利的影响。

(四) 如何在当代中国构建会计诚信

会计诚信表达了会计对社会的一种基本承诺,即客观公正、不偏不倚地把现实经济活动反映出来,并忠实地为会计信息使用者服务。诚信之所以重要,在于它是一切制度和规则得以确立和运作的基础,是良好的经济秩序和社会秩序的根基,是一切文明的立足点。市场经济从某种意义上讲是信用经济,离开了诚信,市场经济就寸步难行。经济越发展,会计诚信越重要。

会计诚信缺失有三重危害:①损害国家利益、危及我国市场经济秩序;②损害投资者利益;③危害会计从业人员自身。

教师提问:如何构建会计诚信?

教师从以下几个方面总结:加强政府、社会监督和企业内部监督,加大监管力度和处罚力度;加强会计人员自身道德修养和业务水平;健全和完善会计管理制度和相关法律、法规;加强对单位领导、会计人员诚信教育,提高会计队伍整体素质;加强职业道德教育,提高诚信意识和道德水平。

三、教学结果

本次"课程思政"教学的内容设计和安排在实际教学过程中基本达到了事先设定的目标。"课程思政"的理念在形式和内容上都使思政课有了很多的可能性。无论是老师还是学生,都从中有积极的收获。

诚信这一社会主义核心价值观在本次教学中从会计诚信的角度作了具体的展开。会计诚信有较多可用的有教育意义的实例,本次教学中适当选取了一些实例来分析,学生课堂参与和接受的情况良好。因为会计诚信与我校很多同学将来的职业生活有很大关联,从这个角度让学生参与对诚信价值观的思考,效果还是不错的。这从课堂的小组讨论的情况可以看出来,学生态度很积极,心理上、情感上对教师讲授内容的认同度也都较高。任何一门课程,都可以且应该去研究具体问题,它不是关起门来的玄学,而是有现实问题要去研究的。所以把大道理具体化是把道理讲清的前提。

本次授课计划中的四方面内容基本涉及会计诚信的主要方面，但在讲课过程中有所侧重，要通过教学使学生理解为何在当下诚信会成为社会主义核心价值观的要求。理论讲解和案例分析的部分交叉进行。理论内容力求深入浅出，教师的作用不仅包括认知维度，还包括了经验维度，也就是一种"盐溶于水"的理念，不能直接将盐交给学生，要溶于水使之易于接受；案例分析要能够抓住重点和关键线索，不直接给学生答案，而是吸引学生注意力，通过提问和讨论激发学生的主动性。这也是教师通过这次"课程思政"教学得出的关于教学方法上的收获。

四、教学分析

本课程要解决的育人问题就是立足于会计行业强化对诚信道德的认知。要解决这一问题，本次教学依托"课程思政"的育人理念，在社会主义核心价值观的教学中重点阐释诚信价值观。在教学策略上，本次教学设计主张理想的课堂教学应该是能促使学生发问，所以在教学环节的安排上应充分考虑这方面，这在本次教学中也作了些尝试并有所收获。当然，这方面还需要作更多的探索并取得实效。诚信道德的教育如何避免成为说教而接近一种说理，通过这次课程设计，教师得出了一些体会。比如，要找到适用的好的案例，要有直面问题和分析事情的实际思路，要善于发现有效的方法引导学生。在本次课中，教师还可以让一些积极性较高的同学自己设计一个小问题上讲台来展示，要为学生演示一个最佳方法来解决这次课探讨的会计诚信问题。有时，这种做法可能会占用不少课堂时间，但是，它创造了一个更丰富的学习情境，因此对诚信道德的学习和认知也变得更有意义。

课程中对当代中国的会计诚信建构问题的分析是育人元素的关键，这涉及坐在教室里的这些将来主要从事会计行业的学生的价值观塑造，问题的核心在于人，教育的目标就是促进人的不断完善，会计诚信的建设最终也是落在具体的人身上。本课程育人的设计就是让学生从其专业知识和职业操守的角度来学习和践行诚信这一社会主义核心价值观，重点是把这一价值观内化为自己的信仰，难点是如何找到合适的方法来达到好的效果。也是在如何建构当代中国的会计诚信这个问题上，本课程中的知识传授和价值引领有了契合点。作为"课程思政"教学，本课程的主要创新点在于把思政内涵与专业、职业等都结合在一起探讨，这将使"课程思政"教育教学理念的价值的重要性更加突出。

五、教学反思

这次"课程思政"教学设计存在如下问题:在反馈学生的回答以深化他们的学习体验方面还需要加强,这方面由于自己的专业背景的限制,还不能对会计与诚信的相关问题从专业角度给出更多的相关解释,因此"课程思政"对教师的跨学科知识的驾驭是有所要求的;"课程思政"带来了新的理念,但教学模式还是旧的。例如,这次课讲授的诚信道德,教师可以在很多课程中讲诚信,总体上对学生的影响变化还是有限,所以今后要探索更有效的教学模式。

旁听司法审判,培养法治思维

胡荣荣

一、教学背景

"思想道德修养与法律基础"课程是 2017 年度学校"课程思政教学改革"试点课程。本次课授课内容为第六章"尊法学法守法用法"中"培养法治思维"一节,授课对象为 2018 级财政学专业学生。本课程安排在 2018—2019 学年第一学期,其中实践环节由学生在课后自行开展,实践前的引导、实践后的研讨则在教室内进行。为充分发挥"课程思政"的育人作用,课程教学从理论课扩展到实践课,从课堂内延伸到校园外,教师通过组织学生去人民法院旁听司法审判,对大学生开展法治教育,从而实现"课程思政"的德育功能。法治思维是以法治价值和法治精神为导向,运用法律原则和规则来分析、解决社会问题的思维方式和行为倾向。培养大学生法治思维,就是教育学生将法律内化为自己的基本价值取向,形成规则意识,学会尊法、守法、用法,成为法治社会的良好公民。在教学中,教师专门设计了"旁听司法审判"这一内容,通过课堂引导、课下实践、课堂研讨将理论课与实践课有机结合起来,有力提升了"课程思政"的针对性和吸引力。

二、教学过程

(一)课时安排

课时安排为课堂引导、课堂研讨各 2 课时,课后实践由学生自行开展。

(二) 教学方法及设计思路

为实现"思想道德修养与法律基础"理论课与实践课的有机结合,整个教学过程分课堂引导、课下实践、课堂研讨三个步骤展开。

第一,课堂引导。要想达到预期的教学效果,学生在开展旁听司法审判的实践之前要做充分的准备。在这一过程中,教师应作好理论的阐述和相关常识的介绍。阐述理论,即阐述"法治思维"这一概念的深刻内涵,明确开展旁听司法审判这一实践的理论和现实意义。在此基础上,教师向学生详细介绍与旁听司法审判有关的司法和社会生活常识,包括中国的法院组织系统、审判制度、庭审程序、法庭纪律等,使学生充分了解背景知识,确保后续的旁听环节有序开展。教师引导学生查询相关的庭审信息,选定要旁听的案件,根据案件的案由进行必要的自学,使学生明确去哪听、怎么听、听什么,让旁听司法审判真正实现教育功能。在课后实践中,由于学生人数众多、时间分散,教师不可能统一组织,也无法全程掌控,只能要求学生自觉,并保留实践证明材料。

第二,课下实践——旁听司法审判。这是这一教学设计的关键步骤,由学生自主开展。根据提前确定的分组,在查询相关庭审信息的基础上,学生以小组为单位,在对应时间自行前往对应法院开展旁听司法审判的实践。在已有的教学经历中,基于交通原因学生大多选择附近的松江区人民法院,在案件类型上学生则往往根据个人兴趣、生活经历、社会阅历等确定旁听的案件,继承、侵权、合同等民事纠纷,以及盗窃、故意伤害等普通刑事案件是学生选择旁听的主要类型。一般而言,学生需要提早半小时抵达法院,经过严格的安检后进入法院大门,找到相关法庭,在旁听席就座静待开庭。在庭审过程中,学生应充分尊重审判人员,遵守法庭纪律,细心观察、倾听和体验,如法庭允许也可作必要的记录。

第三,课堂研讨。学生在实践结束后、讨论开始前查找阅读资料,初步确立观点,撰写实践报告初稿作为讨论的基础。只有建立在独立思考和充分准备基础上的课堂讨论才具有教育的意义。课堂上教师对讨论进行必要的、科学的引导,使学生对讨论的规则、重点、意义有所了解。在讨论中,首先是每个小组将实践过程和感悟、思考制作成PPT在课堂上进行宣讲。其次是演讲结束后请其他人进行提问、质疑,并请主讲者进行作答和回应,让学生进行观点的交锋,从而使问题越辩越清。最后是教师对研讨进行总结和升华,即归纳、分析和评价讨论的焦点问题,澄清思想谬误,使实践真正实现思想政治教育功能。

三、教学结果

(一) 知识习得——何为法治思维,如何培养法治思维

法治思维是以法治价值和法治精神为导向,运用法律原则和规则来分析、解决社会问题的思维方式和行为倾向。本次实践课在学生课后旁听司法审判的基础上,教师在课堂上采用研讨式教学方法,引导学生理解树立法治理念和维护法律权威的重要意义,理解法治思维的基本内涵,培养法治思维方式。

(二) 情感体验

课堂讨论是课外实践的延伸,是课外实践真正成为教学环节的关键。学生在进入庭审现场亲身感受了案件审判过程,有所思、有所悟,课堂讨论环节就是教师组织学生将这些感悟、思考、疑问表达出来,相互讨论甚至辩论,通过信息的展示、情感的流露和观点的碰撞完成学生的自我学习。

四、教学分析

(一) 课程要解决的育人问题

本次授课的教学目标为培养大学生法治思维,即教育学生将法律内化为自己的基本价值取向,形成规则意识,学会遵法守法用法,成为法治社会的良好公民。

(二) 解决问题的方法与成效

教师完成教学目标的基本思路是使实践课与理论课有机结合,使"思想道德修养与法律基础"从课堂内延伸到校园外,从教师单向传授变为师生双向交流。整个教学过程分课堂引导——课下实践——课堂研讨三个步骤展开,即在学生课下旁听司法审判的基础上,教师在课堂上采用研讨式教学方法,通过发挥学生的主体作用进行知识建构,引导学生理解树立法治理念和维护法律权威的重要意义,理解法治思维的基本内涵,培养学生法治思维方式,从而实现"课程思政"的德育功能。本次"课程思政"教学的内容设计和安排在实际教学过程中基本达到了事先设定的目标。

(三)课程育人的设计思路与元素

第一,"旁听司法审判"属于教材第六章第五节"培养法治思维"列举的大学生参与法律实践的四种具体形式之一,实践教学选择这一形式具有明确的教材基础,符合课程的教学要求。通过围绕"培养法治思维"来组织旁听司法审判的实践教学,能实现课程预设的教学目标。

第二,审判公开是我国《宪法》《人民法院组织法》以及三大诉讼法确定的一项基本原则。根据我国《人民法院组织法》《法院庭审规则》和有关诉讼法的规定,凡是人民法院公开审判的案件,都允许公民旁听。大学生向法院申请旁听司法审判符合法律规定,具有法律依据。通过旁听司法审判的实践,学生直接接触、感受法律,形成规则意识,将法律内化为自己的基本行为准则和价值取向,学会遵法守法用法,成为法治社会的良好公民。

第三,教师组织学生去人民法院现场旁听司法审判,是一种情境教学的方法,符合教育规律。情境教学通过将学生带入具体、形象、生动的场景中去,通过参与仪式、参观情境、与角色共鸣、激发学生自主认知和体验,从而提升学习的效果。

(四)知识传授与价值引领的契合点

第一,根据课程的法律色彩,教师直接讲授与引导学生讨论课程中蕴藏着的大量体现社会主义法治思想的教学内容。例如,在学生开展实践前的课堂教学中,教师通过介绍旁听司法审判有关的司法和社会生活常识,使学生从细节处了解"程序公正"的内涵以及我国当下正在开展的阳光司法改革,增强学生对社会主义法治道路的信心与决心。

第二,在学生进行实践交流的课堂教学中,根据学生旁听的案件内容,教师增加社会主义核心价值观的引导。例如,在学生介绍完故意杀人案后,教师顺势展开《死刑是否应该被废除》的主题辩论,通过辩论使学生了解我国传统法律文化中的"以德治世""以德止刑"的刑事观念,从而理解中国传统文化的哲学基础和道德底蕴。在辩论的基础上学习我国当前的死刑复核制度以及其中蕴含的"少杀慎杀"观念,使学生能够理解我国当前的死刑制度与传统法律文化和当前的经济社会发展水平相适应,在此基础上形成正确的人权观,理解人权评价标准的多元化,从而树立文化自信。

五、教学反思

（1）本次"课程思政"教学的内容设计和安排在方法上强调理论课与实践课的有机融合，内容上围绕"法治思维"展开，这既是"思想道德修养与法律基础"的教学内容，也是"课程思政"的内在要求。在开展"课程思政"的过程中，教师需牢牢把握这一"题眼"，防止后续旁听司法审判的教学实践演变为漫无目标的参观和猎奇，浪费教育资源和司法资源。

（2）在目前开展旁听司法审判的实践中，教师也发现了有些有待改进的问题。例如，由于学生缺乏相关法律专业知识，无法真正听懂案件争议焦点，对旁听的总结更多停留在感悟层面，部分学生甚至只能从安检流程、法庭布置等边缘细节出发来谈感想，从而使旁听的教育效果大打折扣。后续的教学设计将针对这些问题强化旁听前的导论环节，加大教师的指导力度，从而使旁听司法审判真正实现思政教育作用。

通过实践考核培养学生"知"与"行"

刘 燚

一、教学背景

"思想道德修养与法律基础"课程是 2018 年度学校"课程思政教学改革"试点课程。教师在教学中所涉及的教学作业与考核方法，是在 2018—2019 学年第一学期全学期逐步进行的。本次课授课对象是 2018 级工商管理专业 2 班和 3 班，2018 级工商管理专业 4 班和 5 班，2018 级工商管理专业 6 班和 7 班，授课地点分别是松江校区的 3DM43 教室、6DM22 教室和 5DM41 教室。"思想道德修养与法律基础"课程是一门思政课，既要引导学生的思想认知，也要引导学生有践行精神，实现知行合一。本课程有两个具体教学目标，即大学生适应大学生活和培养理性思维。大学生对新生活的适应水平与认知和行为习惯都有密切关系。本学期借助"认识同学"这一新生最基本的适应任务，教师引导学生在"行"的过程中体悟自己的"知"，并加以反思、完善、提高，为以后的人生适应积累有益的经验。理性思维的基本过程就是调查、分析、得出结论，这恰恰是调研活动的基本过程，因此，本学期教师设计调研作业，帮助学生完成一次理性思维的训练。调研要求以小组合作、访谈方式完成，呼应了"认识同学"的任务。

二、教学过程

"思想道德修养与法律基础"本身就是思政课，从头至尾每次授课内容满篇都是思政教学点。因此，在进行"课程思政"建设的时候，重点就是如何利用理论教学之外的教学元素，引导学生真正理解、认同乃至践行教学内容。

在"课程思政"理念的指导下,教师在教学中比较注重课程作业环节和考试环节的设计,使其成为课堂教学的延伸或有机成分。

(一) 小组调研

本学期的平时作业之一是小组调研。教师根据教学内容,设立10个研究方向,学生从中自主选择1个,选择同一个方向的同学建立小组,每个小组不超过8人。小组需要完成的任务包括:第一,在符合研究方向的前提下,设计一个具体的研究题目;第二,选择合适的方式进行调查,访谈的方法是必选的;第三,课堂演讲,汇报调研成果。

学生对这项作业的反应。第一,有兴趣,有的学生课后发朋友圈说:"访谈调研的作业,太有趣了!"学生课后为调研作业多人反复向老师咨询请教,由此来看,学生对于这样探究性作业确实普遍怀有热情,跃跃欲试。第二,学生在完成调研的过程中了解到研究问题的基本方法。例如,访谈问题的设计,访谈对象的选择,对数据的分析,组间对比的方法,总结的方法,等等。第三,学生在小组合作过程中要学会跟别人合作,既要负责主动,又要谦让妥协,用制度制约不良企图。例如,最后上交的分工表要在群内公开,以免有不公平、不真实的记录。这项作业实施1年多来,已经涌现出不少优秀的成果。这项作业的设计思路是,本课程内容涉及世界观、人生观、价值观,涉及人与社会的关系,涉及道德与法律。总之,如何认识人与社会,是本课程的思想基础。新生刚从中学的题山题海里挣脱出来,对生活的体验不够丰富,对人与社会的认识不够深刻,所以对课堂的理论教学就缺乏理解和思考能力,调研让他们从自己调研到的事实入手,去认识人,认识社会。

(二) 认识同学

本学期的期中测试题目之一是写出全班同学的姓名。本学期是迎新季,很多同学经过了两周的军训及入学教育,仍然只认识很少的同学。在第一次上课时就把这个测试题目告知学生,引起课堂一阵小骚动,也有一点小兴奋。此后,一些学生的日常行为发生了改变,有个学生说:"以往只挑跟自己认识的人坐在一起,现在必须跟不认识的人多接近,问问他叫什么。"这一举措激发一些"慢节奏"的同学加速适应大学生活。

这一举措的设计思路是,适应生活是一个实践的课题,如果学生能养成主动适应变化的习惯,那就是最积极的适应。另外,课程中关于知行合一的内容,也需要通过学生的某种行为体验来获得认知。所以,以认识人这样一个考察点来推进主动习惯的养成,在习惯养成的过程中推进认知发展。

三、教学结果

调研小组的调研报告是依时间先后完成的,从刚开学到学期末的作品还是呈现出有规律的变化的。选题从空泛到具体,观点从幼稚到有些独特的视角和分析,研究方法从简单的原始数据比较,逐渐有了比例的比较,组间对比,本学期还有两组用到了简单的统计学方法,而访谈配合文件、文献调研,这样综合的研究方法也被多数同学掌握了。

但是,也有个别小组不能尽如人意。有的组是后半学期完成调研了,前面已经听了七八组调研报告以及每组报告之后的教师点评,可是,到他们的报告时间,仍然把前面组的错误重演一遍,甚至是升级版的错误。而这样的小组往往与其学习态度有关。

认识同学的实践,总体来说是有效的,在第9周的测验中,90%以上的同学可以写出90%以上的本班同学姓名,还可以写出大约10%的同时上课的别班同学姓名。但是,也有一些意外情况发生。有一个教学班提前制定了座位表,每人手机存1份,到考试那天都按照座位表坐,再把座位表抄录到考试用的座位表上就行了。然而这些事情被教师识破,推迟了考试时间,并将此事当作案例,引导学生进行反思。

学生的进步固然令人欣慰,作为教师,更认识到日积月累的功力。每个组报告演讲之后,教师反复在基本的调查研究的方法、数据分析的方法、报告演讲的要求上进行点评、讲解,因为结合了小组演讲的内容,抽象的方法和要求就变得具体了,至少演讲小组的学生是愿意听一听的。一学期下来等于给学生分析了十几篇调研论文,无形中培养了他们思维的务实性、严谨性、逻辑性。

四、教学分析

"适应大学生活"是本课程的开篇,"提高思想道德素质和法律素质"是本课程的结语。在一个学期中,要引导学生完成从开篇到结语的转变,仅仅依赖单纯的理论教学是远远不够的,要从"知"与"行"两个方面入手。

"知"与"行"会互相促进。课堂教育是通过影响"知"来推动"行",而对"知"的信任来自于体验,并非认知自发。不能尽快与新同学结识,这不仅仅是性格使然,在不少同学身上存在着对交往活动退缩、被动的不良习惯,改变他们的行为习惯，有助于激发他们改变内在的交往认知。有的人在"知道"之后迟迟未见到行动，往往是因为没有见识过行动的效果，因此对被告知的信息将信将疑，这样的心态难以形成强烈的行动动机。而直接将考察行动作为任务，学生就必须有所作为，行动的效果因此被他体验到，从而推动认知的改变。有的学生过去不好意思直接问同学姓名，只愿意等着"自然而然"的认识，通过几次直接询问，以及被人直接询问姓名，体验到这种相识的方式并没有想象中的尴尬，从而更愿意主动接近别人。

将课堂教育的内容与行为考核相结合，有助于加深对课堂教学内容的理解，力争实现知行合一。例如，课堂上讲要适应大学新生活，考核项目之一就是知道多少同学的名字，这是最基本的适应；课堂上讲实事求是，课后作业就是要做调研；课堂上讲要处理好竞争与合作的关系，作业就是要以小组的形式完成；课堂讲程序的重要性，在小组合作中就要求有公开、讨论的程序。

推动学生与他人积极有效地沟通。作为管理专业的学生，沟通能力是其必备的专业能力之一。小组调研作业要用访谈的方式完成，这就使得学生要钻研，如何与别人沟通才能得到自己想要的信息或建立关系；如何让对方懂得自己，如何懂得对方，如何激发对方表达的愿望，如何让谈话既有中心主线，又有延展度。这些问题虽是为完成访谈任务而思考，但是，经历这样的联系，学生会懂得并掌握沟通的要义。

调研的方式有助于提高学生的批判性思维的能力。批判性思维有三个基本环节：调查，获知事实；分析，解释该事实的意义是什么；判断，得出的结论经得起逻辑检验。在小组调研活动中，要解决的就是这样的问题。从设计访谈问题开始，学生就要思考访谈问题与主题之间的逻辑关系，分析各种回答的意义，判断结论的可靠性。在这样反复讨论、斟酌、自我否定之中，学生学到的不仅仅是批判性思维的概念，更是深刻的体悟。

调研的方式有助于培养学生踏实、严谨的学风。调查报告要求有一说一，不可文风浮夸，不可套话更不可假话。例如，有学生介绍调研的目的，说了解大学生的人生观有助于树立社会主义核心价值观，培养社会主义新人等。我要求改掉，要么说实话"为了完成老师布置的作业"，要么什么也不说。调研的结果，绝不能以预设结论代替调查结果，结果说现象是明显的，便分析其明显性；结果说现象不明显，便分析不明显的原因。而结论在多大程度上能成立，便在多大程度上表述。教师在点评中反复强调不求高大上，小调研只做小题目，把小题目做透彻就是功夫。

调研的方式有助于提高论文写作能力。教师如果直接要求学生写论文，学生会抱怨作业太多,太无聊,可是,要求学生做调研,准备演讲调研结果,学生却兴趣满满,争先恐后。事实上,一个好的演讲文案,何尝不是一篇好的论述文呢!既然如此,教师改变了以前只在学生论文上下功夫的做法,通过演讲内容,评说学生的论点、论据、论证方法,以及某些表述方式。这些要求与论文写法几无二致,只要学生掌握了调研报告的演讲方式,也就懂得了论文写作的要求和方法。

五、教学反思

"课程思政"的建设中,教师要深挖各个教学和教学管理环节,抓住内涵与本质,设计更容易让学生有兴趣,有参与主动性的教学与管理方式,促进学生将课堂教学的内容消化、吸收。

教学不仅仅是教知识点,更重要的是把知识点送进学生大脑。思政教学不能仅仅去做高屋建瓴的理论灌输,更要注重春风化雨,润物无声。对于我校学生的思维特征,借助论文、调研进行理性思维训练,是非常有必要的。这项工作不是给学生讲笼统的思维理论,而是针对学生的具体思维过程,一段一段地分析逻辑、考证依据,一句一句地推敲语言。这些功夫做到了,学生的理论思考能力提高了,知识点就容易掌握了。教学不仅仅是通过课堂讲授令学生获"知",还要注重通过课堂外的"行"推进学生认知。知行合一是手段,也是目的。

"一带一路"倡议:新时代、新定位、新前景

燕玉叶

一、教学背景

"形势与政策"课程是2018年度学校"课程思政教学改革"试点课程。本课程作为一门思想政治理论必修课,严格按照教育部"高校形势与政策课教学要点"要求进行教学。本次课授课时间为2018年4月19日,授课对象班级为2017级法学3班和4班,授课地点为浦东校区6号教学楼104教室。"形势与政策"课程致力于帮助大学生正确认识新时代的中国面临的国内外形势,深刻理解中国共产党治国理政的重要举措。本次课围绕"一带一路"倡议,将帮助同学们理清中国"一带一路"倡议的背景、内涵、制度设计、世界影响等基本问题,引导学生思考"一带一路"倡议将对自己的学业和事业的影响,最终达到让学生们在实践中自觉服务国家"一带一路"倡议,最终服务人类共同发展的世界目标。本次授课主要采取教师讲授和学生讨论相结合的方法进行。

二、教学过程

中共十九大报告五次提到"一带一路"倡议。这五次提及分布于报告三大主干部分,分别作为经济与外交重要成就,促进发展的重要手段,构建人类命运共同体的重要途径被提出来。据此,我们可以把中共十九大对"一带一路"倡议的最新定位总结为三句话:"一带一路"倡议是中国"全方面外交"的重要举措,是经济外交的顶层设计,是"对外开放基本国策"的基本路径。

沿着中共十九大报告为我们指明的新时期、新任务、新战略以及对"一带一

路"倡议的最新定位的逻辑,同学们有必要学习和思考"一带一路"倡议是什么,"一带一路"倡议干什么,"一带一路"倡议该怎么干,"一带一路"倡议的既有成就以及"一带一路"倡议可能会有什么样的前景。

(一)"一带一路"倡议是什么

1. 地理范围

据央视新闻(视频)官方介绍,一带指的是丝绸之路经济带,在陆地,有三条重点线路。从中国出发:一是,经中亚、俄罗斯到达欧洲(波罗的海);二是,经中亚、西亚到波斯湾、地中海;三是,中国到东南亚、南亚、印度洋。一路指的是21世纪海上丝绸之路。重点方向有两条:一是从中国沿海港口,或南海到印度洋,延伸至欧洲;二是从中国沿海港口,或南海,到南太平洋。作为商品生产基地与动力源头的长江经济带可能是未来一带和一路联动的主要汇合区域。

2. "一带一路"倡议与古代陆、海丝绸之路的区别与联系

古代丝绸之路已于2014年6月第三十八届世界遗产大会上正式被列入世界遗产名录。今天的"一带一路"倡议并不是历史上丝绸之路的再现或重建,而是前无古人的一项重要创举。它在继承古代丝绸之路"和平合作、开放包容、互学互鉴、互利共赢"的精神之上,融入了全新的时代内涵,将被建成"绿色丝绸之路""健康丝绸之路""智力丝绸之路""和平丝绸之路"。

(二)"一带一路"倡议干什么

1. 总体国家战略目标:解决中国和世界的发展难题,融通和实现中国梦、世界梦

"一带一路"倡议通过带动中西部地区协调发展,将有力推动中华民族伟大复兴的"中国梦"的实现(原文为"区域发展协调性增强,'一带一路'建设、京津冀协同发展、长江经济带发展成效显著"[①])。

通过"一带一路"倡议国际合作,努力实现政策沟通、设施联通、贸易畅通、资金融通、民心相通,打造国际合作新平台,增添共同发展新动力[②]。

"一带一路"倡议将中国梦和世界梦融通,承载着实现中共十九大报告提出的中国共产党三大历史任务(推进现代化建设、完成祖国统一、维护世界和平与

---

① 习近平:《决胜全面建成小康社会夺取新时代中国特色社会主义伟大胜利——在中国共产党第十九次全国代表大会上的报告》,人民出版社2017年版。

② 同上。

促进共同发展)的重要使命。

2. 具体国际和国内目标

国内目标：缓解中国经济下行压力；为我国能源的供给不足提供了有力的保障；带动中西部区域经济发展。

国际目标：促进全球经济增长；建立更加平等、均衡的全球政治、经济格局；构建新型区域合作模式。正如习近平总书记在2014年中国APEC峰会上所指出，"一带和一路"是亚洲腾飞的两只翅膀。

(三) "一带一路"倡议怎么干

1. 三大原则

三大原则包括共商、共建、共享(基本原则)。

2. 四大理念

四大理念包括和平合作、开放包容、互学互鉴、互利共赢。

3. 具体途径

具体途径包括六廊六路。六廊：中蒙俄、新亚欧大陆桥、中国—中亚—西亚、中国—中南半岛、中巴、孟中印缅六大经济走廊；六路：畅通六大路网，推动铁路、公路、水路、空路、管路、信息高速公路互联互通。

4. 最终目标

最终目标为实现政策沟通、设施联通、贸易畅通、资金融通、民心相通五通。

(四) "一带一路"倡议已经取得的成就

"一带一路"倡议得到了全球100多个国家和国际组织的积极支持，联合国大会、联合国安理会等重要决议也纳入了"一带一路"倡议建设内容。"一带一路"倡议建设已经逐渐从理念转化为行动，从愿景转变为现实。"一带一路"倡议"机制建设"不断完善，"设施联通"不断加强，"贸易畅通"不断提升，"资金融通"不断扩大，"民心相通"不断促进。

(五) "一带一路"倡议的未来发展前景

"一带一路"倡议必将会建成和平之路、繁荣之路、开放之路、创新之路、文明之路。

【讨论】"一带一路"倡议对当代大学生就业和学习的影响？当代大学生未来可以为国家"一带一路"倡议的实现做出什么样的贡献？应该从日常生活和学习中做哪些准备？

三、教学结果

(一) 提升了学生的理论素养

教师通过解释和宣传马克思主义中国化的最新理论成果和制度设计,让同学们全面、系统、客观认识了"一带一路"倡议这个中国和世界热词。在教学过程中,教师通过个体讲授,并借助了多媒体视频,整个教学过程轻松、愉快。学生们纷纷表示对"一带一路"倡议的来龙去脉、建设目标、建设前景有了比较明晰的认识。教学过程达到了通过"形势与政策"课程宣传和解释中共十八大以来中国共产党的重大战略规划和政策设计的理论目标。

(二) 指引了学生的实际学习和生活

教师将党的重大理论、政策与学生的日常学习、生活以及未来的就业联系起来,引导学生思考"一带一路"倡议对自身的重要影响。学生们纷纷表示,未来会根据"一带一路"倡议的国家建设目标自觉调整自己的学习内容和生活中的综合素质提升计划,真正做到学以致用,知行合一。

(三) 学生进一步坚定了对社会主义的信念

教师通过引导学生学习和思考"一带一路"倡议相关内容,让学生看到了个体发展的难得契机,中国特色社会主义的宏伟蓝图,以及社会主义的美好前景。学生们深刻理解了"个人梦""中国梦""区域梦"和"世界梦"的逻辑关系以及共同目标,进一步坚定了为实现中华民族伟大复兴的"中国梦"而努力的理想和信念。

四、教学分析

(一) 本专题教学"横向贯通"了"课程思政"提出的打通第一课堂(理论教育)、第二课堂(文化、实践)和第三课堂(网络空间)的要求

在教学过程中,教师首先充分利用了"形势与政策"这门思政课课堂主渠道及时向大学生传授了马克思主义理论中国化的最新成果,讲解了中国特色社会主义的最新实践经验,完成了"一带一路"倡议的具体理论阐释和宣扬的工作。在学生基本了解该倡议的基础上,教师进一步引导学生去思考"一带一路"倡议

可能会对当代大学生的就业和生活产生什么样的影响？为适应这种变化和影响，当代大学生又应该如何去调整自己的生活和学习计划？通过引导学生对相关系列问题的思考、回答，教师将理论讲解任务和实践育人任务结合在了一起。同时，借助央视视频，教师向学生清晰展示了"一带一路"倡议的地理范围和世界影响，符合当代大学生求新、求知、求用的心理特征，充分发挥了网络育人的功能。理论、实践、网络三个课堂通过一个教学案例主题被串联在了一起，实现了三位一体的育人功能。

（二）本专题教学贯彻了"课程思政"提出的将教书育人落实于课堂教学的主渠道之中的任务

本专题教学的目标是最终树立起学生为实现国家"一带一路"倡议建设目标而奋斗的责任感意识，培养马克思主义理论的信仰者，培养中国特色社会主义的接班人和建设者的育人目标。本专题的理论难点在于向学生讲清楚、讲透"一带一路"倡议的国家顶层设计理念和制度设计。而理论上的难点又是学生将自身生活、学习对接国家倡议的关键。为此，教师通过央视深入浅出的视频介绍，教师全面、深度的讲解和学生的讨论从多角度引导学生进行综合学习、理解和思考，实现了通过课堂教学主渠道将理论学习和实践应用、价值塑造合为一体的教学目标。

五、教学反思

（一）可以增加预习和课后思考环节

由于时间仓促，课时有限，教师尚未要求学生进行提前预习和阅读。本专题可以先从认识和分析中国经济发展现状、中国社会的主要矛盾的变化方面入手引导学生首先思考当代中国面临的具体问题和解决方案。学生在思考多种可供选择的解决方案比较中，去认识国家"一带一路"倡议的产生背景、制度设计和预期成果。在增加预习和自我思考的环节后，学生能够从中国面临的整体国内外环境入手，从解决中国实际问题的实践角度出发更好地综合理解"一带一路"倡议的产生背景和功能。

（二）可以指导学生讨论或撰写完善"一带一路"倡议的政策方案

引导大学生参与治国理政的政策思考是高校思想政治理论教育课的重要

任务之一。知识的学习和应用都是为了解决具体的中国问题,最终实现中华民族伟大复兴和崛起的"中国梦"。在带领学生深入认识国家"一带一路"倡议的理论逻辑之后,教师可以再要求学生思考国家"一带一路"倡议接下来可以完善的具体实践路径,培养学生参与国家治国理的意识和能力。

  总之,"课程思政"必须引导学生逐步完成自我阅读、自我思考、自我总结、自我锻炼和自我提升的过程。只有学生和教师"双主体"的作用都充分发挥的课堂才能真正塑造起学生的知识和信仰体系。只有学生的主动学习和自我学习的意识和能力被激发起出来之后,教师才能真正达到培养学生树立正确的价值观、勇于担当的时代责任感意识的目标。

揭批一起历史虚无主义的弥天大谎

徐光寿

一、教学背景

"毛泽东思想和中国特色社会主义理论体系概论"（以下简称概论）课程是2017年度学校"课程思政教学改革"首批示范课程。本次授课内容为第二章"新民主主义革命理论"，主要讲述中国共产党领导新民主主义革命取得胜利的伟大斗争历史并成功实施党的建设伟大工程的辉煌成就和宝贵经验，授课对象为浦东校区国际经贸学院2015级国际贸易1班和2班，授课时间为2017年3月28日，授课地点为浦东校区2号教学楼103教室。本次课采取教师讲授和学生课堂讨论的方式进行。在高校思政课"05方案"的全部课程中，概论课学分最多、内容最新，也是公认的思想领航价值最大的核心课程，教学内容涵盖中国共产党创建90多年来领导人民进行革命、建设和改革的全部历史进程和重要理论成果，包括新民主主义革命"三大法宝"、"四个全面"战略布局、"五位一体"总体布局和当代中国基本国情、主要矛盾和国际地位等中国特色社会主义理论体系的核心内容，是对学生进行"四个自信""四个意识"教育的核心课程，也是揭批对党史、国史等历史虚无主义思潮的主要素材，担负着对学生进行中国特色社会主义理想信念尤其是习近平总书记新时代中国特色社会主义思想教育的主要使命。本课程的教学最能体现"课程思政"教学理念，必须贯彻落实好。

二、教学过程

网络空间历来是历史虚无主义的泛滥地，往往打着"反思历史""还原真相"

的旗号,编造史料,戏谑恶搞,从歪曲某一段历史过程入手,来否定党史、国史、军史。近几年来,多个网络一直流传着一则《一寸河山一寸血:关于中苏 2.31 库伦战役真相》(以下简称《真相》)的所谓历史故事,就是一起典型的历史虚无主义的弥天大谎。

《真相》一文以貌似客观公正的写法,蓄意编造史料,编造了一出子虚乌有的弥天大谎,还罗列一堆所谓参考文献,如苏联元帅华西列夫斯基的《毕生的事业》,国民党军队将领孙元良的《亿万光年中的一瞬》,蒋纬国著、刘凤翰整理的《蒋纬国口述自传》,斯大林全集第七卷的《远东革命概要》和蒋介石日记《我的下半生》等,其胡编乱造、颠倒黑白的情节让缺乏专业党史常识的青年学生尤其是大学新生一时难辨真假,往往信以为真,上当受骗。故事情节大致是这样的:

1945 年 8 月 15 日,法西斯日本宣布无条件投降,全国上下沉浸在抗战胜利的喜悦之中。此时,部分苏联红军奉命进入蒙古地区,操纵一批蒙古王公贵族企图让蒙古从中国版图独立,真煞有介事。

刚刚取得抗战胜利的国民政府在蒋介石的领导下立即组织了三路大军北伐蒙古以收复失土。西路大军在傅作义指挥下,从山西大同出发;中路大军在李宗仁指挥下,从北平出发;东路大军在陈诚指挥下,从沈阳出发。三路大军目标都是直指库伦(今乌兰巴托),以消灭叛军、驱赶苏联红军、会师库伦、迫使蒙古王公取消独立为目标。

三路大军翻山越岭,迅猛推进,经多场激战,张灵甫腿部负伤,各路大军均有不同程度的伤亡,但仍众志成城,志在光复河山,实现统一。很快会师库伦附近,叛军损失惨重,苏联红军望而生畏,不战而退,蒙古王公被迫取消独立。仿佛蒙古即将回归。

故事情节在延续。就在国民政府即将光复库伦、收复蒙古之时,苏联操纵中国共产党开始在国内发难。一是在各大中城市组织学生示威游行,反对国民党独裁;二是中共军队向国民党军队发起进攻、挑起内战。一向奉行"攘外必先安内"的蒋介石赶忙调回进入蒙古境内正待收复蒙古的国民党大军应对国内危局。故事显然是把中国共产党编造成破坏国民政府收复失地、光复故土、实现祖国统一、完成民族大业的内奸,其破坏我党形象的险恶用心昭然若揭。

就在那次课间,小张来到讲台边,主动跟教师谈到他所"掌握"的这段党史知识。他信誓旦旦地说到,从抗战后期到解放战争前夕,国民党军队曾从大同、北平、沈阳等地兵分三路大举北伐、从苏联红军和蒙古军队占领下收复库伦、迫使蒙古取消独立重新归顺中国的所谓历史。还说苏联眼看蒙古得而复失不甘心失败,故意唆使中共在国内挑起战争、迫使国民党军队从蒙古撤出回国内战、致使蒙古重新获得独立,意思是说中国共产党帮助了蒙古独立。还说难怪1949年后大陆的中国地图不含蒙古而台湾的中国地图却包括蒙古,还说什么国民党军名将张灵甫的一条腿就是在收复蒙古之战中受伤的,等等。他把事情说得活灵活现,其态度激昂慷慨,甚至达到义愤填膺的地步。显然,小张看到并相信的是网络这段胡编乱造、实则子虚乌有的所谓历史。

作为学习研究中共党史30余年的党史工作者和上海市中共党史学会副会长,教师对这段历史是比较熟悉的。其实,在小张之前我早已注意到网上流传的这则谣言,也曾经予以驳斥,心中有数,认定小张轻信网络,被完全不存在的虚幻故事迷惑住了,颠倒黑白,混淆是非,中了历史虚无主义的剧毒,属于典型的网络意识形态问题。

摸清情况,教师主动留下小张的电话号码,加了他的微信,做了一些必要的资料准备,便约请他在规定的坐班答疑时间专门面谈。在无数次的微信交流和近两个小时的促膝长谈中,教师在充分肯定小张关心党史军史、探寻历史真相的学习态度后,不仅摆出档案资料,讲清历史事实,甚至提供了蒙古史研究的权威学术成果,帮助小张识别真伪,明辨是非。在严谨的学术和铁的事实面前,小张不仅认识到自己误读历史,盲从网络的错误,而且认识到这是历史虚无主义对大学生的误导和毒害,从而驱除了心灵阴影,解开了思想疙瘩。

为进一步澄清真相,很有必要弄清从1945年8月至1946年6月期间一代抗日名将张灵甫的行踪和他的腿伤真相。

此间张灵甫究竟在忙啥?其实张灵甫的行踪是非常清晰的。不仅中国台湾地区出版的国民党军史已有翔实记载,他的遗孀王玉玲女士也有详尽的回忆:1945年8月日军投降之时,40出头的张灵甫先在驻地长沙追求年方17岁的美女王玉玲,后奉调南京出任74军军长兼南京警备司令,其间不仅在上海金门饭店与王玉玲举办了盛大的婚礼,还陪同新婚夫人畅游南京玄武湖、夫子庙,夫唱妇随,吟诗填词,流连忘返。哪有什么时间出征塞北指挥收复蒙古的长途作战呢?作为张灵甫新婚燕尔一直陪伴在侧的妻子的亲身经历,该口述史应属可信。那么,张灵甫蒙古作战当然就纯属子虚乌有的弥天大谎了。

张灵甫的腿伤是否属实?究竟是在何处负伤的?教师让小张自己去查阅史料。他很快就告诉教师,是1938年夏季张灵甫在武汉保卫战中的江西高安战斗中被日军机枪扫射中弹的,张灵甫一直没让取出,留在身上,直至1947年5月在山东孟良崮战役中被人民解放军击毙,根本不是在什么库伦战役中负伤的。谣言不攻自破。

三、教学结果

历史虚无主义历来有虚假性、欺骗性、片面性和破坏性等特点,往往披着学术外衣,打着娱乐幌子,潜藏在背后,又具有极大的隐蔽性和迷惑性。揭批历史虚无主义是一项具有学术性与复杂性、艰巨性与长期性的理论澄清和思想教育任务。对历史虚无主义进行及时的澄清和揭批,对于强化政治担当,提高政治站位,增强政治定力、政治鉴别力和战斗力,提升政策把控力,具有显而易见的重要意义。

经过这次历史虚无主义的揭批,不仅小张受到了一次学习方法的训练,教师也深有感触。历史虚无主义影响巨大,网络历史虚无主义更是危害深重。我们要切实树立马克思主义唯物史观,掌握科学的方法论,随时随地帮助学生化解其各种思想困惑和认识误区,为学生健康成长提供科学的方法指导和正确的价值引领,积极发挥好"课程思政"对于夯实学生理想信念的思想领航作用。

四、教学分析

其实,因为这个故事是子虚乌有的,所以澄清真相、帮助破解并不困难,关键在于两个方面:一是教师要善于发现问题并敢于亮剑。往往是学生一句话甚至一个神情都会暴露出一个思想问题,作为育人为本的教师,当然不能放过,而且要敢于及时运用科学方法和所学知识予以回应,并坚定不移地阐明真相,分析问题的根源,以便增强学生的政治免疫力。二是要开展互动式教学,深化教学改革。课堂上要改变传统的灌输式教学,鼓励学生积极发表自己的观点,并有的放矢地开展针对性教学,及时解决学生暴露的错误认识和思想问题。学生中类似这个案例的历史虚无主义问题还有很多,其思想困惑也有很多,要抓住问题的关键予以破解。教师既要澄清真相,又要指导学生掌握科学的方法,提高其识别真假、自觉抵御欺骗的能力。

五、教学反思

反对历史虚无主义是我们为维护自身历史、巩固意识形态领导权、巩固国家政治安全提出的重大课题。加强党对意识形态工作的领导,巩固马克思主义在意识形态领域的指导地位,巩固全党全国团结奋斗共同思想基础,是中共十九大对思想文化建设提出的重要任务和要求。反对历史虚无主义是一项长期的政治任务。理论工作者、党史工作者要认真学习贯彻落实中共十九大精神，深入学习马克思主义世界观和方法论，深入领会习近平新时代中国特色社会主义思想的历史思维、历史逻辑和历史智慧，切实提高反对历史虚无主义的能力和水平，增强问题意识，坚持问题导向，以抓铁有痕、踏石留印的韧劲守住思想防线，尤其是高校思想政治理论课教师，更是理应担当、责无旁贷，要切实发挥专业和职业优势，旗帜鲜明地帮助青年学生筑牢思想防线，发挥好思想政治理论课作为核心课程在"课程思政"教学中的思想领航和价值引领作用。

第二部分　专业教育课程篇

金融风险管理中的诸多价值理念

刘 远

一、教学背景

"金融风险案例分析"课程是 2017 年度学校"课程思政教学改革"试点课程。本次课授课内容为第三部分"国家金融风险管理实例剖析"中的补充案例"美国次贷危机",授课对象为 2014 级和 2015 级金融学、金融工程和信用管理专业选修此课程的 129 名学生,授课时间为 2017 年 12 月 7 日,授课地点为 6 号教学楼 302 教室。作为金融专业方向选修课程,本课程注重选取与金融学专业相关度较高的真实案例来吸引学生,以学生对真实的金融风险事件和情景的分析、思辨为重点,通过讨论分析和提问的方式激发学生思考,进而提升学生应用理论以及解决实际问题的能力。随着"思政课程"向"课程思政"改革的深入,针对新形势下高校思想政治理论教育的新要求、新任务和新挑战,"金融风险案例分析"课程也在发生变化。在教学过程中,教师主动增强德育意识,坚持以社会主义核心价值观作为精神引领,主动寻找知识传授和价值观引领相融合的有效形式,在课程育人方面做出了一定的探索性工作。

二、教学过程

"金融风险案例分析"课程运用的案例主要由教师选取真实的金融风险事件,课堂上采取学生分组讨论的形式,由教师引导提问,最后以小组总结概括的方式进行。教师的提问和学生的分析讨论均是本课程的关键环节。在 129 名学生中,一般 5～7 人为一组,一共分为 22 组,在每个小组中,每个学生都可以表达自己的观点,再选取一位组长进行观点的汇总和汇报。这一环节可以充分调动学生的积极性,使学生从被动学习者变成了主动的课程参与者。

"金融风险案例分析"专业课内容主要围绕信用风险、法律风险、道德风险、操作风险、市场风险、流动性风险等几个方面展开,而思政教学体系的内容涉及诚信、道德、法律和价值观等内容,可见能与"金融风险案例分析"课程结合的内容占很大部分,尤其是每当我们分析到金融黑幕事件,总能发现这些金融丑闻并非仅仅与金融领域的技术性问题相关,而是直接涉及参与者扭曲的价值观和弱化的道德关系。此外还有许多国内外发生过的真实的金融风险事件暴露的金融道德缺失,令我们不得不重新审视专业课教育,我们培养的学生决不能沦为只追求拜金行为的个人主义者。因此,在传授金融理论的同时,强化金融专业学生正确的道德价值观,也是本课程的教学目的和教学职责所在。

以课堂上《美国次贷危机》的案例分析教学片段为例:

教师:请同学们花10分钟时间阅读《美国次贷危机》的案例,阅读完以小组为单位进行讨论和交流。

教师:阅读完这个案例,先请大家思考,金融风险会对国家造成怎样的危害?

学生1:金融风险会危害国家安全,一旦金融安全被破坏,随之而来的将是整个国家经济的动荡。

教师:回答得很好,那么请大家接着思考,美国这次金融危机是由什么引起的?

学生2:我认为是由于美联储的宽松货币政策引起的。

学生3:我认为是由于政府管制不够引起的。

教师:两位同学都认为美国这场次贷危机和政府监管以及美联储的货币政策有关,但是还忽略了最根本的因素——人,尤其是人的道德对人的行为的重要作用。透过这场金融危机,我们可以清楚地看到,贷款人、债务发行人、投资者以及监管者等行为主体,都明显地存在着道德缺失。请同学们继续思考,金融从业者原本可以依靠自己专业的金融知识和技能造福社会,然而为什么他们会集体出现道德缺失行为?

学生4:是由于他们缺乏正确的道德价值观,不断追求个人利益最大化,一次次突破道德的底线,最终给整个金融体系带来严重危害。

教师:回答得很好。道德价值观缺失导致道德风险行为,进而是引发这场金融海啸的重要原因之一。那么金融从业者在金融行业中应该担负怎样的责任?在座的各位同学,作为未来的金融从业人员,应该持有怎样的价值观?

学生5:应该诚实守信、守法合规。
学生6:应该勤勉尽责。

三、教学结果

尽管现有的金融风险管理教学中价值观理论和专业课教学出现了一定程度的分离,也缺乏现成的经验可以为我们直接所用。但是从本教学案例的实践结果来看,如果能够打破理论和实践的界限,尝试从金融学专业教学改革入手,并且在深刻的自我反思中将社会主义核心价值观贯穿于专业课教学改革过程始终,就能够帮助我们在反思中寻找新的思路,实现构建的路径。在本案例中,我们除了帮助学生理解金融产品和金融衍生品的本质内涵和双刃剑特征,保留对金融学相关知识和范围的传授和探讨,还帮助学生树立金融市场效率和"公正""诚信"并重的价值理念,引导学生充分认识仅仅追求金融市场的效率是片面的,不公平和不诚信的交易根本不可能是长久的。可见,在专业教育中增加社会主义价值观的思考,能够赋予专业课教学更加丰富而深刻的内容。

四、教学分析

以往金融风险管理课程更多地注重教会学生们分析和掌握金融领域存在的各种金融风险,然而金融风险案例中所折射出的风险成因常常是由于人们的观念和意识决定的,因此金融风险课程教学必须强调思想和价值观的引领。为了更好地对学生进行价值观的引领,对照课程内容,我们在具体的授课过程中,有意识地增加价值观教育,在完成金融风险管理知识传授和金融风险管理能力培养的同时,努力将情感教育和道德教育融入每堂课的授课课程中。

从教学实践看,当前金融风险管理课程教学仍然偏重以传授金融风险知识点和金融学知识结构为主,即知识性教学。这种教学内容和教学结构一方面具有成熟的、规范的、系统的优势所在,另一方面也存在明显缺陷。最主要的缺陷便是教师通常无法在教学内容中呈现核心价值观的传导,在很大程度上无法顾及个人和国家精神层面的要求。对于金融学专业的学生而言,各门专业课程的学习是他们获取专业知识的关键,也是他们形成思想认知和接受价值理念的重要环节。"公正"和"诚信"是社会主义核心价值观的内容之一,也是金融行业和国家经济稳健发展的基石,因此,针对金融行业和金融衍生品的风险特点,在相应的专业课程中,我们应该增加金融市场效率和"公正""诚信"并重的价值理念，引导学生充分认识仅仅追求金融市场的效率是片面的，不公平和不诚信的交易根本不可能长久。以"金融风险案例分析"课程为例，教师在讲授金融风险时，先应该帮助学生深刻理解到，如果金融机构盲目追求资金配置效率，违背金融市场的"公正"原则，就会造成社会资源配置的低效。如果社会评级机构违背"诚信"原则，做出与实际情况不相符的评级，那么就会误导投资者，损害公众和社会整体利益。此外，还有必要增加金融监管的教学内容，通过金融风险案例分析或者金融法规课程的教学内容，帮助学生理解社会主义核心价值观所提倡的"法治"内涵。这部分教学内容要特别重视法律、法规理论和金融实践的结合，通过比较分析国内外的金融监管体系差异，引导学生理解我国的政策制定等内容，在充分认识金融法规监管的重要性的同时，强调我国法律、法规对金融产品和消费者的重要保护作用，同时，需要根据我国金融法律、法规、监管环境和金融行业发展的实际情况及时调整金融学科的教学内容。

  总之，在专业课教学中，教师除了帮助学生理解金融产品和金融衍生品的本质内涵和双刃剑特征，保留对专业课相关知识和范围的传授和探讨之外，还应该主动把价值观和道德教育融入教学内容，在专业教育中增加道德意识和价值观的引领，赋予专业课教学更加丰富而深刻的内容。教师在课堂上主动帮助学生提升价值观念和道德标准，在价值观的塑造上，一是从追逐个人利益最大化价值观向追求社会整体福利价值观进行转变，二是从股东价值观向利益相关者价值观进行动态调整，只有这样才能培养出国家和社会需要的具有正确价值观导向的高品质金融人才。

  此外，针对金融行业道德风险问题，在教学理念层面，我们先应该规范金融学专业人才的价值观取向，不能一味强调培养学生的金融学专业知识和技能，而忽略了帮助学生树立富有社会责任感的价值观念取向。这里面的价值观念取向，即强调，作为一名未来金融行业从业者，决不能沦为只追求拜金行为的个人主义者，而是应该树立符合社会整体利益、推动国家整体进步的"社会主义核心价值观"。社会主义核心价值观涉及把国家、社会和公民的价值要求融为一体，落实到我们金融学专业的培养理念上，就是要培养学生树立"爱国、敬业、诚信、友善"的个人价值观，时刻牢记我们的工作意义所在是为了能够促进"自由、平等、公正、法治"的社会整体环境，最终我们将所学投入工作的最高目标，是为了推进国家"富强、民主、文明、和谐"的最终福祉。

  总之，只有当我们的专业课教学理念能够与社会主义核心价值观的方向和重点相吻合，能够促进市场经济和道德建设的良性互动时，我们培养的学生才不会出现道德缺失，也不会迷失在无底线的追逐个人眼前经济利益之中，我们培养的才是既有专业能力又有崇高道德理念的金融人才；反之，我们的专业课教学如果不能在提升专业能力的同时促使学生在道德品德上有明显的提高，培养出来的学生就很难成为金融界的领袖，甚至在基本的职业道德上出现严重问题。

五、教学反思

尽管目前"课程思政"已经引起了教育主体的广泛重视，越来越多的专业教师开始把注意力和精力投入专业教育和思政教育的融合上来，但是"课程思政"教学实践还处于起步阶段，尚未形成科学而系统的教学体系，因此很难直接将某一特定的教师的"课程思政"教学实践模式直接推广开来。此外，如何评价"课程思政"的实践教学结果，评价指标体系怎样构成以及如何分配权重，也是值得未来教育主体继续深思的问题。虽然在改革的过程中难免会遇到极大的挑战，但是如果我们能够坚定这项教育改革和教学实践的信心，在深刻的自我反思中努力寻找思想政治理论和金融学专业课相结合的新思路和新路径，将社会主义核心价值观贯穿于金融教学改革过程始终，就能有效推进和提高学校"课程思政"的有效性，推动改革顺利进行。

让优秀成为习惯

——"数学分析精讲"中的人生启示

陆天虹

一、教学背景

"数学分析精讲"(含数学分析)课程是 2019 年度学校"课程思政教学改革"试点课程。本次课授课内容为"数学分析"的第二章"数列极限"和第三章"函数极限"以及"数学分析精讲"的第一章"联忆法",授课对象为 2017 级金融数学专业 1 班和 2 班,授课时间为 2017 年 11 月 15 日,授课地点为 2 号教学楼 107 教室。作为综合素养课程,"数学分析精讲"(含数学分析)课程是为后续课程的学习以及经济金融领域的应用提供必要的知识和方法,同时通过本课程的教学,进一步锻炼和提高学生的思维能力,培养学生掌握分析问题和解决问题的思想方法。本课程通过德育元素的渗入,培养学生热爱祖国、热爱科学、不畏艰难、坚持到底、实事求是的科学态度和创新精神;学会与人有效沟通交流,增强其团队合作意识,爱岗敬业;培养学生的效率意识,敏捷而快速解决问题的能力;培养学生德智体美全面发展,努力践行社会主义核心价值观。

二、教学过程

在我们的大学数学特别是"数学分析精讲"(含数学分析)课程的学习中,许多知识点确实很难理解和把握,多数同学都感觉特别困难。"纵使数学分析虐我千百遍,我待数学分析如初恋""我和数学分析的爱恨情仇"以及"感谢数学分析对我的一次次打击,成就了今天坚强的自己"等,可见"数学分析精讲"(含数学分析)课程学习的难度给同学们留下了多么深刻的印象。为了降低有些知识点的学习难度,帮助学生能够进一步理解和把握这些知识点,提高学生的认知能力,加之大学数学中许多概念理论都是对客观现象的高度提炼,从实践中来到实践中去,因此我们有必要充分挖掘并讲授大学数学中各知识点蕴含的实际意义。同时,为进一步推动教学课程的思政改革,充分挖掘课程中蕴含的思政资源,提升教师的思想政治素质,增强教师的育德意识和育德能力,完善课程的思政评价体系,实现全员育人、全程育人、全方位育人,全面推进教育教学改革,提高人才培养质量,因此我们对大学数学特别是"数学分析精讲"(含数学分析)课程进行思政改革专项研究,以学生的发展为导向,融入思政元素,探索中国特色社会主义新时代的教学研究,不忘初心跟党走,立德树人育栋梁。本文针对大学数学特别是"数学分析精讲"(含数学分析)课程中学生们特别难于把握的极限知识点,我们尝试进行了首期思政改革,经过3年的初步探索和课堂实践,达到了首期思政改革的预期效果,同时能够启发学生的学习思维,激发学生的学习兴趣,提升了课堂的教学效果,丰富我们的教学内容,拓展我们的教学方法论,不断提高我们的"数学分析精讲"(含数学分析)教学质量,以期达到教书育人提高人才培养质量的根本目的。

(一) 数列极限的精确定义

数列极限的"ε-N"定义如下:

$$\lim_{n\to\infty} a_n = a \Leftrightarrow$$
$$\forall \varepsilon > 0, \exists N, \forall n > N: |a_n - a| < \varepsilon$$

大学数学课程一开始就要给学生介绍数列极限的概念,学生对极限这个概念的理解深度,将影响其在数学、物理、经济、金融等后续课程的学习,甚至影响其对客观世界的理解程度和方式。关于极限的直觉和感性认识,有助于理解极限的"ε-N"精确定义。我们知道,在我们对客观世界的认知中,第一条原理就是测不准原理。如果测不准或估计不准就不估计,那就犯了不可知论的错误。事实上,对物件的测量中,也存在着测不准原理。比如,一张桌子的长度是 a(一个实数),这是客观存在的,我们称其为桌子长度的真值(唯一);我们第 n 次测量得到的值,称其为第 n 次测量值(观测数据),记为 a_n;该值与真值的(绝对)误差,记为 $|a_n - a|$,ε 也称为精度,ε 越小精度就越高。这就是数列极限精确定义对应的物理意义。其代数意义,就是绝对值不等式;其几何意义,就是距离。在经济、金融方面,基本的含义就是风险控制等。如果 a 代表我们投资的本金,那么我们需要把投资操作的风险(亏损)控制在一定的可接受范围内。

进一步,我们考虑数列极限精确定义的现实意义,也就是给我们人生,特别是我们大学生美好的 4 年大学学习生活,带来的诸多重要启示。

(二) 保号性定理

函数极限的局部性质一节,有一个重要的性质叫做函数极限的局部保号性,也称为局部保序性,我们分两个定理来讨论它们给我们带来的人生启示。

1. 保号性定理 1

假设函数在某一点的极限存在,且:

$$\exists U^0(x_0), \forall x \in U^0(x_0), f(x) > 0$$
$$\Rightarrow \lim_{x \to x_0} f(x) = A \geqslant 0$$
$$\exists U^0(x_0), \forall x \in U^0(x_0), f(x) \geqslant 0$$
$$\Rightarrow \lim_{x \to x_0} f(x) = A \geqslant 0$$

该定理表明,假设函数在某一点的极限存在,如果该点附近函数值(严格)>0,那么该点的极限不可能<0。在某点的去心邻域内,函数的符号确定的话,那么其极限的符号也能确定。这个定理沟通了函数与极限之间符号的关系,所以凡是讨论到极限的符号或函数的符号问题时我们一般都会想到应用这个定理(如极值判别的第二充分条件或"雨水法则"的证明等)。进一步,如果极限存在,且:

$$\exists U^0(x_0), \forall x \in U^0(x_0), f(x) > r > 0$$
$$\Rightarrow \lim_{x \to x_0} f(x) = A \geqslant r > 0$$

也即,如果附近的函数值与 0 严格分离,那么极限值也与 0 严格分离。分离定理或保不等式定理只是保号性定理的一个推论,数学推导只需移项再利用保号性定理即可。另外,调和数列因为不能与 0 严格分离,导致极限中性!

2. 保号性定理 2

保号性定理 2 告诉我们:

$$\lim_{x \to x_0} f(x) = A > 0 \Rightarrow \exists U^0(x_0), \forall x \in U^0(x_0), f(x) > 0$$
$$\lim_{x \to x_0} f(x) = A > 0 \Rightarrow \forall 0 < r < A, \exists U^0(x_0),$$
$$\forall x \in U^0(x_0), f(x) > r > 0$$

也就是说,如果一点的函数极限>0,那么该点附近的函数值一定>0,而且可以导出该点附近的函数值必定与 0 严格分离。

三、教学结果

首先,通过"数学分析精讲"(含数学分析)课程思政案例的深入分析,我们初步探索了"数学分析给我们大学生的人生启示",还有许多类似的教学思政案例(如确界的启示、价格围绕价值波动、刚性与弹性以及闭区间上连续函数的优良性质给我们的启示等),需要我们不断发现总结以及丰富提炼,充分挖掘课程中蕴含的思政资源,提高学生的认知能力,同时启发学生的学习思维,激发学生的学习兴趣,加强与学生的互动,活跃课堂氛围,提升课堂教学效果。其次,丰富我们的教学内容,拓展我们的教学方法,从而能够不断提高我们的大学数学教学质量,进一步达到教书育人提高人才培养质量的根本目的。最后,让我们大家共勉之:没有目标的人生叫漂浮,有目标的人生叫航行;没有规划的人生叫拼图,有规划的人生叫蓝图。从自己做起,从现在做起!让优秀成为习惯!

四、教学分析

(一) 数列极限的精确定义给我们的人生启示

(1) 人的一生包括我们的大学学习生活,最重要的是什么?安全,包括健康。在特许金融分析师(CFA)有关量化分析课程中,提出了罗伊安全第一准则。其要求我们特别强调安全,安全第一。比如,有些同学走路特别是雨天下桥时,还在看手机,万一路滑摔跤,后果不堪设想,严重的话今后有可能会在轮椅上度过。因此,我们必须把安全放在首位。数列极限定义中的 ε 就是风险系数,ε 越小越安全。

(2) 数列极限的精确定义中,a 代表一个理想、目标、规划;a_n 代表我们的行动,绝对值表示存在的差距;n 代表我们努力的程度等各因素。极限代表理想或目标或梦想,包括成绩优秀出国考研圆满毕业等。梦想有强校梦、强院强系梦乃至强国梦、强军梦,还有同学们的强学梦、强身健体梦等。因此我们一进入大学,学校就给我们大学生指定年级辅导员、导师以及导生等,在他们的指导帮助下新生初步制定了大学的生涯规划,包括学业规划等。曾有一位学生,在导师指导工作记录表学生反馈一栏中,这样写道:人生的第一位导师是我们的母亲,学校给我们大一就安排了大学的第一位导师,足见学校多么期望我们早日成才,我们决不辜负学校以及导师对我们的殷切期望。没有目标的人生就像漂浮(流浪),有目标的人生才称得上航行;没有规划的人生就像拼图,有规划的人生才称得上蓝图。有了规划有了目标,就像数列有了极限。为了实现或无限逼近我们的梦想,还需要考验我们的执行力,仅有梦想远远不够,还需要我们为此实施行动,更需要我们为之付出不断的努力和艰辛。再进一步升华,在数列极限的精确定义中,如果 a 代表我们中国共产党的最高理想,实现共产主义,那么为了实现我们的最终目标,a_n 就代表我们一代一代的中国共产党人为此的不懈努力和奋斗(如表1所示)。目前,在我们中国特色社会主义新时代,如果 a 代表我们的初心和使命,那么为中国人民谋幸福,为中华民族谋复兴这个初心和使命就是激励我们中国共产党人不断前进的根本动力,不忘初心,不负使命!

表1 a 和 a_n 代表的意义

a	最高理想: 实现共产主义	中国特色社会主义新时代, 初心和使命为中国人民谋幸福,为中华民族谋复兴
a_n	为实现共产主义: 一代一代的中国共产党人不懈努力和奋斗	不忘初心,不负使命, 这个初心和使命,是激励中国共产党人不断前进的根本动力

(3) 我们强调大学生活中的三大基本能力的培养。三大基本能力中的自我控制能力,就可以用数列极限的精确定义来衡量:越小的 ε 代表对自己的要求越高。在冬季的一个雨天下午,我们到寝室走访学生,遇到一位同学赤膊在寝室里埋头玩游戏。他告诉教师,自己沉迷于打游戏实在控制不住自己。对此,我们耐心开导学生,正因为控制不住,所以我们要培养自我控制的能力。之后同寝室学生反映该同学玩游戏的时间逐渐减少,学习成绩也渐渐提高了。因此,数列极限定义中的 ε 也代表适度的度,代表自律的程度,严于律己的程度。数列极限的精确定义告诉我们,ε 越小,对我们自己的要求越高。再进一步升华,考虑道德层次结构。一般的 ε 表示公共社会道德,较大的 ε 代表道德层次较低,比较小的 ε 才是高尚的道德(较高的道德层次),越小的 ε 越接近共产主义道德。我们大学生积极向党组织靠拢,就要以党员的标准严格要求自己,让优秀成为习惯!

(二) 保号性定理给我们的人生启示

1. 保号性定理 1 给我们的人生启示

大学数学中的术语一般分为专业(Formal)和非专业(Informal)。"邻域"就是大学数学中首次接触到的一个十分重要的专业术语,其别称或者口语化就有"近邻""旁边""周围""附近"以及"局地"等,也可进一步延伸到"小团队""家庭""班级""寝室"等和"小集体""班委""团委""团支部""党支部""同伴""好友"或"好伴"以及"微信朋友圈"等。如果我们考虑邻域中能量的传播(辐射,特别是经济辐射,另一专题讨论),那么我们就能挖掘出相关的思政资源,正所谓"近朱者赤近墨者黑"以及好伴圈子团队的重要性。我们的周围(邻域)传播正能量,那么我们自己一定不会传播负能量或者我们周围没有传播负能量者,那么我们自己也一定不会传播负能量。我们附近充满正能量,就算有个别负能量传播者,也必将在我们强大的影响力下,转变为正能量传播者,正所谓"近朱者赤";反之,我们周围传播负能量,那么我们自己也不会传播正能量或者我们周围不传播正能量,那么我们自己也一定不会传播正能量。如果我们周边充满负能量,久而久之,必将受其影响,即"近墨者黑"或者离开此邻域或者也成为传播负能量者们的同行。可见"出淤泥而不染",需要多么强大的自律意志或自我控制能力。好在我们周边绝大多数传播正能量,少数传播负能量者也在我们的强大影响力下转变为正能量传播者。另外,在我们日常学习生活中,我们不能成为孤立点。孤立点虽不受影响,自然也不会影响它点,但是孤立点是肯定没有极限的(属于第二类的其他间断点)。我们进入大学校园,不仅仅要学习知识,还要德智体美全面发展,做一个有生活情趣乐观开朗,能融入社会的人。综上分析,也可以得出我们所在团队的重要性,越小的团队对个体的影响力越大!进一步,如果极限存在,并且如果附近的函数值与 0 严格分离,那么极限值也与 0 严格分离。分离定理或保不等式定理只是保号性定理的一个推论。分离定理给我们的启迪:如果我们周围传播的正能量其量能都超过(或不低于)一个 r 级,那么势必在周围的强大影响力之下,我们自己不仅传播正能量,而且量能也必将不低于 r 级!因此,作为我们班级的两委(班委、团委)以及我们团支部、党支部等基层团队,更应发挥我们的先进模范作用!

2. 保号性定理 2 给我们的人生启示

保号性定理 2 告诉我们,如果我们传播正能量,那么我们附近(邻域)也是传播正能量;反之亦然。进一步,如果我们自己传播的正能量量能超过一个 r 级,那么势必将在我们中心的强大影响力下,我们周围传播正能量量能也超过 r

级。因此，我们作为班级的两委（班委、团委）委员、积极分子以及我们作为共青团员、共产党员，更应发挥我们的先进模范作用，这就是榜样的力量！

五、教学反思

在"数学分析精讲"（含数学分析）课程的教学实践中，教师以学生的发展为导向，通过深入观察分析，充分挖掘课程中蕴含的思政资源，将思政元素融入课程教学实践，探索中国特色社会主义新时代的教育研究，以期达到教书育人提高人才培养质量的根本目的。教师通过分析数列极限的精确定义以及保号性定理等教学思政案例，初步探索"数学分析精讲"（含数学分析）课程给大学生带来的人生启示。本次授课作为"课程思政"教学实践的初步探索，虽取得了预期的成效，学生们反响强烈，但也存在着许多不足。首先，数学分析所用语言分两类：本土语言以及符号语言，学生们刚进入大学，对"数学分析精讲"（含数学分析）课程所用的符号难于理解，部分学生不免产生抵触情绪，需要教师在教学实践中特别强调互动教学；其次，由于课时有限以及尚属初步探索，因此在"数学分析精讲"（含数学分析）课程的思政教学实践中难免不能做到充分透彻；最后，教师在数学分析的教学实践中，挖掘"数学分析精讲"（含数学分析）课程的思政资源极具挑战性，课程教学中融入思政元素相对比较困难，需要教师不断探索，总结经验，同时也期望能够将教师的"课程思政"教改成功经验加之推广。立德树人，教书育人！

从自己做起，从现在做起！让优秀成为习惯！

塑造正确的财务管理利益观,加强社会责任感

程 锐

一、教学背景

"财务管理学"课程授课对象为2016级会计专业5班和6班以及财务管理专业5班和6班,授课地点在4DM12教室和6DM22教室。财务管理学是研究如何通过计划、决策、控制、考核、监督等管理活动对资金运动进行管理,以提高资金效益的一门经营管理学科,是企业管理的一个组成部分,是根据财经法规制度和财务管理原则,组织企业财务活动,处理财务关系的一项经济管理工作。财务管理专业包含管理、经济、法律和理财、金融等方面的知识,能够为工商、金融、行政和事业单位培养从事财务、金融管理以及教学、科研方面工作的工商管理学科高级专门人才。在教授过程中,教师结合财务管理学习的内容和特点,秉承自然融合的原则,将社会主义核心价值观、个人品德等方面融入财务管理课程思政教学中,让财务管理课也拥有"课程思政"的情怀、味道和气质,帮助学生塑造正确的财务管理利益观,加强社会责任感。

二、教学过程

在"财务管理学"课程第一章总论的学习中,教师通过知识的讲授使学生初步掌握财务管理的概念,即财务管理就是组织财务活动,处理财务关系的一项经济管理工作。教师进一步通过讲解企业资金流程图,让学生总结资金运动的规律,即资金运动是通过货币资金转化为非货币资金,又回到货币资金,不停循环往复,从而构成了企业的资金运动。教师告诉学生要从动态、整体的视角来

分析资金的运动,并且企业资金运动的规律是蕴藏在社会资金运动中的,这说明资金运动不是存在于一个封闭系统,因此财务管理的视野也不应局限在公司内部,而应该从整体、系统、社会的角度全局考虑,站位更高,看得更远。这引申出个人行为也要脱离狭隘,考虑到对所处大环境的影响,树立大局意识。学生在日常生活学习中要以大局为重,当自身利益和集体利益产生冲突的时候,要懂得服从集体安排,同时,要时刻注意自己的言行举止是否会对整个集体产生不良影响,要有集体荣誉感。在学习财务关系内容时,教师先阐述财务关系的定义,即企业的财务活动是以企业为主题进行的,企业作为法人在组织财务活动过程中,必然与企业内外部有关各方发生广泛的经济利益关系。而企业财务管理的内容就是组织财务活动并处理财务关系。这引申出作为一个学生不可避免地会与身边的老师、同学、朋友接触,要学会处理自己的人际关系,对身边的人和事要有包容心。教师拿复旦大学的投毒案、马加爵杀人案为例告诉学生,作为大学生除了成绩以外,人际关系、品行也是衡量大学生的重要标准,个人因为嫉妒或者是摩擦就萌生害人之心,并最终毁了两个家庭,希望学生引以为戒,在学习专业知识的同时能够磨炼学生心性,学习处人处事,防止校园悲剧重现。

在学习企业财务管理的目标时,教师先通过知识的讲解使学生掌握财务管理目标有三种代表性观点,其中之一是利润最大化。这个目标有其可取之处,可以量化,反映经营成果。但是为了"最大化",个别企业会不择手段,出现短期行为,如高管为了提升企业业绩从提高自己的薪酬,进行利润操纵,做假账。这告诉学生在以后工作中,作为一名会计人员,一定要时刻守住不做假账这一底线,遵守会计的职业道德和素养,为企业和股东负责。另外,企业为了短期提升企业业绩,牺牲长远利益甚至污染环境、破坏生态、违法乱纪等。这引申出一个优秀的企业是能够提供优质的产品和服务,提高企业利润和股东财富。但是伟大的企业不仅能够提供优质的产品和服务,还会在经营过程中兼顾企业其他利益相关者的利益,积极履行社会责任,如减少污染排放,支持社区发展,进行企业捐赠等,达到企业和社会的双赢,竭尽全力使这个世界变得更美好。教师同时告诉学生,在我们的日常生活中也要不仅关注自身的利益,还要关注社会效益,增强社会责任感。

三、教学结果

通过第一章的学习,学生不仅了解了财务管理的概念、内容和财务管理的目标,也在学习的过程中明白了,在生活和学习中要顾全大局,有集体荣誉感和使命感，同时也要兼顾人际关系，学会包容和理解，避免校园惨剧的发生。另外也让学生明白一个好的企业不仅表现在经济效益上，而且更体现在社会效益上，借此增强和培养学生的社会责任感。

四、教学分析

"财务管理学"课程作为一门社会类、经管类课程，要肩负起"课程思政"重要渠道的责任，要坚持正确方向，以习近平新时代中国特色社会主义思想为指引不断完善育人教学理念，通过"财务管理"课程中思政点的设计，将财务管理专业知识和思政教学有机结合，使学生在收获专业知识的同时，也能够学习更多的科学精神、价值观念、人文情怀、高尚品质。教师在第一章的教学工作中，重要的是如何将专业知识和思政点相结合。本次教学过程中，有两个比较有价值和创新意义的思政点：第一，在讲到资金运动的时候，教师要求学生站在动态、整体的视角来分析资金的运动，并更远引申至学生要脱离狭隘，培养学生的大局观，这样的结合不仅使学生掌握了资金运动的内涵，也有利于学生树立良好的价值观；第二，在学习企业财务管理的目标时，教师告诉学生财务管理目标利润观具有短视性，甚至会造成部分企业违规违法等行为。教师告诫学生在以后工作中，作为一名财务会计人员，一定要时刻守住不做假账这一底线，帮助学生树立良好的职业道德观念，同时引申出企业履行社会责任的重要意义，引导学生不仅要关注自身利益也要兼顾社会利益，树立良好的社会责任观。

五、教学反思

在"财务管理学"课程第一章的学习中，教师通过将思想政治教育融入学生财务管理概念、内容和目标的学习环节，不仅实现通识课、专业课与德育教育的有机融合，而且在"润物细无声"的知识学习中融入理想信念层面的精神指引。对于教师而言，也从思政教学中得到更多的成长和进步。为了将思政教育融入"财务管理学"课程第一章的教学过程之中，教师要在备课的同时将思想政治的元素引入课堂，并关注社会热点问题，通过一些实例让学生明白思想政治的重要性；并且在准备专业知识的同时，潜移默化、润物无声地将思政内容嵌入到理论知识的学习中。

当然，"财务管理学"课程第一章内容是尝试思政教学的第一节课，在思政知识点的设计和方法上，还是有一定的不足，更多是以讲解为主，在后面的教学中将思政内容通过PPT和视频的形式进行讲授，更容易引起学生的关注，并起到更好的教学实践效果。另外，未来财务管理的"课程思政"改革要继续提炼学科内涵价值，不断渗透、拓展、延伸，把学科专业知识、专业素养与人文素养、社会主义核心价值观有机联系在一起，不断提升学生自我管理、自我完善、自我提高的素养。

遵守法律坚守诚信是开展国际贸易业务的基石

陈 琦

一、教学背景

"国际贸易实务"课程是 2018 年度校级"课程思政教学改革"试点课程。本次授课内容为第十二章国际贸易合同的履行,授课对象为 2016 级国际经济与贸易 4 班,授课时间为 2018 年 12 月 6 日,授课地点在 6 号教学楼 416 教室。本课程以培养"诚信品质、实践能力、创新意识、国际视野"的高素质应用型财经人才为目标,使学生掌握国际贸易实务的专业知识。本课程还以国际贸易业务人员应掌握的知识和技能为标准,培养业务能力、创新能力和实践能力,增强学生的国际竞争力。本次授课内容为第十二章国际贸易合同的履行,围绕价值塑造,从课程思政教育角度,强调要遵循国际贸易规则和法律,并且要做到诚实守信,否则承担违约后果。

二、教学过程

(一)案例简介

1. 关于知识产权法律规范

2018 年 3 月德国 B 公司在展会上对中国 A 公司自己设计的 T 恤表示出明显的采购兴趣,在样品确认后,双方签署购销该款 T 恤合同。出口方组织生产后于 2018 年 5 月 25 日将货物按时装运出港,并备齐所有单据向银行议付货款,最终顺利收款。然而货到港后,德国 B 公司电话提出中国 A 公司的设计是复制一家由意大利某著名公司的设计,该款设计在欧洲有专利保护。因此德国B公司要求退货。这意味着不仅仅是这批货物要退回来,而且因为款式有一个关键部位的设计涉及侵权问题,后面的订单都将成为泡影。中国A公司业务员认为反正已经收齐了客户的货款,可以对德国B公司的退货要求置之不理。但中国A公司高层认为,从法律角度,若产品在欧洲销售,并被版权拥有者的意大利公司起诉,德国B公司或会将出口商作为第二被告,那么中国A公司在行业内的声誉将受影响,并导致其他地区的市场遭到版权商的围堵。从商业信用角度,无论哪一方的商业错误都需要承担相应的责任,既然产品存在侵权的问题就应勇于承认错误。最终中国A公司满足了客户的要求,退款退货,并承担了返程的运费①。

尽管此事对双方都有损失,但中国A公司获得了德国公司的信任,至今仍然保持着良好的合作关系。

2. 关于提单法律规范

2019年1月8日,韩国A公司与中国B公司签订了销售2 000双鞋子的合同。价格条件为CIF山东青岛,总价款300万美元,起运港为韩国釜山。而后中国B公司向中国银行山东分行申请开立以韩国A公司为受益人,有效期为2019年6月15日的不可撤销的即期信用证,装船日期不迟于2019年5月30日。

2019年7月15日货轮抵达青岛港,中国B公司收到提单,但提单上载明装船日期为2019年5月30日,根据该轮船到港时间,并收集了轮船近期船期表、航海日志等其他相关证据,中国B公司确认提单倒签。为此,中国B公司对此事非常气愤,多次电告韩国A公司,指出不能接受倒签的提单,并且因为错过了中国节假日的火爆市场销售行情,要求通过每双鞋子降价50美元的方式给予赔偿,否则拒收货物,韩国A公司对中国B公司的要求不仅一直不给以答复,竟然于2019年6月15日提交了信用证项下的全部单据,从议付行取得了货款。而由于争议迟迟未决,货物抵达青岛港后一直存放于港口仓库,库存费巨大,为避免更大的损失,中国B公司于2019年9月15日付款赎单②。

随后中国B公司向中国当地法院提起上诉,请求判决韩国A公司赔付其各种损失共计30万美元。

3. 关于信用证法律规范

2016年至2018年,赵明和李欣等分别在国内创立宏通贸易公司,在开曼群

---

① 改编自曹智:《用诚信与客户交朋友》,进出口经理人,2011(7)。
② 改编自王志恒:《倒签提单不可取》,进出口经理人,2008(9)。

岛创立明阳工贸公司,随后国内公司与国外公司签署若干虚假铁矿石合同,进行自买自卖交易,并通过不断拆分、兑换仓单的形式,由宏通公司多次委托其他公司通过国内银行申请开立信用证,并向中国银行上海分行议付最终套现成功,在3年时间内,套取的资金就高达数亿美元。后由于国内宏通公司出现资金链断裂,其导演的自买自卖的信用证欺诈行为逐渐浮出水面,多家进出口代理公司将宏通公司、阳明工贸公司和中国银行诉至法院,告其信用证欺诈,请求中止支付信用证项下款项①。

(二) 案例思考

1. 三个与法律、法规紧密相关的案例如何体现遵守法律坚守诚信是开展国际贸易业务的基石这一原则

国际货物买卖合同是营业地处于不同国家(或地区)的当事人之间签订的合同,由于涉及到货物和资金的跨境,因此其法律适用问题要比国内购销合同复杂得多。合同当事人先要遵守各自所在国的对外贸易政策和法律、法规,而当各国的国内法存在差异甚至冲突时,则一方面可以依靠有关的国际协定、条约或公约来处理争议,解决冲突;另一方面依靠于那些已被国际上普遍接受和广泛使用的国际贸易惯例。

在复杂的国际贸易业务中风险无处不在。为了规避自身风险,违反法律法规,忽视商业信用,不利于开展国际贸易业务。以上三个案例有力的阐述了这个道理,即遵守法律坚守诚信是开展国际业务的基石。

第一个案例分析:中国进出口应当遵守《中华人民共和国合同法》(以下简称《合同法》)对于知识产权的规定和要求。《合同法》第四十一条规定:卖方所交付的货物,必须是第三方不能提出任何权利或要求的货物,除非买方同意在这种权利或要求的条件下,收取货物。但是,如果这种权利或要求是以工业产权或其他知识产权为基础的,卖方的义务应依照第四十二条的规定。

第一个案例中,出口商侵犯了知识产权,因此双方交易受阻。为了减少因知识产权引发的纠纷,出口商为了保护自身利益不受侵犯,在合同中可以加入保护条款。例如:"It is the buyer rather than the seller who shall be responsible for any disputes arising from the infringement of the third party's intellectual properties."案例1中出口方未在合同中加入此保护条款,中国A公司只能承担起失误造成的损失。不为一时一事,风物长宜放眼量,中国A公司

---

① 改编自中华人民共和国浙江省高级人民法院民事判决书〔2011〕浙商外终字第56号。

也只有这样,才能获得对方的信任,维持双方良好的稳定的合作关系。

第二个案例分析:国际贸易中,倒签提单就是出口方要求承运人(即船方)在提单中填写的装船日期早于真实的装船日期。倒签提单属于出口方与承运人(船方)合谋欺骗进口方的欺诈行为,按照国际贸易惯例,这种违法行将引发严重的法律后果。进口方一旦有证据证明倒签提单的行为是真实的,就有权拒受单据、拒收货物、拒付货款,即使货款已支付,进口方也有权要求方退还,有权要求赔偿因倒签提单而造成的损失。对于承运人而言,倒签提单是一种伪造单据的行为,将使承运人卷入不必要的纠纷中。在一些地区,如美国,甚至会将倒签提单案例入刑事诈骗案处理。

第二个案例中,韩国A公司与船公司共谋倒签提单,构成合伙欺诈行为,给中国B公司造成了巨大的损失,韩国A公司自身的声誉也将造成负面影响,将影响韩国A公司的未来贸易发展。因此国际贸易应建立在诚信互利基础上。

第三个案例分析:国际商会不是立法机构,不具有立法权限,并未对信用证欺诈做出定义。世界各国对信用证欺诈的主要认定依据是各国的国内法,其对欺诈的规定不尽相同。我国法律对"欺诈"的定义体现在《中华人民共和国刑法》第一百九十五条,其规定了信用证诈骗的以下定义:使用伪造、变造的信用证或者附随的单据、文件的;使用作废的信用证的;骗取信用证的;以其他方法进行信用证诈骗活动的。

第三个案例中,申请人和受益人利用信用证共同实施的欺诈行为。这类欺诈的对象主要是银行,主要表现为买卖双方互相勾结,通过伪造根本不存在的买卖关系,伪造信用证及相应单据等方法,骗取开证行款项,然后双方逃脱,使银行蒙受巨大损失。

2. 国际贸易中遵守法律坚守诚信重要性体现

与国内贸易不同,国际贸易是国家与国家在全球商业背景下进行的贸易,每个国家在政治、经济、文化等方面存在多样性。因此国际贸易不仅要遵守本国和其他国家的法律、法规,还要适应国际贸易的一般规则和惯例。

(1) 遵守法律坚守诚信有利于开拓国际市场。诚信是人与人、国家与国家之间交往的重要基石,是一种内涵道德资源和无形资产的软实力。在案例1中,中国企业以诚信示人,树立了一种重规则、讲诚实、守信用的国际形象。重诚信的企业和个人不看重一时一事的得失,而是看重长久的稳固的合作关系。因此在案例1中,尽管由于受知识产权问题侵扰,这笔国际贸易对双方都造成巨大损失,但中国A公司获得了德国B公司的信任,仍然保持着良好的合作关系。

(2) 遵守法律坚守诚信有利于协调国际贸易关系。国际贸易纷繁复杂,风险无处不在。买卖双方只有建立在诚实守信的商业信用基本原则上,遇到发生涉外贸易摩擦、经营矛盾时,才能通力合作,本着以诚促和的原则,在双方没有猜忌和疑虑的前提下,共商解决策略。这种以诚信强化双方的理解和尊重,以诚信换取诚心,以诚信换取信誉,才能最终达到双赢或共赢的局面。

(3) 遵守法律坚守诚信有利于与国际贸易体制接轨。我国加入WTO后,为中国进出口企业走出国门,参与国际竞争提供了更为广阔的空间,同时也强化了遵守国际贸易规则和公约、责任和权力共担的意识。特别是在国际货物买卖合同的订立、履行和处理合同争议时,必须符合合同当事人所在国缔结或参加的有关国际贸易、运输、知识产权和仲裁等方面的双边或多边的协定、条约或公约。中国进出口企业只有将自己嵌入到国际贸易体制中,才能在造就企业强大的国际市场竞争力,才能提升企业形象,才能打造一流的国际信誉和国际品牌。

3. 订立和履行国际贸易合同,处理国际贸易合同争议时应遵循有关准则

为了有效开展国际贸易,对外订立和履行合同,处理合同争议时必须遵循以下准则:

(1) 公平交易。公平交易是国际上公认的准则。在国际交易中,一方不能对一方产生重大偏袒,否则另一方当事人的合法权益将受到损害。《合同法》第五条规定:当事人应遵循公平原则确定当事人的权利和义务。国内外法律法规均强调当事人约定履行的义务和享受的权利应当对等,应当公平合理。

(2) 诚实信用。《联合国国际贸易销售合同公约》《国际统一私法协会国际商事合同通则》等国际惯例和公约中均强调开展国际贸易必须遵循诚实信用的原则。关贸总协定和世界贸易组织针对进出口贸易也规定了诚实信用原则。我国《合同法》第六条规定:当事人行使权利、履行义务应当遵循诚实守信原则。诚实守信原则是一项强制性规范,它将道德规范与法律规范融为一体,是当事人必须拥有的行为准则规范。

(3) 恪守合同。交易双方所订立的买卖合同规定了合同双方当事人的权利和义务。尽管交易对象、成交条件等不同,但每份合同中规定的当事人的基本义务却是相同的,根据《联合国国际货物销售合同公约》规定:卖方的基本义务是,按合同规定交付货物,移交与货物有关的各项单据以转移货物的所有权;买方的基本义务是,按合同规定支付货款和收取货物。《合同法》第八条规定,依法成立的合同,对当事人具有法律约束力。当事人应当按照约定履行自己的义务,不得擅自变更或者解除合同。依法成立的合同,受法律保护。在国际贸易实践中,进出口合同订立后,买卖双方都应受其约束,都要本着"重合同,守信用"的原则,严格履行约定的义务,任何一方都不得擅自单方面变更合同内容和终止合同。

(4) 遵守法律。作为一项最基本的强制性的规范,遵守法律是国际上公认的准则。《合同法》第七条规定:当事人订立、履行合同,应当遵守法律、行政法规,尊重社会公德,不得扰乱社会经济秩序,损害社会公共利益。因此,在订立、履行合同和处理合同争议中,合同各方当事人都必须具有法律意识和法制观念,严格遵守法律。

三、教学结果

学生对于遵守法律讲求诚信抽象的说教还是模糊的。因此教师在课上请部分同学谈对此的想法,从而促使他们要自行挖掘出一些实例以佐证他们的理解,如有同学从《中国品牌》2015年第3期上找到一篇文章《康奈:诚信的力量》,讲述了一个康奈集团真实的故事。2015年康奈集团接到了一笔意料外的订单——来自国外一客户的10万双皮鞋。原来,2013年底该客户想在康奈下5万双皮鞋外贸订单,但时至年末,企业工作繁忙,员工休假在即,康奈董事会商讨后认为不能确保订单按时完成,便坦诚相告无法接单。没想到,对方没有恼怒,反而被康奈务实诚信的行为感动,将订单时间延长,分两批生产,年前交货3万双皮鞋、年后交货2万双皮鞋,并将继续合作①。学生所挖掘出的真实案例具有很强的说服力,从而提升学生对外贸中诚信重要性的认知,进而警醒学生在今后工作岗位上要遵守诚信至上的原则。

教师在讲授中对如何重合同讲信用进行了讲解,并与学生的职业发展相结合,讲授学生迫切要了解行业和职业发展的一些新情况新问题。

四、教学分析

(一) 课程要解决的育人问题、解决问题的思路、方法和成效

本案例运用在第十二章国际贸易合同的履行讲授中。课程的目标是围绕价值塑造,从课程思政教育角度,强调国际贸易合同的履行时,进出口方要遵循

---

① 陈萍:《康奈:诚信的力量》,中国品牌,2015(3)。

国际贸易规则和法律,并且要做到诚实守信,否则承担违约后果。

解决问题的思路是,基于以学生为中心的教学理念,运用课堂教学强化师生互动,辨析是非理论,对有关遵守国际贸易规则的充满"正能量"的案例给予赞赏,对有关遵守国际贸易规则的充满"负能量"的案例给予批驳,形成思政元素与专业课程同向而行的合力。

解决问题的方法采用"问题解析式"教学。教师提出问题后着重解释"为什么"和"应如何",如诚信是什么,为什么在国际贸易合同中不能弄虚作假,应如何坚守诚信原则化解和应对国际贸易中的困局。教师团队通过课堂互动、深入讨论等方式,充分调动学生的学习主体的积极性。

解决问题的成效体现在,学生在本节的讲解中,认识到国际贸易相关法律规范的重要性,在讨论时特别针对2016年修订的《中华人民共和国对外贸易法》进行了重点学习,学生了解到我国国际贸易基本大法强调依法经营,公平竞争,强烈意识到要遵循本国和国际贸易规则和法律,并且要做到诚实守信,否则承担违约后果。

(二) 分析知识传授与价值引领的契合点和"课程思政"教学创新点

本案例重点讲述国际贸易相关法律规范,特别强调制度的强制性和违反法规应承担的法律责任以及可能背负的道德谴责,由此引导学生在未来从业中要遵循国际贸易规则和法律,并且要做到诚实守信,否则承担违约后果。教师讲授和分析的要点,一是国际贸易中遵守法律坚守诚信的重要性体现在有利于协调国际贸易关系,有利于开拓国际市场,有利于与国际贸易体制接轨这三个方面;二是为了有效开展国际贸易,遵循重合同守信用原则,对外订立和履行合同以及处理合同争议时必须遵循四个准则。

遵守法律讲求诚信要被学生认同就要找到知识传授与价值引领的契合点。教师在教学中选取的案例1是真实的成功案例,进出口公司明知承担巨大损失还勇于履行合同,显示了一个出口商的担当,案例2和3是两个失败案例,由于未能按照法律行事,最终承担相应的法律后果。教师以此客观事实让学生们探析国际贸易中遵守合同讲求诚信的力量,使学生接受和认同诚信的重要性,最大限度的激发受教育者自身主动性和内在的潜能,培养学生诚信意识。

五、教学反思

目前对外贸易形势复杂,如中美贸易摩擦加剧,"一带一路"倡议推动沿线国家贸易增长,亚洲各国的经贸合作进一步加深,在新时代的对外贸易政策和形势下,教学应进一步强调诚信的重要性。

由于在不同的领域和行业,诚信也有角度和差异化的评价,教师在教学中需要进一步更新和调整教学内容以适应新的诚信文化的要求,以解决现实中的国际贸易的新问题。

从 GDP 看中国经济的崛起

潘瑞姣

一、教学背景

"宏观经济学"属于经管类本科生专业基础课,是 2018 年度学校"课程思政教学改革"试点课程。本课程指定教材为马克思主义理论研究和建设工程重点教材《西方经济学》(下册)。本次授课内容为第九章"宏观经济的基本指标及其衡量"中的"国内生产总值"一节,授课对象为 2017 级会计学 1 班和 2 班学生,授课时间为 2018 年 9 月 12 日,授课地点为 5DM32 教室。宏观经济学研究的是社会总体的经济行为及其后果,宏观经济的基本指标及其衡量是本课程的基础知识。其中最重要的宏观经济指标就是国内生产总值 GDP。教师首先结合国民经济核算的发展史给学生讲授 GDP 的概念和核算方法;其次分析 GDP 核算的意义;最后结合案例分析了中国的 GDP 总量、人均 GDP 数据,分析了中国的 GDP 总量、人均 GDP 在全球大概的地位。学生通过本节的学习,激发对于国家的认同感、荣誉感和自豪感,增强自己的责任感和使命感。

二、教学过程

"宏观经济学"开篇就是关于一国的经济总量——GDP 的核算。在这一章的讲授中,我们综合运用了问题引导式的启发式教学、数据分析和案例教学。授课内容分为以下几个部分:

第一部分,我们结合国民经济核算的发展史给学生讲授 GDP 的概念和核算方法,然后分析 GDP 核算的意义。在曼昆教授总结的经济学十大原理中,有一个原理是"一个国家居民的生活水平取决于这个国家生产物品的能力",而一国的GDP总量度量的就是一定时期内(一般是1年内)一个国家或地区的物品生产能力。GDP总量越高的国家生产物品的能力就越强。人均GDP则反映了一国居民的生活水平。

第二部分,我们结合两个案例分析了中国的GDP总量、人均GDP数据。

在这一部分,为了激发学生思考,提高学生的课堂参与度,我们设置了比较多的问题,比如,中国GDP总量和人均GDP大概有多少?中国GDP总量在全球排名多少?中国人均GDP在全球排名多少?中国GDP总量占全球GDP的百分比?美国GDP总量和人均GDP分别是多少?在全球排名多少?全球GDP总量排名最高的是哪个国家?全球人均GDP排名最高的是哪个国家?印度的人均GDP高还是中国的人均GDP高?等等。

第三部分,我们分析了中国历史上的GDP数据及GDP全球占比情况。1900年,中国GDP占全球生产总量的6.2%。1955年,中GDP占全球生产总量的4.7%。1977年为2.22%,1997年为3.5%,2004年为3.8%,2007年为6%,2009年为8.6%,2010年为9.5%。2016年达到14.84%。从以上数据可以看出,改革开放40年来,中国GDP上升迅速,在全球国家中表现突出,被称为中国的经济增长奇迹。

我们进一步分析了1980年以来中国GDP总量的历史数据。从图1可以直观地看出,1980年以来,中国GDP总量经历了快速的上升,尤其是2001年加入WTO后,中国经济增长表现非凡,这就是中国经济的崛起。

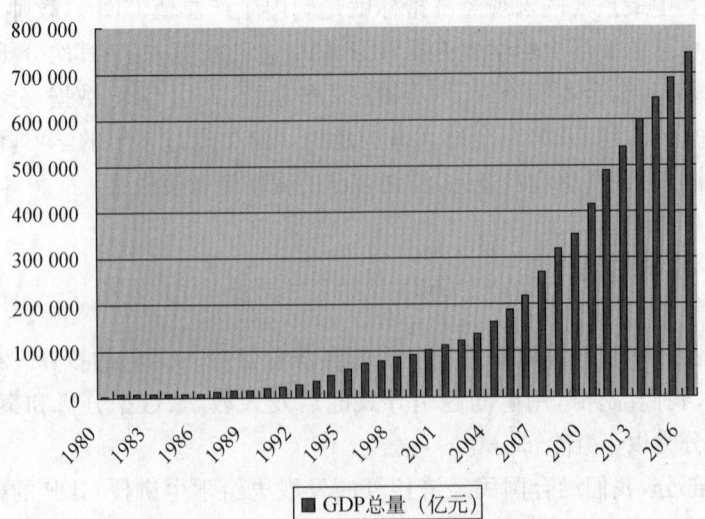

图1 1980—2016年中国GDP总量

三、教学结果

在讲授 GDP 概念和核算方法的基础上,我们对改革开放后中国经济的崛起作了数据分析,激发了学生对于国家的认同感、荣誉感和自豪感,增强了他们的责任感和使命感。

四、教学分析

本次授课时间为 90 分钟,授课内容为 GDP 的概念和核算方法,授课对象为大二学生。在讲解 GDP 基本概念和核算方法的基础上,我们综合运用问题引导式的启发式教学、数据分析和案例教学等多种教学方法,鼓励学生思考讨论,激发他们对于中国宏观经济的兴趣,引导他们全面客观地看待改革开放以来中国的经济建设成就。

在教学准备上,我们主要从以下三个方面搜集教学素材。首先,是案例搜集和整理。我们选了两个比较有代表性的案例,一是俄罗斯和中国广东省的 GDP 总量比较,另一个是我们根据世行报告整理出的 2016 年世界主要国家 GDP 总量、人均 GDP 及排名情况。其次,我们搜集了历史上中国 GDP 全球占比的数据以及改革开放以来中国历年 GDP 总量数据。最后,根据授课内容,我们设计了一些启发式的问题,激发学生思考和讨论,提高他们的课堂参与度。在课堂组织上,我们分了三部分,第一部分结合国民经济核算的发展史给学生讲授 GDP 的概念和核算方法,然后分析 GDP 核算的意义,第二部分结合两个案例分析了中国的 GDP 总量、人均 GDP 数据,第三部分分析了中国历史上的 GDP 数据及 GDP 全球占比情况以及改革开放以来中国 GDP 总量历年数据。

通过本次授课,学生对于中国经济的崛起有了清楚的认识。

五、教学反思

"课程思政"建设首先考验的是教师的德育意识和德育能力。学生不喜欢照本宣科空洞说教,我们尝试改变"我说你听"的传统授课模式,综合采用数据分析、"问题"导向式的启发式教学加案例分析的综合教学方法,供他们思考讨论,增强课堂互动,让学生在学习"宏观经济学"基础概念和原理的基础上提高对中国现实经济问题的理解和分析能力。

通过本次授课,学生学习了 GDP 的概念和核算方法,对中国崛起有了更清楚的理解,激发了学生对于国家的认同感、荣誉感和自豪感,增强了他们的责任感和使命感。

中国经济增长奇迹

潘瑞姣

一、教学背景

"宏观经济学"属于经管类本科生专业基础课,是 2018 年度学校"课程思政教学改革"试点课程。本课程指定教材为马克思主义理论研究和建设工程重点教材《西方经济学》(下册)。本次授课内容为第十四章"经济增长和经济发展"中的"本章评析"一节,授课对象为 2017 级会计学 1 班和 2 班学生,授课时间为 2018 年 12 月 12 日,授课地点为 5DM32 教室,授课资料为林毅夫教授 2017 年 10 月 27 日在英国剑桥李约瑟研究院第二届李约瑟年度纪念讲座的演讲"李约瑟之谜和中国的复兴"以及国家统计局关于改革开放 40 年成就的系列报告。宏观经济学研究的是社会总体的经济行为及其后果,宏观经济学的核心理论是经济增长理论。教师在讲授经济增长和经济发展相关理论的基础上分析了中国的经济增长奇迹。学生通过本节的学习,对中国经济增长有了全面清楚的理解,认识到了中国经济增长奇迹和社会主义核心价值观之间的联系,激发了对于国家的认同感、荣誉感和自豪感,增强了他们的责任感和使命感。

二、教学过程

结合"宏观经济学"教材中关于经济增长部分的理论,我们安排了一节课的时间分析和讨论中国改革开放后的经济增长。本次授课选择了林毅夫的一篇文章"李约瑟之谜和中国的复兴"和国家统计局网站关于改革开放 40 年成就的系列报告为授课材料。我们提前把材料发给学生,要求学生提前阅读,方便课上讨论。

改革开放以来的40年,是中国国民经济大踏步前进、经济总量连上新台阶的40年,是成功地从低收入国家迈入中等偏上收入国家行列的40年,也是综合国力和国际影响力显著提升、实现历史性跨越的40年。在授课安排上,我们先分以下四个方面对改革开放40年以来中国经济增长奇迹的表现进行了总结。

改革开放以来,中国经济持续快速增长,经济增速在全球范围内名列前茅。2017年,中国国内生产总值按不变价格计算比1978年增长33.5倍,年均增长9.5%,平均每8年翻一番,远高于同期世界经济2.9%左右的年均增速,在全球主要经济体中名列前茅。

人均国内生产总值不断提高,成功由低收入国家跨入中等偏上收入国家行列。2017年,中国人均国内生产总值59 660元,扣除价格因素,比1978年增长22.8倍,年均实际增长8.5%。中国人均国民总收入(GNI)由1978年的200美元提高到2016年的8 250美元,超过中等偏上收入国家平均水平,在世界银行公布的217个国家(地区)中排名上升到第95位。

对外贸易增长迅速。1978年,货物进出口总额仅为206亿美元,位居世界第29位。随着对外开放的深度和广度不断拓展,特别是2001年正式加入世界贸易组织(WTO)后,贸易总量迅速增长。2017年,货物进出口总额达到4.1万亿美元,比1978年增长197.9倍,年均增长14.5%,居世界第一位。

外汇储备大幅增长,实现了从外汇短缺国到世界第一外汇储备大国的转变。1978年,中国外汇储备仅1.67亿美元,位居世界第38位。1990年,中国外汇储备超过百亿美元。1996年中国外汇储备超过千亿美元。2006年,中国外汇储备突破1万亿美元,超过日本位居世界第一位。2017年年末,中国外汇储备余额达31 399亿美元,稳居世界第一位。

在此基础上,我们引入以下问题,鼓励学生思考和讨论。

(1) 什么是后来者优势?
(2) 为什么1978年之后中国经济取得了蓬勃发展?
(3) 1978年之后中国经济增长奇迹和社会主义核心价值观之间有什么联系?
(4) 为什么1978年之前中国经济发展缓慢?
(5) 请结合中共十九大报告预测中国未来的经济发展。

三、教学结果

在学习经济增长理论的基础上,我们对改革开放后中国经济增长奇迹进行了全面分析，讨论了中国经济增长奇迹和社会主义核心价值观之间的联系，激发了学生对于社会主义核心价值观的理解和认同，激发了他们对国家的认同感、荣誉感和自豪感，增强了他们的责任感和使命感。

四、教学分析

本次授课时间为45分钟。通过本次授课，使学生对改革开放40年来中国经济增长表现有比较全面的理解，加深他们对于社会主义核心价值观的认知，激发了学生对于国家的认同感、荣誉感和自豪感，增强了他们的责任感和使命感。

在教学准备方面，我们选择了林毅夫的一篇文章"李约瑟之谜和中国的复兴"和国家统计局网站关于改革开放40年成就的系列报告为授课材料，要求学生提前阅读。最后，根据授课内容，我们设计了一些启发式的问题，激发学生思考和讨论，培养学生的独立思考能力以及对现实经济现象的理解和分析能力。

在课堂组织上，我们分了三部分，第一部分分四个方面对改革开放40年以来中国经济增长奇迹的表现进行了总结；第二部分引入相关思考问题，鼓励学生思考和讨论，鼓励学生在课堂上进行陈述，表述自己的想法；第三部分教师点评，向学生介绍教学安排、教学资料选择的逻辑，对学生的表现进行点评，正面肯定成绩，并指出进一步改进的方向。

教师通过本次授课，让学生对于改革开放以来中国经济增长奇迹有了清楚全面的理解。

五、教学反思

"课程思政"建设首先考验的是教师的德育意识和德育能力。学生不喜欢照本宣科空洞说教，我们尝试改变"我说你听"的传统授课模式，综合采用"问题"导向式的启发式教学加案例分析的综合教学方法，供他们思考讨论，增强课堂互动，让学生在学习"宏观经济学"基础概念和原理的基础上提高对中国现实经济问题的理解和分析能力。

通过本次授课，学生结合经济增长基本理论，对中国经济增长奇迹有了更全面清楚的理解，认识了中国经济增长奇迹和社会主义核心价值观之间的联系，激发了学生对于国家的认同感、荣誉感和自豪感，增强了他们的责任感和使命感。

中共十四大以来中国宏观经济政策实践

潘瑞姣

一、教学背景

"宏观经济学"属于经管类本科生专业基础课,是2018年度学校"课程思政教学改革"试点课程。本课程指定教材为马克思主义理论研究和建设工程重点教材《西方经济学》(下册)。本次授课内容为第十六章"宏观经济政策"中的"本章评析"一节,授课对象为2017级会计学1班和2班学生,授课时间为2018年11月28日,授课地点为5DM32教室,授课资料为1992年以来的中国政府工作报告。宏观经济学研究的是社会总体的经济行为及其后果,宏观经济政策涉及政府对于宏观经济运行的管理。教师在讲授宏观经济政策的基础上分析了十四大以来中国政府所实施的宏观经济政策组合。学生通过本节的学习,对中共十四大以来的宏观经济政策实践有比较全面的理解,加深自己对于社会主义核心价值观的认识。

二、教学过程

结合"宏观经济学"教材中关于财政政策和货币政策的理论,我们安排了一节课的时间分析和讨论中共十四大以来中国宏观经济政策的实践。本次授课我们选取了我国1992年以来历年的《政府工作报告》为授课材料。我们提前把材料发给学生,要求学生提前阅读,方便课上讨论。

随着我国社会主义市场经济体制的建立与完善,宏观经济政策的制定与实施也逐步趋于灵活、成熟。但是,由于我国社会经济转型的特殊性,具体的宏观经济政策配合实施也具有明显的中国特色。我们可以从1992年以来我国经济运行的实际状况来分析考察政府所采取的宏观经济政策组合及其作用效果,如图1~图3所示。

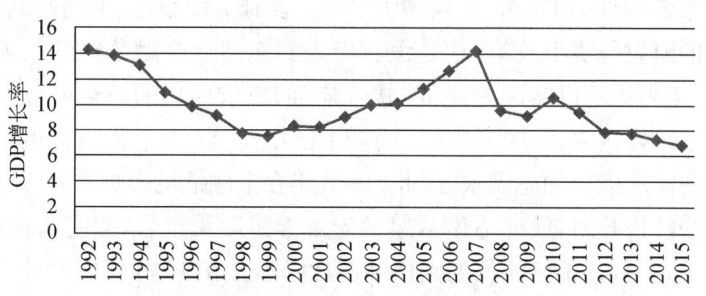

图1　1992—2015年中国GDP增长率波动

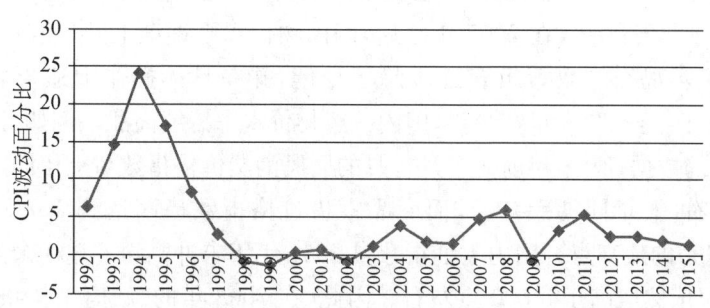

图2　1992—2015年中国居民消费价格指数(CPI)波动

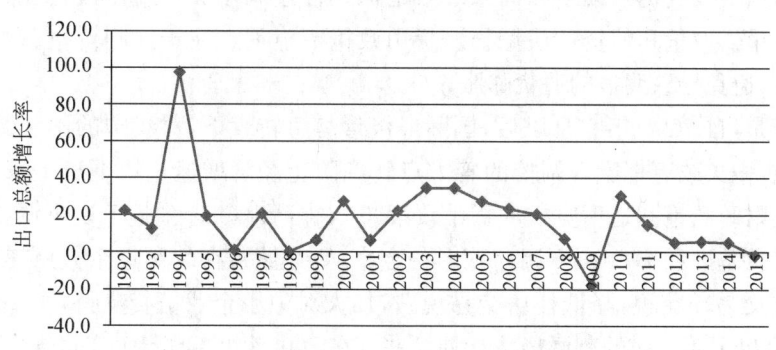

图3　1992—2015年中国出口总额增长率

我们可以从反映我国自1992年以来宏观经济运行状况的几个重要指标变化图进行归纳,结合我国实际的宏观经济政策组合来分析宏观经济政策变化的原因。我国宏观经济政策的具体实施原则的表述都来自于每年年初的国务院总理所作的《政府工作报告》对当年宏观经济调控工作所作安排的表述。当然，在个别年份里，宏观经济政策在实际执行过程中由于国内国际经济环境的变化会有所调整。例如，1998年，在年初所作的《政府工作报告》里仍判断应当实行适度从紧的财政与货币政策，这是没有考虑到东南亚金融危机的巨大影响，只是对1997年当年及以前国内经济"软着陆"的要求而作的政策延续。但是，东南亚金融危机影响深远，极大地削弱了我国的出口能力，总需求极度下降，需尽快刺激国内需求以增加总需求，因此，1998年在金融危机影响显露之际，国家及时调整宏观经济政策，放弃适度从紧的宏观经济政策组合，而实行积极的财政和货币政策，发行数千亿元长期国债和多次降息。在1998年之后的几年里，这种政策组合态势仍然有所延续。

在实行了多年积极的财政政策和较为稳健的货币政策措施后，国家整体经济步入高速增长态势，在2005年之后，国内物价水平逐渐上升，经济出现过热势头，国家宏观经济政策组合逐步趋于稳健，并在具体操作中适当收缩。自2007年下半年至2008年上半年，国内一般物价水平持续高涨。例如，据国家统计局公布的数据，2008年前5个月各月的居民消费价格指数与上年同期相比都在108左右（上年同期=100），而商品零售价格指数最高达到107.5，为进入21世纪以来的最高点。国内上证指数自2007年年末冲高至6 000余点后虽有所回落，但依然居高于5 000点左右。因此，在2008年的《政府工作报告》中就提出实施"稳健的财政政策和从紧的货币政策"，重在从紧的货币政策，力图治理货币信贷投放仍然偏多和尚未缓解的流动性过剩矛盾，缓解价格上涨压力，控制货币供应量和信贷过快增长。货币政策措施重点在于抑制价格总水平过快上涨，避免导致明显的通货膨胀。

但是，自2008年9月以后，国际经济形势急转直下，对我国的不利影响明显加重，中央政府把宏观调控的着力点转到防止经济增速过快下滑上来，实施积极的财政政策和适度宽松的货币政策，3次提高出口退税率，5次下调金融机构存贷款基准利率，4次下调存款准备金率，暂免储蓄存款利息个人所得税，下调证券交易印花税，降低住房交易税费，加大对中小企业信贷支持，于2008年11月推出了4万亿的刺激经济计划。并且在2008年的《政府工作报告》中提出在2009年仍然坚持积极的财政政策和适度宽松的货币政策以尽快扭转经济增速下滑趋势。这一政策组合在2009—2012年仍然得到延续。

中国经济在2014年出现了很多新的问题，具体表现为经济增长的明显减速。随着新一届国家领导人的上任，"稳增长、调结构"成为政府政策关注的对象。

总之,我国宏观经济政策组合是根据我国社会经济发展的特点而制定和实施的,与西方市场经济国家相比,基本手段可能区别不大,但是,由于我国社会主义市场经济的独特运行环境和社会经济发展阶段,宏观调控的具体要求不同,我国宏观经济政策组合的具体措施与西方市场经济国家相比必定存在较大差异,所呈现的效果也不同。

在此基础上,我们引入以下问题,鼓励学生思考和讨论。

(1) 什么是财政政策?财政政策影响总需求还是总供给?

(2) 什么是货币政策?货币政策影响总需求还是总供给?

(3) 结合中国宏观经济政策实践说明财政政策和货币政策如何配合使用。

(4) 中共十四大以来中国宏观经济政策实践和社会主义核心价值观之间存在怎样的联系。

(5) 请结合中美贸易战预测2019年中国的宏观经济政策组合。

三、教学结果

在学习财政政策和货币政策的理论的基础上,我们引入了这次授课,使学生对1992年中共十四大以来的中国宏观经济政策实践有比较全面的理解,加深他们对于社会主义核心价值观的理解和认知,培养他们的责任感和使命感。

四、教学分析

本次授课时间为45分钟。教师通过本次授课,使学生对改革开放40年来中国经济增长表现有比较全面的理解,加深他们对于社会主义核心价值观的认知,激发了学生对于国家的认同感、荣誉感和自豪感,增强了他们的责任感和使命感。

在教学准备方面,首先,我们选择了我国1992年以来历年的《政府工作报告》,要求学生提前阅读;其次,我们根据国家统计局网站的宏观数据,对1992年以来中国的经济增长、物价变化、出口总额的增长率等进行了整理,方便学生理解中共十四大以来的中国宏观经济运行规律;最后,根据授课内容,我们设计了一些启发式的问题,激发学生思考和讨论,培养学生的独立思考能力以及对中国宏观经济运行的理解和分析能力。

在课堂组织上,我们分了三部分,第一部分对1992年以来中国宏观经济政策实践进行了总结;第二部分引入相关思考问题,鼓励学生思考和讨论,鼓励学生在课堂上进行陈述,表述自己的想法;第三部分教师点评,向学生介绍教学安排、教学资料选择的逻辑,对学生的表现进行点评,正面肯定成绩,并指出进一步改进的方向。

教师通过本次授课,使学生对于1992年以来中国宏观经济运行规律和宏观经济政策实践有了清楚全面的理解。

五、教学反思

"课程思政"建设首先考验的是教师的德育意识和德育能力。学生不喜欢照本宣科空洞说教,我们尝试改变"我说你听"的传统授课模式,综合采用"问题"导向式的启发式教学加案例分析的综合教学方法,供学生思考讨论,增强课堂互动,让学生在学习宏观经济学基础概念和原理的基础上提高对中国宏观经济问题的理解和分析能力。

教师通过本次授课,学生结合财政政策和货币政策的基本理论,对1992年中共十四大以来中国宏观经济运行规律和宏观经济政策实践有了清楚全面的理解,认识到了中国宏观经济政策实践和社会主义核心价值观之间的联系,激发了学生对于国家的认同感、荣誉感和自豪感,增强了他们的责任感和使命感。

中美贸易战:深思与启示

杨新房

一、教学背景

"中国对外贸易"是国际经济与贸易、经济学、国际商务等专业重要的学科基础课平台必修课(短学段)之一,授课时长 16 学时,学分为 1 学分,授课学期为大学一年级第二学期。本次授课内容为安排在本课程教学计划中七个专题之后的"综合案例分析与课堂讨论",课时为 2 课时,授课对象为 2017 级经济学类 5 班,授课时间为 2018 年 1 月 19 日,授课地点为 6 号教学楼 214 教室。本案例教学的基本情景为从 2017 年末开始,美国以对中国存在巨大贸易逆差为由对中国部分产品开展"301 调查",继而对部分中国进口产品加征进口关税,2018 年加征关税涉及的进口商品不断增加,进口额不断扩大,关税税率不断提高,对此,中国采取了同步的反制措施。由此,由美国挑起的中美贸易战正式打响。

教师通过这个综合案例本身以及教师设计的问题,一方面使学生通过对外贸易中的现实和前沿问题加深对之前所学的基本贸易理论、贸易政策、贸易战略等知识的理解能力,提升分析问题和解决问题的能力,做到学以致用;另一方面通过启发和引导,使学生在思考、回答问题和讨论时,能够自觉、自然、有机地联系起"新时代中国特色社会主义""社会主义核心价值观""中华民族伟大复兴之梦""习近平总书记构建人类命运共同体的倡议""四个自信"2018 年中华人民共和国宪法修正案"中"中国的外交原则"等内容以及"诚信""友善"的中国传统文化等相关思政元素,很自然地提升学生的民族自尊心、自信心和自豪感,坚定学生的爱国主义情怀和拥护新时代中国特色社会主义道路和拥护共产党的领导的信念,从而达到较好的德育效果。

二、教学过程

教学过程中,教师通过介绍案例材料、精心设计问题、对学生作答进行启示和点评等环节完成整个教学过程,贯彻"课程思政"理念,突出知识传授和价值引领的结合。

(一) 案情介绍及梳理

自2017年8月份美国总统特朗普要求贸易代表审查"中国贸易行为",对中国发起"301调查"起,中美贸易问题持续发酵,双方紧张局势愈演愈烈。2017年8月14日,特朗普签署行政备忘录,授权美国贸易代表审查所谓的"中国贸易行为"。2017年8月15日,中国商务部新闻发言人称,若美方不顾事实采取举动,中方将采取所有适当措施,坚决捍卫中方合法权益。2017年8月18日,美国贸易代表莱特希泽宣布,正式对中国发起"301调查"。2017年8月21日,中国商务部新闻发言人就此调查发表谈话时指出,美方无视世贸组织规则,对中方的指责是不客观的。2018年年初,中美贸易战初现端倪。2018年1月,美国政府宣布"对进口大型洗衣机和光伏产品分别采取为期4年和3年的全球保障措施,并分别征收最高税率达30%和50%的关税"。2018年2月,美国政府宣布"对进口中国的铸铁污水管道配件征收109.95%的反倾销关税"。2018年2月16日,美国商务部公布了对美国进口钢铁和铝产品的国家安全调查(232调查)报告,据此向特朗普总统提出建议,对进口钢铁和铝产品实施关税、配额等进口限制措施。2018年2月27日,美国商务部宣布"对中国铝箔产品厂商征收48.64%~106.09%的反倾销税以及17.14%~80.97%的反补贴税"。2018年3月1日,美国总统特朗普宣布,决定将对所有来源的进口钢铁和铝产品全面征税,税率分别为25%和10%。2018年3月9日,特朗普签署命令,对进口钢铁和铝产品分别征收25%和10%的关税。2018年3月22日,美国白宫正式签署对华贸易备忘录,宣布将有可能对从中国进口的600亿美元商品加征关税,并限制中国企业对美投资并购。2018年3月23日,中国商务部发布了针对美国进口钢铁和铝产品232措施的中止减让产品清单并征求公众意见,拟对自美进口部分产品加征关税,以平衡因美国对进口钢铁和铝产品加征关税给中方利益造成的损失。其中计划对价值30亿美元的美国产水果、猪肉、葡萄酒、无缝钢管和另外100多种商品征收关税。2018年4月2日起,中国对原产于美国的7类128项进口商品中止关税减让义务,在现行适用关税税率基础上加征关税。按照2017年统计,涉及美国对华约30亿美元的出口商品。2018年4月3日,美国贸易代表办公室依据"301调查"结果公布拟加征关税的中国商品清单,涉及每年从中国进口的价值约500亿美元商品。美国贸易代表办公室当天表示,建议对来自中国的1 300种商品加征25%的关税,主要涉及信息和通信技术、航天航空、机器人、医药、机械等行业的产品。2018年4月4日,中国国务院关税税则委员会决定对原产于美国的大豆、汽车、化工品等14类106项商品加征25%的关税,涉及2017年中国自美国进口金额约500亿美元的商品。2018年4月5日,特朗普发表声明说,已指示美国贸易代表办公室进行"301调查",考虑对从中国进口的额外1 000亿美元商品加征关税是否合适。2018年4月10日,中国国家主席习近平在海南博鳌出席博鳌亚洲论坛2018年年会开幕式的主旨演讲中表示,今年将相当幅度降低汽车进口关税,同时降低部分其他产品进口关税。2018年4月16日,美国商务部对中兴通讯实施制裁禁令,禁止所有美国企业在7年内与其开展任何业务往来。2018年4月4日,经国务院批准,中国国务院关税税则委员会决定对原产于美国的大豆、汽车、化工品等14类106项商品加征25%的关税。2018年4月5日,美国总统特朗普要求美国贸易代表办公室依据"301调查",额外对1 000亿美元中国进口商品加征关税。这一做法严重违反国际贸易规则。美方发布的或再对1 000亿美元中国商品加征关税,中国商务部新闻发言人高峰2018年4月6日表示,对美方声明我们将听其言观其行。如果美方不顾中方和国际社会反对,坚持搞单边主义和贸易保护主义行径,中方将奉陪到底,不惜付出任何代价,必定予以坚决回击,必定采取新的综合应对措施,坚决捍卫国家和人民利益!

2018年4月11日,中国外交部举行例行记者会。外交部发言人耿爽说,中方宣布扩大开放的重大举措与当前中美经贸冲突无关。了解中国政府运作的人都应该知道,出台如此众多的重大举措需要反复酝酿、深思熟虑、周密安排,不可能在短时间内做出决定。这些举措是中国根据自己的需要,按照自己的时间表和路线图自主开放的重大行动。中国扩大开放不受外界干扰,外界也干扰不了。2018年4月17日,中国商务部公布,裁定原产于美国的进口高粱存在倾销,国内高粱产业受到了实质损害,且倾销与实质损害之间存在因果关系,并决定对原产于美国的进口高粱实施临时反倾销措施。2018年5月3~4日,中共中央政治局委员、国务院副总理刘鹤与美国总统特使、财政部长姆努钦率领的美方代表团就共同关心的中美经贸问题进行了坦诚、高效、富有建设性的讨论。2018年5月9日,中兴通讯发布公告表示,受美国商务部激活拒绝令影响,公司主要经营活动已无法进行。2018年5月19日,刘鹤在访美期间接受访问,表示此次中美经贸磋商的最大成果是双方达成共识,不打贸易战,并停止互相加征关税。2018年5月22日,中国国务院关税税则委员会发布了关于降低汽车整车及零部件进口关税的公告,将降低汽车整车及零部件进口关税,自2018年7月1日起实施。2018年5月23日,美国总统特朗普要求美国商务部长罗斯就进口车辆对于国家安全的影响进行调查。2018年6月2—3日,刘鹤带领的中方团队和美国商务部长罗斯带领的美方团队,在钓鱼台国宾馆进行了磋商。双方就落实两国在华盛顿的共识,在农业、能源等多个领域进行了良好沟通,取得了积极的、具体的进展,相关细节有待双方最终确认。2018年6月7日,美国商务部正式宣布与中兴通讯公司达成新和解协议。2018年6月15日,美国公布了将加征25%关税的500亿美元中国进口商品清单,其中对约340亿美元商品自2018年7月6日起实施加征关税措施,同时对约160亿美元商品加征关税开始征求公众意见。2018年6月16日,中国国务院宣布对原产于美国的659项约500亿美元进口商品加征25%的关税,其中对农产品、汽车、水产品等545项约340亿美元商品自2018年7月6日起实施加征关税,对其余商品加征关税的实施时间另行公告,其中汽车类商品从7月6日开始执行,美国进口车关税涨至40%。2018年7月6日,美国开始对340亿美元中国进口商品加征关税。

2018年7月6日,中国将对原产于美国的545项约340亿美元进口商品加征25%的关税,其中汽车类商品涉及28项。2018年7月10日,美国贸易代表办公室发表声明,特朗普政府发布了一份针对中国2 000亿美元商品加增关税的计划,目标产品清单涉及服装、电视零件和冰箱,加征的关税约为10%。2018年7月13日,中国商务部就美国2018年7月10日的声明发表观点,指责美方污蔑中方在经贸往来中实行不公平做法,漠视中美经贸分歧。2018年7月19日,美国就进口汽车及零部件展开"232调查"举行公开听证会,听取利益相关方对进口汽车和零部件是否损害美国国家安全的意见。2018年8月3日,中方决定,将依法对原产于美国的5 207个税目约600亿美元商品,加征5%~25%不等的关税。2018年8月7日,美国贸易代表办公室宣布,将从2018年8月23日起,对160亿美元中国输美产品加征25%的关税。2018年8月8日,中国国务院关税税则委员会决定,自2018年8月23日12时01分起对价值160亿美元的美国产品加征25%的关税。2018年9月18日,特朗普指示美国贸易代表(USTR)针对大约2 000亿美元的中国进口商品征收额外关税,关税将于2018年9月24日生效,2018年年底前为10%,2019年1月1日起将增至25%。同时,特朗普还称,如果中国政府对美国农民和其他行业采取报复性行动,美国将"立即"对另外价值2 670亿美元的中国商品加征关税。

2018年9月18日,经国务院批准,中国国务院关税税则委员会决定对原产于美国的5 207个税目、约600亿美元商品,加征10%或5%的关税,自2018年9月24日12时01分起实施。如果美方执意进一步提高加征关税税率,中方将给予相应回应,有关事项另行公布①……

(二)问题设计

1. 设计思路

思考问题的设计要求体现专业知识和思政元素并重,通过对问题的思考,能够达到双重教学目的。

(1)学生能够对"中国对外贸易"课程中的基本理论、基本内容进行回顾和巩固,培养学生运用相关理论分析和解决实际问题的能力,提高学生发现问题和解决问题的能力以及对有关理论、观点进行客观评价和批判的能力。该案例可以作为一个综合案例,由点及面,贯穿本课程的整个教学过程,串联起本课程涉及的所有专业知识。例如,经典自由贸易理论,保护贸易学说(重商主义、超保护贸易理论、幼稚产业保护论等),中国的贸易战略和工业化战略的路径选择,中国的利用外资和对外投资战略,中国对外经贸领域取得的成就和面临的问题,经济全球化和中国的"一带一路"倡议等。

(2)教师通过启发和引导,使学生在思考和回答问题时,能够自觉、自然、有机地联系起"新时代中国特色社会主义""社会主义核心价值观""中华民族伟大复兴之梦""习近平总书记构建人类命运共同体的倡议""四个自信"《2018年中华人民共和国宪法修正案》中"中国的外交原则"等内容以及"诚信""友善"的中国传统文化等相关思政元素和德育因子,加深学生对上述元素的理解和认知,自然提升学生的"民族自尊心、自信心和自豪感",坚定学生的"爱国主义情怀"和坚决拥护"新时代中国特色社会主义道路"和"拥护共产党的领导",强化学生通过刻苦学习专业知识,肩负起"建设祖国的历史使命和社会责任"的意识,从而达到德育教育的效果。

2. 问题思考

结合国际贸易理论以及中国对外贸易发展实践,就此次中美贸易战的始末,思考并回答如下问题。

(1)国际贸易的动因是什么?重商主义和超保护主义等贸易保护主义思想

---

① 地铁的风:《2018中美贸易战重大事件梳理中美经贸摩擦始末一览》,凤凰新闻,2018.10.9。

或理论的错误之处在哪里？试辩证批判之。

（2）美国发动中美贸易战的根源是什么？是美国对中国的贸易赤字吗？其真实根源是什么？

（3）我国对外贸易战略是怎样的？我国在对外经贸领域取得了怎样的辉煌成绩，还存在怎样的问题？

（4）我国的工业化战略取得了哪些成绩？还存在哪些问题？

（5）在几轮中美贸易磋商过程中，美国在每次达成初步协议后都出尔反尔，中国又是怎样做的？中国的姿态怎样？中国的大国姿态源于什么？

（6）此次中美贸易战，中国没有采取妥协、退让的战略，而是立场坚定地反制，为什么？中国能坦然应对，中国的底气哪里来？

（7）中美贸易战对中国、美国和世界的影响是什么？中国应该怎样做？

（8）运用你所学的知识，对中美贸易战的走向和最终结果进行预判，并陈述理由。

（9）中国此次中美贸易战应得到什么启示？你对此次中美贸易战又有何感想？

（10）作为一名新时代的大学生在实现中华民族伟大复兴之梦的道路中应当承担怎样的历史使命和社会责任？

（三）回答提示

本人有感于贸易战自拟诗一首，可以作为学生问题思考时的有益提示。

戊戌亲历中美贸易战有感

挑战藉由荒诞，霸陵本性毕现。看似为博小利，实为扼我命咽。
四洋共构地球，七洲命运相连。互利共赢自愿，邻壑却为哪般？
何不自省其身，无端全球发难。唯恐独霸不再，却言美国优先。
独立自主对外，和平共处为先。有礼有节反制，得道失道了然！
文明诚信友善，开放胸襟谈判。出尔反尔无信，偏隘如何行远？
泱泱富强中华，大国重器频现。礼仪待之在先，何惧刀兵相见？
病夫已然康健，巨龙腾飞在天。笃定自信实干，民族复兴梦圆！

于 2018 年 10 月 10 日

学生作答时，可结合具体问题，对案情进行某一层面的具体分析，回答问题注意体现要点如下所述。

（1）结合经典自由贸易理论如绝对优势理论、比较优势理论、要素禀赋理论和重商主义、超保护贸易理论、幼稚产业保护论等贸易保护主义理论以及发展中国家的对外贸易理论(如中心-外围说)等的提出背景、主要内容,分析对外贸易是互利共赢的(简单基本模型推导),批判重商主义(重金主义)是以邻为壑的零和博弈思维;美国的对外贸易政策是根据美国经济发展阶段和不同产业在国际竞争中的地位有选择地适用的,此次美国发起贸易战与美国的科技、经济霸权地位受到挑战,与特朗普的"民粹主义"和"美国优先"理念有关。对于美国的"民粹主义"思潮我们应当予以批判和抵制。

(2) 改革开放以来,我国先后制定了进口替代和出口导向的对外贸易发展战略,积极利用外资和发展对外投资,取得了世界瞩目的成绩。例如,我国已经是世界第一贸易大国(但非贸易强国),利用外资和对外投资均列发展中国家第一(世界第二),外汇储备世界第一,许多工业产值世界第一,经济总量仅次美国位列世界第二。家电、汽车等多数产品不仅实现进口替代,而且走向世界参与全球竞争。全球500强跨国公司中出现越来越多中国跨国公司的身影,在装备制造领域出现越来越多的"大国重器"。中国在追求繁荣、富强的道路上,在实现中华民族伟大复兴之梦的道路上越走越远,这里可用数据、图形、表格、视频资料加以佐证。实践证明,我国社会主义制度具有不可比拟的优势,经济发展道路的选择是正确的,这也是为什么世界许多国家都在研究和学习"中国模式"的原因,也是"四个自信"的源泉。中国政府提出的"一带一路"倡议,在构建人类命运共同体,全球治理结构得到了越来越多国家的赞成和支持、拥护和响应,世界正在聆听"中国声音"。我们为祖国感到骄傲和自豪!我们深爱我们伟大的祖国!

(3) 美中贸易赤字是美国发动贸易战的借口,但也是客观原因之一,这是中美经济结构、储蓄结构等很多因素造成的。美国贸易逆差并不意味着美国在中美贸易中有损失,相反,由于双方出口结构的差异,美国赚取了更多的利润。贸易本身是互利共赢的,按照贸易理论,自由贸易可以优化参与国的资源配置,提高双方的社会福利。美国依此为借口,本身反映了从美国重商主义(重金主义)的零和博弈(你得我失,你输我赢)思想根深蒂固,而我国历来奉行自主交往,互利共赢的思想。我国《宪法修正案》第三十五条明确规定:"坚持和平发展道路,坚持互利共赢开放战略""发展同各国的外交关系和经济、文化交流,推动构建人类命运共同体,坚持反对帝国主义、霸权主义、殖民主义,加强同世界各国人民的团结,支持被压迫民族和发展中国家争取和维护民族独立、发展民族经济的正义斗争,为维护世界和平和促进人类进步事业而努力。"

我国对美国有着巨大贸易顺差,但从中赚取的利润却比较少。这说明我国的经济结构,特别是出口结构(归结起来就是产业结构)还是有问题的,在中华民族求富求强(富强是社会主义核心价值观之首)实现中华民族伟大复兴之梦的过程中,必须意识到这一点。这也正是我国制定《制造2025》,大力发展高科技、发展高端制造业的原因。

美国发动全面贸易战的根本原因也正在于遏制中国制造业和高科技产业的发展,让中国在全球价值链分工中永远处于低端,从而保持其在科技方面的优势地位,遏制中国的发展,防止中国超越美国在世界经济、科技中的霸权地位。这是其"民粹主义""殖民主义"和"霸权主义"的真实体现。而我国《宪法》则明确反对霸权,倡导构建人类命运共同体。

(4)一方面美国出尔反尔;另一方面,中国坚守承诺。诚信是中共十八大提出的社会主义核心价值观的重要内容之一,也是中华民族优秀文化的重要组成部分,历史悠久。例如,"民无信不立——孔子""君子忧道不忧贫—— 孔子""言不信者,行不果——墨子""诚信者,天下之结也——墨子""诚者,天之道也;思诚者,人之道也——孟子""小信诚则大信立——韩非子",等等。这些佳句名言无不体现了中国诚信文化历史悠久,体现了中国传统文化之美,文字之美。中国在中美贸易谈判中坚守诚信,虽为发展中国家,却是诚信的巨人。美国在经济科技军事等方面虽为超级大国,在诚信方面却是侏儒。中国的大国姿态植根于雄厚的中国传统和现代文化。

(5)"谈则敞开怀抱,打则奉陪到底"是这次中美贸易战中国的坚定立场。对于美国的变本加厉,中国也以牙还牙地采取反制措施,体现了中国拥抱和平,倡导世界繁荣,构建人类命运共同体的主张和姿态;同时,面对霸陵主义,中国也毫不示弱,体现了中国追求富强、民主,实现中华民族伟大复兴之梦的坚定决心。

中国的底气来源于"四个自信",即文化自信、理论自信、道路自信、制度自信。文化自信是对中国特色社会主义先进性的自信,理论自信是对中国特色社会主义理论体系的科学性、真理性、正确性的自信,道路自信是对发展方向和未来命运的自信,制度自信是对中国特色社会主义制度具有制度优势的自信。同时,中国的底气来源改革开放以来中国所取得瞩目成就,如经济发展速度、经济总量、利用外资、对外投资、对外贸易、外汇储备等方面的成就,这也是我们道路自信、理论自信和制度自信的最好验证。从这个角度讲,我们衷心地热爱我们的国家,热爱中国共产党,热爱新时代中国特色的社会主义制度,热爱我们的文化。为我们的祖国自豪!

三、教学结果

通过中美贸易战这个大家关注且熟知的案例,通过教师精心设计的问题和启示,学生不仅系统回顾了本课程前面讲述的重要的专业知识,而且能够在一定的政治站位高度,结合社会主义核心价值观、构建人类命运共同体倡议、中国传统文化等角度进行回答和解释在谈判过程中中国的举措和表现,极大增强了学生的民族自尊心和自信心,激发了学生的爱国主义热情,对实现中华民族伟大复兴有了更深的认识和更强的历史使命感,达到了知识传授和价值传递的双重效果。在学生回答问题和教师启发和点评的过程中,同学们不时报以热烈的掌声,可以看出,教学效果非常之好。

另外,以本案例作为我校课程思政案例教学比赛时,获得了广大听课教师和评委专家的一致好评,并获得了第一名的好成绩,也从另一个方面佐证了本案例教学的效果。

四、教学分析

本课程的具体内容可以和许多思政元素相契合,结合中美贸易战这一教学案例可以在社会主义核心价值观的富强、文明、诚信等元素,"四个自信",人类命运共同体倡议,爱国主义,民族自尊心、自信心、自豪感等诸多方面起到育人的效果。要达到预期的价值引领和育人效果,关键是问题的设计和问题回答的必要启示。为此,教师需要针对所契合的"思政元素"精心设计问题,使问题的回答在结合专业知识的同时,自然结合思政和德育元素,而不显得牵强,从而达到润物细无声的效果。关于这一点,可以参看上面的问题设计思路、具体问题和启示部分,不再赘述。

五、教学反思

本案例作为课堂教学案例,以课堂即时提问与回答的讨论互动为主,也可布置为课外作业,要求学生提交书面作业。在实际教学过程中,因为上述问题无固定答案,学生课堂回答时,教师没有中途打断学生思路,一定程度上,保证学生畅所欲言,自主发挥。学生能够运用专业知识,积极结合相关思政元素做出回答,方向正确,无原则性错误,对此老师都及时给予表扬和鼓励。

在实际教学过程中,学生结合案例回答问题和发表观点意见时出现两种倾向需要反思。

倾向一:多数学生只看到中国改革开放以来我国在对外经贸和工业化、经济发展等领域所取得的成就,而对中国在一些领域存在的问题或避而不谈,或视而不见,盲目自信和乐观。

倾向二:少数学生在谈到中兴通讯被美国制裁事件后,因看到中国在芯片领域的短板,而否定中国改革开放以来取得的所有成就,对中国经济未来发展前景甚至是发展道路持严重不自信和盲目悲观的态度。

这两种倾向实质上是一个问题的两个方面。从中美贸易战中,我们可以看到改革开放后中国对外经贸发展的一个缩影,这当中包括了我们所取得的伟大成就和存在的客观问题。我国之所以能够在对外投资、利用外资、对外贸易、经济总量、工业化等方面取得辉煌成就,根本原因是我国在中国特色社会主义理论指引下始终不渝地在政治、经济、社会、文化及对外交往等方面都坚持了中国特色的社会主义道路,坚持了中国特色的社会主义制度,这是我们成功的源泉,是我们自信的根本。中国改革开放的过程就是中国共产党领导国家和人民求富求强的过程,这正是社会主义核心价值观的富强内涵。国家的富强,是人民民族自尊、自信的源泉。但是,我们应该客观地认识到,中华人民共和国成立不到70年,现在的成就是在经历了清朝时期帝国列强的侵略,经历了14年抗日战争和3年内战的浩劫,在一穷二白的基础上取得的。我国在芯片等高科技领域,在某些装备制造的核心技术方面存在的不足或短板,是客观存在的事实,不容回避,必须正视。但这并不能成为否定我们所取得的成绩的理由,更不能成为否定我国社会主义道路和中国特色社会主义制度的理由,相反应该成为我们青年一代以拳拳的爱国之心,肩负起时代赋予我们的使命,勇担社会主义建设重任的动力。

因此,今后应注意进一步培养学生全面、客观、辩证地分析和理解问题的能力。

中国制造2025：思考与启示

杨新房

一、教学背景

"中国对外贸易"是国际经济与贸易、经济学、国际商务等专业重要的学科基础课平台必修课（短学段）之一，授课时长16学时，学分为1学分，授课对象为大学一年级新生，授课时间安排在每学年第二学期。本课程分中国对外贸易发展概况、中国的工业化、利用外资、对外投资、"一带一路"倡议和自贸区等七个专题进行。本次授课内容为"中国的工业化"专题，课时为2课时，授课对象为2017级经济学类5班，授课时间为2018年1月10日，授课地点为6号教学楼214教室。

2016年4月6日国务院总理李克强主持召开国务院常务会议，会议通过了《装备制造业标准化和质量提升规划》，要求对接"中国制造2025"。2016年7月19日国务院常务会议部署创建"中国制造2025"国家级示范区，"中国制造2025"提至国家级，较以前城市试点有所升级。"中国制造2025"被认为是中国政府实施制造强国战略的第一个10行动纲领。在2018年中美贸易战过程中，美国列出的对中国的加税清单中，多数产品直指中国的高科技制造业，被认为是有意针对中国的"中国制造2025"规划，此后媒体对"中国制造2025"的提法有所渐少。"中国的工业化"专题是本课程的重要专题之一。本次授课内容以"中国制造2025"的提出背景、意义、原则目标和主要内容作为案例，引出工业化在一国经济发展中的重要性、中国的工业化战略、工业化战略与对外贸易战略的关系等专业知识，并概括分析和解释"中国制造2025"的意义和内容。在讲授专业知识的同时，教师将我国社会主义核心价值观（特别是富强元素）和实现中华民族伟大复兴"中国梦"以及"四个自信"等思政元素有机融入其中,使学生从较高的政治站位认知"中国制造2025"的重要意义,从而在传授专业知识的同时达到思政教育的目标。

二、教学过程

教学过程中,教师首先概括介绍"中国制造2025"的提出背景、意义、目标以及主要内容,使学生对"中国制造2025"有一个概括认识;其次通过问题设计、提问、启示、回答和点评等环节完成整个教学过程。教师在问题设计、提示、回答和点评环节,在重视专业知识传授的同时,突出价值引领,从而使整个教学过程贯彻"课程思政"理念。

(一)案例材料

"中国制造2025"是中国政府实施制造强国战略第一个10年的行动纲领。

"中国制造2025"提出,坚持"创新驱动、质量为先、绿色发展、结构优化、人才为本"的基本方针,坚持"市场主导、政府引导、立足当前、着眼长远,整体推进、重点突破,自主发展、开放合作"的基本原则,通过"三步走"实现制造强国的战略目标:第一步,到2025年迈入制造强国行列;第二步,到2035年中国制造业整体达到世界制造强国阵营中等水平;第三步,到中华人民共和国成立100年时,综合实力进入世界制造强国前列。

围绕实现制造强国的战略目标,"中国制造2025"明确了9项战略任务和重点,提出了八个方面的战略支撑和保障。

1. 背景

制造业是国民经济的主体,是立国之本、兴国之器、强国之基。18世纪中叶开启工业文明以来,世界强国的兴衰史和中华民族的奋斗史一再证明,没有强大的制造业,就没有国家和民族的强盛。打造具有国际竞争力的制造业,是我国提升综合国力、保障国家安全、建设世界强国的必由之路。中华人民共和国成立尤其是改革开放以来,我国制造业持续快速发展,建成了门类齐全、独立完整的产业体系,有力推动工业化和现代化进程,显著增强综合国力,支撑世界大国地位。然而,与世界先进水平相比,中国制造业仍然大而不强,在自主创新能力、资源利用效率、产业结构水平、信息化程度、质量效益等方面差距明显,转型升级和跨越发展的任务紧迫而艰巨。当前,新一轮科技革命和产业变革与我国加快转变经济发展方式形成历史性交汇,国际产业分工格局正在重塑。必须紧紧抓住这一重大历史机遇,按照"四个全面"战略布局要求,实施制造强国战略,加强统筹规划和前瞻部署,力争通过三个10年的努力,到中华人民共和国成立100年时,把我国建设成为引领世界制造业发展的制造强国,为实现中华民族伟大复兴的"中国梦"打下坚实基础。

2. 意义

"中国制造2025"是在新的国际国内环境下,中国政府立足于国际产业变革大势,做出的全面提升中国制造业发展质量和水平的重大战略部署。其根本目标在于改变中国制造业"大而不强"的局面,通过10年的努力,使中国迈入制造强国行列,为到2049年将中国建成具有全球引领和影响力的制造强国奠定坚实基础。

3. 原则目标

"中国制造2025"原则是:市场主导,政府引导。全面深化改革,充分发挥市场在资源配置中的决定性作用,强化企业主体地位,激发企业活力和创造力。积极转变政府职能,加强战略研究和规划引导,完善相关支持政策,为企业发展创造良好环境。立足当前,着眼长远。针对制约制造业发展的"瓶颈"和薄弱环节,加快转型升级和提质增效,切实提高制造业的核心竞争力和可持续发展能力。准确把握新一轮科技革命和产业变革趋势,加强战略谋划和前瞻部署,扎扎实实打基础,在未来竞争中占据制高点。整体推进,重点突破。坚持制造业发展全国一盘棋和分类指导相结合,统筹规划,合理布局,明确创新发展方向,促进军民融合深度发展,加快推动制造业整体水平提升。围绕经济社会发展和国家安全重大需求,整合资源,突出重点,实施若干重大工程,实现率先突破。自主发展,开放合作。在关系国计民生和产业安全的基础性、战略性、全局性领域,着力掌握关键核心技术,完善产业链条,形成自主发展能力。继续扩大开放,积极利用全球资源和市场,加强产业全球布局和国际交流合作,形成新的比较优势,提升制造业开放发展水平。

"中国制造2025"目标是:坚持"创新驱动、质量为先、绿色发展、结构优化、人才为本"的基本方针;坚持"市场主导、政府引导;立足当前、着眼长远;整体推进、重点突破;自主发展、开放合作"的基本原则,通过三步走实现制造强国的战略目标。

第一步:力争用10年时间,迈入制造强国行列。到2020年,基本实现工业化,制造业大国地位进一步巩固,制造业信息化水平大幅提升。掌握一批重点领域关键核心技术,优势领域竞争力进一步增强,产品质量有较大提高。制造业数字化、网络化、智能化取得明显进展。重点行业单位工业增加值能耗、物耗及污染物排放明显下降。到 2025 年,制造业整体素质大幅提升,创新能力显著增强,全员劳动生产率明显提高,两化(工业化和信息化)融合迈上新台阶。重点行业单位工业增加值能耗、物耗及污染物排放达到世界先进水平。形成一批具有较强国际竞争力的跨国公司和产业集群,在全球产业分工和价值链中的地位明显提升。

第二步:到 2035 年,我国制造业整体达到世界制造强国阵营中等水平。创新能力大幅提升,重点领域发展取得重大突破,整体竞争力明显增强,优势行业形成全球创新引领能力,全面实现工业化。

第三步:中华人民共和国成立 100 年时,制造业大国地位更加巩固,综合实力进入世界制造强国前列。制造业主要领域具有创新引领能力和明显竞争优势,建成全球领先的技术体系和产业体系。

4. 主要内容

"中国制造 2025"的主要内容可以概括为:"一二三四五五十"的总体结构。

"一",就是从制造业大国向制造业强国转变,最终实现制造业强国的一个目标。

"二",就是通过两化融合发展来实现这一目标。中共十八大提出了用信息化和工业化两化深度融合来引领和带动整个制造业的发展,这也是我国制造业所要占据的一个制高点。

"三",就是要通过"三步走"的一个战略,大体上每一步用 10 年左右的时间来实现我国从制造业大国向制造业强国转变的目标。

"四",就是确定了四项原则。第一项原则是市场主导、政府引导。第二项原则是既立足当前,又着眼长远。第三项原则是全面推进、重点突破。第四项原则是自主发展和合作共赢。

"五五",就是有两个"五"。第一就是有五条方针,即创新驱动、质量为先、绿色发展、结构优化和人才为本。还有一个"五"就是实行五大工程,包括制造业创新中心建设的工程、强化基础的工程、智能制造工程、绿色制造工程和高端装备创新工程。

"十"个领域包括新一代信息技术产业、高档数控机床和机器人、航空航天装备、海洋工程装备及高技术船舶、先进轨道交通装备、节能与新能源汽车、电力装备、农机装备、新材料、生物医药及高性能医疗器械等十个重点领域①。

---

① 以上内容根据百度百科"中国制造 2025"整理。

(二) 问题设计

1. 设计思路

教师通过"中国制造2025"的背景资料介绍和延伸阅读材料,提出启发性问题,使学生进行思考。学生思考问题的过程结合专业知识和思政因子双重元素。学生通过对问题的思考和回答,达到德育和专业知识并重的双重教学目的。一方面,教师要求学生对工业在一国国民经济中的地位和作用,我国改革开放后的工业化道路实践有大致认识,并对我国工业化的成就以及存在的问题有一个客观认识;另一方面,教师要求学生能够从我国社会主义核心价值观(富强元素等)和实现中华民族伟大复兴"中国梦"以及"四个自信"等角度认知"中国制造2025"的重要意义。同时,结合我国社会主义发展阶段,对我国工业化状况进行客观认识。

2. 问题思考

(1) 学生阅读上述材料,结合社会主义核心价值观和中国工业化战略,分析中国提出"中国制造2025"这一制造强国行动纲领的意义。

(2) "中国制造2025"行动纲领和实现中华民族伟大复兴"中国梦"有怎样的内在联系?

(3) 改革开放后我国工业化战略取得了哪些成就?还存在哪些不足?怎样认识这些成就和不足?

(4) 为实现工业强国,我国应该怎样做?

(三) 回答提示

工业化是强国之本。由"中国制造"向"中国创造""中国智造"转变,由制造大国向制造强国转变,是中国实现富强,实现民族复兴的必由之路。

改革开放以来,无论在政治上还是经济上,我国始终坚持中国特色的社会主义的道路,在工业化道路上取得了巨大成就。例如,我国的经济发展速度世界第一,高铁里程已经位居世界第一,许多工业领域的装备制造水平都达到世界一流水平或先进水平,如航空航天、深海探测、桥梁建造、空分设备、互联网应用、5G等领域。但是我们不能夜郎自大,应该看到我国在很多高科技领域与国外发达国家还有较大差距,实现"弯道超车"并不是一蹴而就的。比如,此次中美贸易战过程中"中兴之殇"所暴露出我国在芯片领域发展的短板等。

三、教学结果

教师课后了解到,多数学生之前对"中国制造2025"的了解仅停留在"知道一点"或"听说过"的层面,但具体内容和背后的意义不太清楚。教师通过该案例教学,使学生们感觉收获很大,对"中国制造2025"有了较全面和较深刻的了解,认为这是一个非常伟大的规划,对实现中国工业强国、实现中华民族伟大复兴"中国梦"有着重要意义。结合2018年中美贸易战和美国制裁中兴通讯、福建晋华集团以及美国联合几个国家抵制华为公司的事实,许多学生能够认识到我国科技强国、工业强国道路的艰辛,也更能认识到规划的战略意义。同时,也有一些学生能够看到,尽管我国在工业化道路上取得诸多成就,但仍存在着许多不足或短板,认识到我国企业和公民在实现国家富强、民族复兴方面所肩负的历史使命,从而达到了专业教育和德育教育的双重目标。

四、教学分析

本单元教学的目的之一是使学生理解工业化是一个国家走向富强的根本道路,结合我国的工业化道路、工业化方面取得的成就、面临的问题(自身不足以及外部环境等),进而对我国社会主义核心价值观的"富强"元素有更深层次的理解。教学思路是通过问题设计和问题启示,进行价值引领,引导学生结合社会主义核心价值观进行思考和回答。在介绍前面的案例材料的同时,我们会通过数字、图表以及课下布置的《大国重器》《辉煌中国》等纪录片,生动展示中国在某些领域工业化取得的成就,激发学生的民族自信心和自豪感;通过对美国制裁中兴通讯以及一些国家抵制华为的真实意图,进一步强调"中国制造2025"的重要意义。

五、教学反思

在教学过程中,有学生提出,因为这次的中美贸易战,美国的根本目的是遏制中国的高科技制造业发展,针对的是"中国制造2025",所以中国提出"中国制造2025"太过张扬了。其实,这也是网络上近期出现较多的一种声音。实际上,不管出于什么原因,在中美贸易战开始以来,"中国制造2025"提得越来越少。那么,我们如何客观认识"中国制造2025"呢?是不是中国先前没有提出这一行动纲领，就没有中美贸易战了？是不是因为中美贸易战，我们就从根本上放弃这一行动纲领了？显然，两个问题的答案都是否定的。

对此，我们可以引导学生多阅读一些这方面的相关资料，梳理相关的观点，启发学生进行更深入的思考。比如，美国除了对中兴通讯进行制裁之外，针对中国的芯片产业，还对福建晋华进行制裁。为遏制中国 5G 技术和产业发展，以美国为首的一些国家，包括英国、日本、澳大利亚、新西兰等国都禁止华为在其国内开展业务，更有甚者，按照美国指示，加拿大拘捕华为副总裁孟晚舟并拟引渡至美国（此事仍在进展中）都说明，高科技制造业的重要性，也能看出中国发展高科技制造业，实现制造强国的"中国梦"并不是一帆风顺的，需要政府、企业和我们每个人的不懈坚持和努力。

对于不同的观点和意见，教师和学生都应该能够全面客观地认识，辩证地看待和回答。

"一带一路"倡议构建人类命运共同体平台

杨新房

一、教学背景

"中国对外贸易"是国际经济与贸易、经济学、国际商务等专业重要的学科基础课平台必修课(短学段)之一,授课时长16学时,学分为1学分,授课学期为大学一年级第二学期。本次课授课内容为"一带一路"倡议专题,课时为4课时,授课对象为2017级经济学类5班,授课时间为2018年1月17日,授课地点为6号教学楼214教室。

"一带一路"倡议是我国对外开放过程中的伟大探索,是我国对外开放的重要内容,是本课程所讲授的7个重要专题之一。从2013年"一带一路"倡议提出至今,已经历5个年头,这5年来,"一带一路"倡议取得了瞩目成绩,特别是在构建人类命运共同体、践行我国全球治理观念方面发挥了重要作用,也成为我国发出中国声音、显示中国力量、建立中国话语体系的重要平台。

二、教学过程

教学过程中,教师先介绍案例材料(专题报道:《"一带一路"这5年,互联互通交出靓丽成绩单》)以及其他延伸阅读材料,通过精心设计问题、对学生作答进行启示和点评等环节完成整个教学过程,在整个教学过程中始终贯彻"课程思政"理念,突出知识传授和价值引领的结合,使学生透彻理解我国提出的"构建人类命运共同体""全球治理理念"的内涵和意义,理解"一带一路"倡议作为我国发出中国声音、建立中国话语体系的重要意义和作用。

(一) 案情介绍

1. "一带一路"这5年,互联互通交出靓丽成绩单

2013年秋天,习近平总书记提出共建"一带一路"倡议。经过夯基垒台、立柱架梁的5年,共建"一带一路"正在成为我国参与全球开放合作、改善全球经济治理体系、促进全球共同发展繁荣、推动构建人类命运共同体的中国方案。

2018年9月,由推进"一带一路"领导小组办公室指导、国家信息中心"一带一路"大数据中心主编的《"一带一路"大数据报告(2018)》正式发布,运用大数据技术全面评估"一带一路"建设进展与成效。

大数据分析显示,5年来,"一带一路"的推进务求实效,互联互通合作取得新突破。

2. 政治互信不断加强,政策环境进一步优化

政策沟通是"一带一路"建设的重要保障,也是沿线各国实现互利共赢的重要前提。"一带一路"倡议提出至2018年4月底,习近平总书记对"一带一路"国家出访37次,有52个"一带一路"国家的元首访问中国总计达107次,首届"一带一路"国际合作高峰论坛、G20杭州峰会、博鳌亚洲论坛等成为我国与"一带一路"国家高层交往的重要平台。

5年来,我国与塔吉克斯坦、匈牙利、以色列、埃塞俄比亚和马达加斯加等30个"一带一路"国家外交关系级别得到明显提升;2017年新签约50份"一带一路"框架下的各类合作协议,占5年来已签署协议总数的近一半,其中战略、政策对接和经贸合作等类型的协议占比达50%。

大数据分析显示,在国家间外交关系方面,我国与56.34%的"一带一路"国家保持战略伙伴及以上的关系级别,相互合作的共同利益较多,在重大国际和地区问题上关系密切,特别是与俄罗斯、菲律宾、柬埔寨等周边国家交流最为频繁。从倡议提出到2018年4月,我国与"一带一路"44个国家签署了88项联合声明/公报,配套政策文件日趋完善,与更多国家在更广领域达成协同联动合作。

3. 与"一带一路"国家贸易助力外贸加速回暖

5年来,中国与"一带一路"参与国经贸投资合作成效明显,贸易和投资合作不断扩大,形成了互利共赢的良好局面。

数据显示,中国对"一带一路"国家贸易和投资总体保持增长态势。2013—2017年,中国与"一带一路"国家进出口总额达69 756.23亿美元,与相关国家贸易增速高于中国对外整体增速,成为推动我国外贸加速回暖的重要力量。

那么,中国与"一带一路"国家主要买卖哪些商品?数据显示,中国对"一带一路"国家出口的主要是机电类产品,进口产品中,电机电气设备和矿物燃料的比例最高。民营企业是"一带一路"贸易主力军,贡献了43%的贸易额。

大数据分析显示,中国与亚洲、大洋洲、西亚的贸易合作水平较高。2017年,韩国、越南、马来西亚、印度、俄罗斯等国是中国最主要的"一带一路"贸易伙伴。"一带一路"贸易合作中,还有一匹"黑马",就是中亚地区。2017年,这片地区是与中国贸易往来增速最快的区域。卡塔尔、黑山、蒙古和哈萨克斯坦与中国的进出口增速都超过了35%,是未来贸易合作的重点地区。

4. 基础设施建设发展迅猛

互联互通是贯穿"一带一路"的血脉,而基础设施联通则是"一带一路"建设的优先领域。5年来,中国和沿线国家一道,在港口、铁路、公路、电力、航空、通信等领域开设了大量合作,有效提升了这些国家的基础设施建设水平,成果超出预期。

数据表明,目前,我国港口已与世界200多个国家、600多个主要港口建立航线联系,海运互联互通指数保持全球第一。海运服务已覆盖"一带一路"沿线所有沿海国家,参与希腊比雷埃夫斯港、斯里兰卡汉班托塔港、巴基斯坦瓜达尔港等34个国家42个港口的建设经营。

大数据分析显示,中国与"一带一路"国家的港口联通度明显高于其他交通设施联通水平,其中中国与韩国、印度、印度尼西亚三个国家港口运输交流最为频繁,也带动了贸易合作的发展。

我国与"一带一路"国家的铁路联通水平也较好,2017年,我国与"一带一路"国家的贸易出口中,铁路运输方式的出口额增速最快,较2016年增长34.5%。

铁路联通水平表现突出,中欧班列贡献了不小的力量。截至2018年8月底,中欧班列累计开行数量突破10 000列,国内开行城市48个,到达欧洲14个国家42个城市。

目前,中欧班列线路主要分布在德国、俄罗斯、哈萨克斯坦、塔吉克斯坦、波兰、白俄罗斯等国家。

民航方面,与8个国家和地区签署航空运输协定,增加国际航线403条。目前与"一带一路"沿线62个国家签订了双边政府间航空运输协定,与45个沿线国家实现直航,每周约5 100个航班。

5. 多元化融资体系不断完善

如果把"一带一路"比作经济腾飞的翅膀,资金融通就是助力腾飞翅膀的血脉经络。5年来,投融资体系建设不断推进,开发性和政策性金融支持力度持续加大,多双边投融资机制和平台发展迅速,为"一带一路"建设提供了强有力的支撑。

截至2018年7月底,亚投行成员已达87个,来自"一带一路"的小伙伴超过6成。与2017年相比,阿富汗、东帝汶、匈牙利、埃塞俄比亚、黎巴嫩等成为亚投行新成员。目前,亚投行在13个国家开展28个项目,总金额超53亿美元。

中国出资400亿美元成立的丝路基金,在2017年5月获得中国增资1 000亿元人民币,目前已签约了19个项目,承诺投资70亿美元,支持项目涉及总金额达到800亿美元。

为进一步推动金融合作,我国与"一带一路"国家也努力改善金融支撑环境。中资银行不断进行海外布局,24个国家设立中资银行分支机构102家,以新加坡、马来西亚、印度尼西亚、泰国的数量为最多;人民币跨境支付系统覆盖俄罗斯、新加坡、马来西亚、韩国、泰国等40个"一带一路"国家165家银行。

手握银联卡,在"一带一路"国家可以畅行无阻。"一带一路"参与国已有50多个国家开通银联卡受理业务,累计发卡超过2 500万张,覆盖超过540万家商户和68万台ATM,比"一带一路"倡议提出前分别增长了超过14倍和近3倍。

以银联为代表的中国金融技术标准逐步走向"一带一路"沿线市场,帮助沿线国家和地区发展普惠金融。目前,银联芯片卡标准是泰国、缅甸的行业推荐标准,还成为亚洲支付联盟的统一跨境芯片卡标准。在新加坡、泰国、韩国、马来西亚、印尼、菲律宾等国,银联芯片卡标准也被作为受理、发卡业务的技术标准。

6. 丝路旅游与留学成果显著

"一带一路"倡议提出5年以来,中国与各国多维度、多层面合作不断推进,"一带一路"惠及世界各国的红利不断凸显。5年来,中国与"一带一路"参与国家之间科教文卫等多层次、多领域人文交流合作务实推进,"一带一路"的民意基础进一步夯实。

数据显示,截至2018年4月底,我国与61个"一带一路"国家共建立了1 023对友好城市,占我国对外友好城市总数的40.18%。

值得注意的是,"一带一路"倡议提出以来,我国每年与"一带一路"国家新增友好城市数量一直占新增总量的50%以上,倡议对友好城市搭建起到的促进作用非常明显。

丝路旅游与留学成果亮眼。2017年,中国与"一带一路"国家双向旅游交流达6 000万人次左右,与2012年相比,"一带一路"出境人数和入境人数分别增长2.6倍和2.3倍左右,"一带一路"旅游成为世界旅游的新增长点。

教育部统计数据显示,2017年,我国出国留学人数首次突破60万人,出国留学规模持续增长,这与中国的努力分不开。中国设立了"丝绸之路"中国政府奖学金,每年资助1万名沿线国家新生来华学习或研修;与24个沿线国家和地区签署了高等教育学历学位互认协议。除欧美发达国家和地区外,"一带一路"国家成为新的留学目的地。

据统计,目前我国在"一带一路"国家设立了17个国家文化中心、173所孔子学院和184个孔子课堂,约占全球孔子学院和课堂总数的1/4。2016年注册学员达到46万人,开展各类文化活动近8 000场,受众高达270万人。

除了语言的互学互鉴以外,中国与"一带一路"国家在签证服务方面也加大了联通力度。截至目前,与29个"一带一路"国家实现了公民免签或落地签,与阿联酋、塞尔维亚已实现互免签证,范围扩大到西亚等地区[①]。

(二) 问题设计

1. 设计思路

思考问题的设计要求体现专业知识和思政元素并重。学生通过阅读所给的案例材料,一方面能够理解和认识"一带一路"倡议对我国对外投资、对外贸易以及更广泛的经贸合作的积极作用、影响和意义;另一方面深刻理解"一带一路"倡议与习近平总书记提出的"构建人类命运共同体"之间的内在联系,使学生理解"一带一路"倡议在体现 中国理念、中国力量,发出中国声音方面的作用。

2. 问题设计

(1) 你对"一带一路"倡议了解多少?

(2) "一带一路"倡议对我国对外贸易有怎样的促动作用?

(3) "一带一路"倡议对我国的对外投资有怎样的促动作用?

(4) "构建人类命运共同体"的基本内容和理念是什么?"一带一路"倡议与"构建人类命运共同体"有怎样的内在联系?

(5) "一带一路"倡议在我国发出中国声音,构建中国话语体系方面有何作用?

(6) "一带一路"倡议被一些西方国家认为是中国版的"马歇尔计划",对此,

---

① 刘梦:《"一带一路"这五年:至联至通交出亮丽的成绩单》,中国一带一路网,2018.10.6。

你怎么看?

(三) 回答提示

(1)"一带一路"倡议对我国对外投资和对外贸易有着积极的促动作用,这一点从近5年来,我国与"一带一路"沿线国家的贸易和投资所取得的成就中可以直接看出来。

(2)人类命运共同体旨在追求本国利益时兼顾他国合理关切,在谋求本国发展中促进各国共同发展。人类只有一个地球,各国共处一个世界,要倡导人类命运共同体意识。人类命运共同体这一全球价值观包含相互依存的国际权力观、共同利益观、可持续发展观和全球治理观。

(3)2018年3月11日,第十三届全国人民代表大会第一次会议通过的《宪法修正案》,将我国《宪法》序言第十二自然段中"发展同各国的外交关系和经济、文化的交流"修改为"发展同各国的外交关系和经济、文化交流,推动构建人类命运共同体"。

三、教学结果

在提出和回答问题环节中,学生们踊跃发言,有的学生从不同角度谈了自己对"一带一路"倡议的认识,多数同学认为"一带一路"倡议是一个伟大倡议,是中国对外开放过程中的伟大创举。"一带一路"倡议充分彰显了我国"构建人类命运共同体"的理念,在谋求中国发展的同时,关注了"一带一路"沿线国家自身的发展诉求和利益,体现了全球共同繁荣、共同发展的理念,"一带一路"倡议的主旨体现了我国提出的全球治理观。"一带一路"倡议赢得沿线国家欢迎和响应的同时,也客观上提高了中国在世界经济社会发展方面的话语权。

四、教学分析

本案例教学旨在通过"一带一路"倡议,使学生对中国"构建人类命运共同体"、全球治理观有更深刻和清晰的理解和认识,从中国践行"一带一路"倡议所取得的瞩目成就产生民族自豪感。从实际教学效果看,这些方面教学目的都很理想。很多同学表示,"一带一路"倡议也是加快中华民族伟大复兴步伐的重要举措,认为只有中国共产党的领导,只有社会主义道路,才能带领中国在经济社会发展等方面做出正确的历史抉择。

对于这些教学主题和育人元素，我们主要还是通过问题设计和回答提示来实现的。

五、教学反思

在案例教学过程和课堂讨论的过程中，有部分学生对国外认为的"一带一路"倡议是中国版马歇尔计划的这一观点持认同的态度。对此，作为教师应该向学生明确，马歇尔计划本身是一种霸权思维。把"一带一路"倡议称作中国版的马歇尔计划是错误的。"一带一路"倡议的实质是在推动我国经贸、投资发展，实现国内过剩产能转移和产业升级，谋求自身发展的同时，同样关注"一带一路"沿线国家的基础设施建设和经济发展，关切沿线国家的经济发展，是基于合作共赢，平等互利的基本理念，这和我国提出的"构建人类命运共同体"的基本理念是完全一致的。

对此，在今后的教学中，教师可以对马歇尔计划的背景、内容、目的和实质等作更详细的介绍，然后和中国的"一带一路"倡议进行对比，这样学生便能有一个更清晰和正确的认识。

中国产业结构调整及政策

李 雪

一、教学背景

"产业经济学"是2017年度学校"课程思政教学改革"试点课程。本次课授课内容为新中国产业结构调整及产业政策演化,授课对象为2014级经济学专业学生,授课时间为2017年3月,授课地点为松江校区3DM31录播教室。本次课主要是通过教师对中国产业结构调整及政策介绍,让学生体会到以爱国主义为核心的民族精神和以改革创新为核心的时代精神,并进一步培养当代大学生的创新意识与创新精神。本次课采取教师讲授与学生课堂讨论的方式进行。

二、教学过程

一国产业结构集中反映该国的经济发展水平,是该国经济结构、投资结构、消费结构、发展道路选择等重大经济关系的集中体现。中国产业结构不断地调整是60多年来经济水平不断提高、消费结构逐渐转换的过程;是中国政府基于经济社会发展和国际关系的变化,推动经济快速发展的过程;是中国政府以爱国主义为核心的民族精神和以改革创新为核心的时代精神的重要体现。

中国产业结构调整大致可分为两个部分:中华人民共和国成立到改革开放前,改革开放后至今。改革开放前的中国产业政策又可分为四个阶段:新民主主义时期(1949—1952年)、社会主义过渡时期(1953—1957年)、"大跃进"和国民经济调整时期(1958—1965年)、"文化大革命"时期(1966—1976年)。改革开放以后,中国进入社会主义市场经济体制时期,实现社会主义现代化建设三步走战略目标(1979—2017年)。

(一) 中华人民共和国成立到改革开放前

改革开放前,在新民主主义阶段,中国国民经济及工业生产历经3年的经济恢复期,三次产业的比重得到一定程度的调整,工商业调整了公私关系、劳工关系和产销关系,扩大工业生产规模,第三产业(主要为交通运输业和商业)得到较快发展。1952年,中国开始了工业化的进程,这一年同时也是中国产业结构调整的起始年。

"一五"期间,也就是社会主义过渡阶段,中国三大产业都基本完成了"三大改造",优先发展重工业,以实现社会主义工业化作为基本任务,中国开始从农业国向工业国转变,开始改变工业和社会落后的局面。期间,第一产业比重迅速下降,工业为主的第二产业比重上升,这一阶段的产业结构变化体现为工业产业结构完整性和独立性提高。

在"大跃进"和国民经济调整时期,尤其是前期的"大跃进"阶段,使工农业比例发生重大调整,工业产业结构重型化,工业内部结构严重失调,加上3年自然灾害,农业产出损失严重。工业的过快发展使农业和服务业投资严重不足。中共八届九中全会提出"八字方针",实行先农后工,先轻后重等产业政策的调整有效地平衡了三大产业的比例,缓解了农业和服务业的发展压力,但是,由于僵化的行政方式,使得"八字方针"未能彻底落实,没能解决造成产业结构失衡的根本性问题。

"文化大革命"期间,产业政策遭遇了发展的"瓶颈",政治运动取代生产成为中心。产业结构进一步僵化,结构性失衡十分严重,三大产业发展缓慢,重工业脱离农业和轻工业进行自我循环,这样使得各个产业失去了持续发展所必要的宏观环境,周恩来和邓小平先后主持进行的经济整顿效果不明显。期间,城乡二元社会经济体制被长期凝固和强化,城镇化停滞甚至倒退,经济发展被政治运动所牵制,产业政策在此期间停滞不前。

(二) 改革开放至今

改革开放以来,以邓小平同志为核心的党的第二代中央领导集体,从历史角度深刻阐明了产业结构调整的重要性和紧迫性,阐述了我国产业结构优化和升级的战略重点、方向以及各产业之间的相互关系,从深化经济体制改革、发展方向和政府政策上指明了加快产业结构调整和优化的途径,形成了完整、系统、科学的产业结构思想,丰富和发展了我国产业结构理论。新中国制定了三步走战略,从计划经济体制向社会主义市场经济体制转变。

1979年,国民经济开始了建国以来第二次全面调整,降低工业发展速度,调整轻重工业的发展速度和比例关系,经济工作的重心开始转移到提高经济效益上来。自此,工业与农业两大产业部门各自封闭生产的结构初步扭转。

1985年以来,随着中国改革开放的进一步加深,产业政策不断调整,由于中国经济的高速发展,再次重工业化到来,但是工业内部结构高级化,技术水平迅速提高。

特别是中共十八大以来,以习近平总书记为核心的党中央牢牢把握"我国经济发展进入新常态"这个重大战略判断,保持战略定力,增强发展自信,不断推动中国经济从中低端迈向中高端。习近平总书记指出:"产业结构优化升级是提高我国经济综合竞争力的关键举措。要加快改造提升传统产业,深入推进信息化与工业化深度融合,着力培育战略性新兴产业,大力发展服务业特别是现代服务业,积极培育新业态和新商业模式,构建现代产业发展新体系。"

综上所述,改革开放以来,党和政府在产业政策方面做出重大努力,积极调整产业结构,推进产业优化升级,有效地改善了产业结构失衡的局面,促进了经济的健康快速发展,为实现"两个100年"目标打下坚实的经济基础。

三、教学结果

学生通过案例的学习,认识和学习体会如下:

产业政策是国家制定的,引导国家产业发展方向、引导推动产业结构升级、协调国家产业结构、使国民经济健康可持续发展的政策。学生通过了解中国历史上历次产业政策的制定和实施,进一步深化了对产业政策发展的认识。从中华人民共和国建立以来,历经"三大改造""大跃进""文化大革命"、改革开放、社会主义市场经济初步建立到中国特色社会主义经济逐步完善、再到供给侧改革,中国的产业政策调整正是结合中国的实际国情,具体问题具体分析,制定适合中国发展的政策,同时也是体现了党和国家领导人始终坚持爱国主义为核心的民族精神和改革创新为核心的时代精神。我们了解历史发展,站在历史的高度展望未来。我们从产业政策的多次改革中可以发现,改革并不是一帆风顺的,也不是没有失误的,是在曲折中探索成长,但我们只要抓住问题的主要矛盾,不照搬照抄,不违背历史发展潮流,制定符合自己发展的道路,坚持与时俱进就能健康发展。我们通过对中国产业政策的回顾与展望,充分地了解了历史,也将更有信心面向未来。

四、教学分析

从中国历次产业结构调整来看,总结60多年来产业体系的发展与演进,提炼其中的经验与教训,对于认识中国产业政策、产业结构转换模式的选择十分必要。本次课重在指出政府是产业政策的制定者,企业是产业结构调整的主体。在案例学习中,教师必须让学生了解企业在社会主义市场经济中的地位,企业的改革创新要符合时代精神的要求,在产业政策制定时要注意资源的优化配置,要求以利润最大化为目标的企业成为结构调整的主体。

与时俱进,就是要求政府在制定产业政策时,要把经济目标转移到以人为本上来,深化改革,特别是要加快第一、三产业改革的步伐。本次课教学就是要让学生体会创新对第三产业的快速发展和内部优化对形成中国21世纪经济发展的亮点的重要性,学生在学习上也要不断地与时俱进,更新思想,学习前沿的产业政策理论。教学也要不断改进,为学生提供逻辑思路更加清晰的教学模式,促进教师与学生之间形成良好的互动与能力提高。

五、教学反思

本次教学对象为经济学三年级的学生,已经拥有了较强的经济学基础,所以本次课教学不仅是带着学生一起回顾国家产业发展的历史,同时也是通过案例的学习来进一步启发学生进行独立思考,不断创新自己的想法。"历史告诉我们中国人民和中华民族走过的历程,是中国共产党和中国人民用鲜血、汗水、泪水写就的,充满着苦难和辉煌、曲折和胜利、付出和收获,这是中华民族发展史上不能忘却、不容否定的壮丽篇章,也是中国人民和中华民族继往开来、奋勇前进的现实基础。"研究历史告诉我们过去,目的是为了展望未来。研究过去让我们懂得了自身的发展历程,也更加让我们理解改革开放以来产业结构调整的重要性以及产业经济学学习的重要性。

授课老师具有十几年的教学经验,对产业发展研究颇为深刻,思路清晰且角度新颖,能够很好地启发学生通过对历史的梳理,结合所学的经济学知识,将习近平总书记新时代中国特色社会主义的新思想融入其中,很好地发挥了教师和学生两个主题的主观能动性,促进了师生的共同进步。同时,本案例教学还应融入一些新的国家产业政策调整最新变化案例,尤其是针对中美贸易的相关热点进行分析,让学生通过对时事来掌握当前产业政策的核心。

松江大学城食品企业的诚信选择
——基于委托代理模型

李 雪

一、教学背景

"产业经济学"是 2017 年度学校"课程思政教学改革"试点课程。本次课授课内容为松江大学城食品企业的诚信选择——基于委托代理关系,授课对象为 2014 级经济学专业学生,授课时间为 2017 年 4 月,授课地点为松江校区 3DM31 录播教室。本次课主要是教师通过讲解企业的诚信选择和学生的诚信教育,来倡导诚信的企业价值观念,重建持续、理性、双赢的商业文明,引导企业良性健康发展,建立和谐、持久安全的市场环境。本次课采取教师讲授与学生课堂讨论的方式进行。

二、教学过程

(一) 松江大学城食品安全现状

松江大学城在校师生总数 8 万~10 万人,食堂、餐馆不下 200 家,其中绝大部分是私营或者个体性质。在这红红火火、如此壮观的市场景观之后却隐藏着巨大的食品生产、加工和安全监管等方面的隐患。

(二) 竞争激烈

大学城消费者以大学生为主,其需求价格弹性和收入弹性都较大,而且食品的同质性强,进入壁垒较低,因此竞争非常激烈,促使部分无良食品生产企业通过各种手段获取利益。一些不法商家通过购买廉价原材料,以次充好,为了赚取高额利润不择手段,甚至将一些有毒有害物质加入其中,以此来降低生产成本,牟取暴利。

(三) 生产隐性化,生产手段多样,难以鉴别

由于许多食品的特性,某些企业费尽心思,不断更换生产手段和生产方式,运用各种廉价化工原料和各种加工设备,导致企业生产的问题食品不易被发现,而且周期长,这样的食品流入市场,对于消费者而言,完全是一无所知,无法鉴别。

(四) 监管部门监管不力,惩罚力度较小

为什么一些食品企业铤而走险,以不正当手段谋取高额利润,正是因为监管部门的监督监管措施不严,疏于管理,对违法违规企业的惩治力度不够,导致一些企业死灰复燃,继续冒险从事该行业,因为相对于高额利润的诱惑来说,监管部门的惩罚成本实在太低。对于监管部门来说,由于信息不对称造成市场秩序混乱,监管部门也难以监督到位。

(五) 委托代理关系模型

在食品交易过程中,主要涉及消费者、食品企业及监管者 三方,假设监管者代表着消费者利益,其与消费者一起可以看作社会利益的诉求者,并对食品安全状况拥有不安全的信息,将消费者视为委托人,而食品企业相对拥有更完善的信息,通过选择自己的行动影响食品安全状况,同时获取相应收益,可以视为代理人。食品产业中的委托代理关系模型,如图1所示。

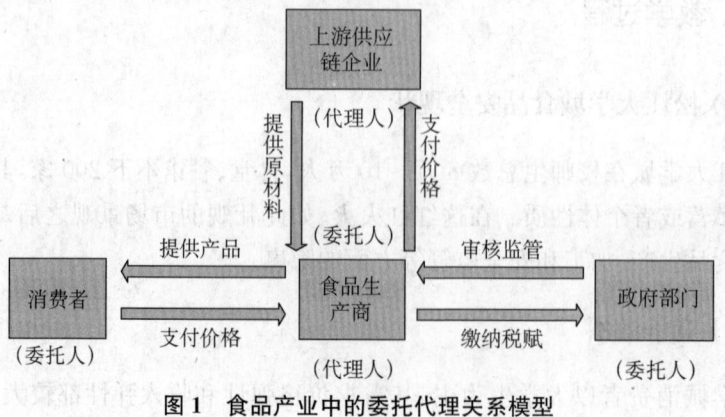

图1 食品产业中的委托代理关系模型

基于委托代理关系,我们把掌握信息比较充分的食品生产企业和商家设为代理方,因为他们对食品的各种属性了如指掌,往往处于比较有利的地位。而对于消费者来说,对食品的信息比较缺乏,则处于比较不利的地位,所以我们把消费者作为委托方。食品企业诚信缺失的根源就在于信息不对称。因为市场交易中,消费者和食品企业拥有不对等、不完全的信息,消费者无法通过价格选择来甄别商品,以此来激励生产者。为了谋取高额利润,生产者往往会隐藏自身的信息和行动,这时,市场上就会出现逆向选择和道德风险。

三、教学结果

学生通过案例的学习,认识和学习体会如下:

民以食为天,食以安为先。作为一名普通的公民,对于每年曝光的不良企业和有毒有害食品,感到十分的寒心、愤怒,同时也是深感不安。每天生活在担心食品安全状况的压力下十分恐惧,这也是对我们国家的食品企业亟待规范生产的反映。诚信,是一个企业走长远发展道路的必要信条,特别是食品生产企业,诚信经营尤为重要。在松江大学城的食品企业更是要有社会责任感,这里汇聚来自五湖四海的学生、教师、上班族等各种职业的人群,消费市场广大,企业的品牌形象十分重要,对市场的安全影响也是十分巨大。如果企业生产有毒有害食品,利用低廉原料代替高质量商品以次充好,欺骗消费者虽然能在一时能赚取丰厚的利润,但是这违背了自然和社会经济发展的规律,违背规律,必然会受到规律的惩罚。大学城的企业要对市场负责,对松江大学城的众多消费群体负责,追求利润要有理性的思维,只有诚信经营才能获得效益,而且诚信在长期具有一定的正的外部性,当企业坚持诚信经营,一定会获得溢出效应。松江大学城的学生群体是消费的主力,食品企业只有做好质量保证,赢得这一群体的信赖,市场才能广阔。

四、教学分析

企业作为社会主义市场经济的主体,一方面要谋求企业利润的最大化;另一方面也要遵守社会公共道德底线,承担社会责任。自古有言:民无信不立。对于企业也是同样的道理,如果企业缺乏诚信,打破社会道德底线,终将会断送发展前途。在激烈的市场竞争中,如何诚信经营,积极承担社会责任,为社会公众提供安全可信赖的产品成为每个食品生产企业不可回避的挑战。

当社会诚信体系完善,消费者维权意识较强,供应链上安全状况较好时,较低的监管概率就可以促使企业选择诚信行为。监管力度的增加可以有效促进食品企业的诚信经营,选择诚信行为。诚信是一个企业的灵魂,也是一个人为人处世的基本原则。本次课教学就是要通过对食品企业诚信行为的选择来向学生传达一个立信"信以立志,信以守身,信以处事,信以待人"的十六字校训,帮助学生树立正确的世界观、人生观、价值观。

学生通过松江地区食品企业的相关案例学习,同时对于企业的诚信行为选择进行激烈的讨论,从而进一步了解产业市场的主体行为选择,进一步深化诚信在学生心中的地位和价值,将社会主义核心价值观融入教学环节,突出诚信的重要性。

五、教学反思

在日常生活学习中,学生在诚信方面的教育还需要进一步强化。本次课教学通过食品安全问题的讨论,引发了学生对企业诚信问题的思考,让其了解企业诚信文化建设是增强企业诚信意识的重要环节。企业文化建设在企业发展道路中尤为重要。

本次课教学的目的就是要把中共十八大提出的积极培育和践行社会主义核心价值观,巩固马克思主义在意识形态领域的指导地位的一系列思想融入教学环节,不仅增强了当代大学生的思想意识的提高,也将进一步促进学生的全面发展。社会主义核心价值观分为了三个层次。其中"爱国、敬业、诚信、友善",作为对个人公民的基本道德规范,是从个人行为层面对社会主义核心价值观基本理念的凝练。它覆盖社会道德生活的各个领域,是公民必须恪守的基本道德准则,也是评价公民道德行为选择的基本价值标准。尤其是其中的诚信要求是基础也是核心,我们要积极培育和践行社会主义核心价值观,全面提高公民道德素质。

在今后的教学环节,教师应该加入更多的实际鲜明案例,让学生参与案例的讨论,在分析的过程中将正确的价值观贯穿其中,让学生能够在鲜活的案例中学习和成长。

地方政府雾霾治理行为分析
——基于合作博弈理论

李 雪

一、教学背景

"产业经济学"是 2017 年度学校"课程思政教学改革"试点课程。本次课授课内容为地方政府雾霾治理行为分析——基于合作博弈理论,授课对象为 2014 级经济学专业学生,授课时间为 2017 年 3 月,授课地点为松江校区 3DM31 录播教室。习近平总书记曾说,解决雾霾问题要迈出更大步伐,也要有定力。根治或基本消除雾霾天气需要一个过程,需要建立长远环境保护制度,需要全社会的共同努力,以五大发展理念为引领,加快构筑系统性防线。本次课通过合作博弈理论论证了在新发展理念的指导下,科学治霾必将取得扎扎实实的效果,为人民群众赢得一片蓝天。本次课采取教师讲授与学生课堂讨论的方式进行。

二、教学过程

(一) 合作博弈的定义及模型建立

合作博弈研究人们达成合作时如何分配合作得到的收益,即收益分配问题。合作博弈采取的是一种合作的方式,或者说是一种妥协。妥协其所以能够增进妥协双方的利益以及整个社会的利益,就是因为合作博弈能够产生一种合作剩余。这种剩余就是从这种关系和方式中产生出来的,且以此为限。从博弈结构上,合作博弈可以分为两人合作博弈和多人合作博弈,前者又称两人讨价还价问题,其解法以 Nash 讨价还价均衡解最为著名。后者又称为联盟博弈,其解法主要有以核为代表的占优解法和以 Shapley 值为代表的估值解法[①]。本案例将雾霾治理中涉及的利益主体分为四个,即中央政府、地方政府、社会公众和工业企业。在雾霾的治理过程中,多方利益主体存在动态博弈的过程,各自主体为了寻求自身利益最大化或者损失最小化,我们通过建立合作博弈模型来阐述这些相关主体之间的关系及其利益诉求。

(二) 治理雾霾的研究意义

研究地方政府在治理雾霾中的行为选择逻辑对于有效治理雾霾具有重要的理论意义和现实意义。本案例首先界定雾霾治理中的相关利益主体,论述中央政府、地方政府、社会公众、工业企业面对雾霾治理问题的不同利益诉求,其次分析不同主体的利益诉求对地方政府行为的制约和影响。地方政府通过理论分析和案例分析相结合的研究方法,形成并验证了分析雾霾治理行为选择逻辑的基本理论框架模型[②]。研究证明,政府对雾霾治理的行为选择受四大因素的影响,分别是国家、官僚、社会和市场因素,是不同主体之间相互博弈和妥协的结果。只有在合作博弈状态下,才能有效治理雾霾。因此,政府需要作好监督和引导工作,积极拓宽公众参与政策制定的渠道。

(三) 各个主体之间的利益诉求

1. 中央政府的利益诉求

中央政府是整个社会公共利益的代表,是主要社会公共产品的提供者和管理保护者,中央政府的权力,是代替人民行使的,是巩固自身政治稳定的保障。

中华人民共和国成立以来,尤其是改革开放以来,中央政府主要是通过发展经济来提高人民的幸福感,维护社会稳定,这一阶段政府主要关注的是 GDP 的增长。后来,特别是中共十八大以来,提出"五位一体"的发展战略,将生态文明摆在发展的突出地位,可持续健康发展也渐渐成为政府的利益诉求。当然,治理雾霾是政府的重中之重。

2. 地方政府的利益诉求

自从改革开放以来,中央政府将部分经济管理权,行政权下放到地方政府,

---

① 蒋鹏飞:《合作博弈解及其应用研究》,山东大学,2007。
② 孟庆国、杜洪涛、王君泽:《利益诉求视角下的地方政府雾霾治理行为分析》,中国教科学,2017(11):66-76。

使其自主性不断加大,从而使地方政府开始与中央政府的利益目标产生不一致的情况。

地方公共品是由地方政府提供的,一个地方的优良空气会增加该地区的公共福利,所以为了实现利益的最大化,地方政府就会全力治理雾霾。在这一点上中央与地方的利益是一致的。地方政府的领导人主要存在两方面利益,即政治利益和经济利益。既要考虑到自己的政治前途,又要考虑到地方经济的发展和环境的治理,这是双重身份的体现。当地方官员要实现自身利益最大化的同时,就有可能会和雾霾治理的利益相违背。

3. 社会公众的利益诉求

社会公众是由一个个人组成,他们是整个社会雾霾天气带来的负外部性的主要承担者,同时,每一个纳税人又是治理雾霾的主要出资者。雾霾主要是由工业企业生产制造所带来的负外部性的污染,企业获得了利润的最大化却没有为此承担环境污染的治理责任,而社会公众,虽然不是雾霾的主要制造者,却要为此买单。所以社会公众就是要解决这种负外部性效应,希望政府采取有效的措施来解决雾霾,解决负外部性问题。

4. 工业企业的利益诉求

某些大型重化工企业是雾霾的主要制造者,理应是雾霾治理的主要承担者。在市场活动中,企业作为市场的主体,在追求自身利益最大化的过程中,特别是在雾霾治理中,企业会独享利益而让社会公众承担雾霾的危害。因为企业一旦治理雾霾,肯定会增加其生产成本,当利益与成本不对等时,企业会选择利益而放弃治理的责任。在雾霾治理中,企业的利益诉求就是减少对其企业的监管,放松污染物排放的标准。

三、教学结果

学生通过案例的学习,认识和学习体会如下:

200年前,英国开始成为世界工厂,首都伦敦也被冠名"雾都"。今天中国也成为世界工厂,而恍然间,北京也俨然成为了新的"雾都"。现代化的发展所带来的环境之殇,清楚明白地展现在我们面前。中国的经济发展是以牺牲环境为代价的,走的是"先污染后治理"的道路,而现代化的核心是可持续发展,必须把环境保护纳入发展的范围内,把"五位一体"中的生态文明放在突出位置。当前的形势现状告诉我们治理环境,治理雾霾刻不容缓。

作为大学生,常年在上海松江大学城生活,一到冬季就能切身地体会到雾霾的严重性,而且雾霾对我们身体的伤害是显而易见的,呼吸道疾病频发,尤其是对爱运动的人来说更是深有感触。所以我们要形成环保共识,政府既要有短期措施,也要有长期治理机制,容不得敷衍。环境是公共产品,优质的公共产品是需要全社会所有成员共同生产和维护的。所以在环境产品生产过程中,政府是怎样制定标准、制定规划、制定政策、制定法律,如何监督是关键。雾霾治理既要拿"大棒",又要拿"胡萝卜",这样才能推动社会经济的可持续发展。

四、教学分析

本次课教学利用新颖的热点案例分析政府的行为来讲解合作博弈的经济学知识。经济增长是中央政府的利益诉求,为维护其自身合法性的途径就是依靠快速的经济增长来使人民获得更高的幸福感和满意度。地方政府只注重经济效益而忽视了社会福利效应。忽视了环境的治理,雾霾等问题的集中爆发正是这种以单纯的 GDP 增长为单一考核指标的后果。我们通过对产业政策的学习,可以明确地知道,提倡绿色 GDP 健康发展理念,将雾霾治理作为政府工作的重点,依靠激励机制和晋升机制引导地方政府正确地对待雾霾治理才是正确的道路。

作为经济学专业的学生,通过对产业政策及相关理论的学习,必须要具备发散性的思维,在看待雾霾治理的行为选择案例时要有举一反三的能力,案例学习是媒介,能力的培养才是重点。在对政府的行为选择分析时,我们既要看到政府主体所处位置的阻力作用,也要看到来自不同反面的推力作用,综合全面地看待问题,深入浅出的分析问题。雾霾治理是国家实施生态文明建设必须要走的关键一步,我们通过案例的分析进一步明确政府主体激励体系的内在机理,让学生不仅能够综合的了解政府的行为选择,还能将五位一体中的生态文明纳入到中国特色社会主义建设总布局中,从源头上扭转生态环境恶化趋势,是一条生产发展、生活富裕、生态良好的文明发展道路的思想贯穿于教学的全过程,深化学生对国家战略的认识。

五、教学反思

本次课通过合作博弈理论告诉我们,在环境治理、环保措施落实中,政府相关部门要及时根据社会状况积极制定相关政策,创新治理模式,制定法律规范,并且有力执行。企业和公众要具备强烈的社会责任感,学习并提高环保意识,积极配合政府政策的实施。保护生态环境、人人有责,每一个公众都要参与其中,建设美好家园;只有人人相互监督,提高环保意识,践行环保主张,才能成为一种社会风气的良性循环。根治或基本消除雾霾天气需要一个过程,需要建立长远环境保护制度,需要全社会的共同努力,我们相信,在新发展理念的指导下,科学治霾必将取得扎扎实实的效果,为人民群众赢得一片蓝天。

雾霾的治理不仅是需要政府,更需要社会的每一个群体共同的努力。同样的,在案例教学过程中,教师的教学激励同样重要,学生的思想意识树立非常关键,这就需要学校、教师和学生共同努力,一起为我们的教学、学习发挥自己的主观能动性,一起建设美好的学习与教学氛围,相互促进,共同进步。在学习生活中,学生要发挥主体优势,通过对案例的学习努力提高自己的科学文化素质与思想道德素质,积极践行社会主义核心价值观。

无信不立

——保险的最大诚信原则兼谈保险的道德含义

徐爱荣

一、教学背景

"保险学"课程是 2017 年度学校"课程思政教学改革"试点课程。本次课授课内容为第五章"保险的基本原则"中的"最大诚信原则"一节,授课对象为 2016 级保险学 1 班学生,授课时间为 2017 年 10 月 12 日,授课地点为 5 号教学楼 122 教室。保险在其发展的历史过程中,逐渐形成了一系列为人们所公认的行为准则,这些准则是保险经营活动的基础,是保险双方都必须严格遵守的准则。坚持和贯彻保险基本原则,有利于维护保险双方的合法权益,更好地发挥保险的职能和作用,保证保险业健康地发展。这些原则主要包括最大诚信原则、保险利益原则、损失赔偿原则和近因原则。本次课重点学习保险"最大诚信原则",并通过案例教学的方式,将课程内容与思政理念相结合,关注"诚信"范畴的道德意义,在传授专业知识的同时,培养大学生以诚立身,以信服人。本次课采取教师讲授和学生课堂讨论的方式进行。

二、教学过程

(一)知识引导

我们先从知识层面来了解一下最大诚信原则的含义。诚信原则是世界各国立法对民事、商务活动的基本要求。所谓诚实,就是一方当事人对另一方当事人不得隐瞒、欺骗;所谓信用,就是任何一方当事人都必须善意地、全面地履行自己的义务。同其他商业行为相比,保险合同对诚信原则的要求较之其他合同更高,因而被称为最大诚信原则。

保险业为何需要最大诚信? 首先,保险经营中存在信息不对称性。对于保险人而言,他只能根据投保人的告知与陈述来决定是否承保、如何承保以及确定费率,于是要求投保人基于最大诚信原则履行告知义务;对于投保人而言,由于保险合同条款的专业性与复杂性,一般的投保人难以理解与掌握,对保险人使用的保险费率是否合理、承保条件及赔偿方式是否苛刻等也是难以了解的,因此,投保人主要根据保险人为其提供的条款说明来决定是否投保以及投保何险种。于是也要求保险人基于最大诚信,履行其应尽的此项义务。其次,保险合同具有附合性与射幸性,标的设计的风险具有不确定性,保险人承担的责任远远高于所收保费,倘若投保人不诚实、不守信,必将引发大量保险事故陡然增加保险赔款,使保险人不堪负担而无法永续经营,最终将严重损害广大投保人或被保险人的利益。因此,要求投保人基于最大诚信原则真诚履行其告知与保证义务[①]。

(二) 案例展示

下面请同学们看一则诉讼案例[②],主要内容如下:2016 年 3 月,某厂 45 岁的机关干部龚某因患胃病住院治疗,治疗过程中被检查出是胃癌,龚某亲属因害怕其情绪波动加重病情,未将其真实病情告诉本人,医生根据病人家属要求,也未向病人透露其病情性质。手术后出院,龚某正常参加工作,并未发现身体有什么异常。同年 8 月 24 日,龚某经其同事推荐办理了简身险,在填写保单时并未申报住院及患胃癌的情况(他的确不知情)。2017 年 5 月,龚某旧病复发医治无效死亡。龚某妻子作为指定受益人,要求保险公司赔付保险金。保险公司以龚某死亡病史上载明其曾患癌症并动手术为由抗辩,双方发生纠纷。龚某妻子提起诉讼。

(三) 课堂讨论与教师讲解

教师请学生们思考,龚某是否已经尽到了如实告知的义务? 保险人是否应该对龚某的死亡进行赔付?

学生们对此案的讨论非常热烈,教师对学生们的发言进行总结和补充。其

[①] 徐爱荣、李鹏:《保险学管理》,立信会计出版社 2017 年版。
[②] 曹菁:《此案究竟该不该赔》,上海保险,1999(5)。

主要内容概括为以下几个方面：一种观点认为，被保险人投保时虽然已经患严重疾病，但本人并不知道，而且对于一般人来说，身患癌症的病情，尤其是癌症初期的症状不易察觉。被保险人主观上并非出于故意或故失，不符合违反告知义务的主观条件。从法律角度而言，不能认定为违反告知义务。因此保险人应当承担责任。另一种观点认为，被保险人对于自己几个月前生重病住过院，动过手术的事实是不可能不知道的，他却在投保时没有加以说明，因此他犯有"未适当告知"的过错，保险公司不予赔付是应该的。

在本例中，教师认为第二种观点是比较合理的。龚某因对自己患胃癌确不知情，故未在投保时声明，仅从这个角度而言，不违反告知义务。但龚某对自己曾住院和动手术的事实未向保险人告知，也未对自己患病作感知性陈述，犯有未适当告知重要事实的过错，应当承担违反告知义务的不利后果。根据新保险法的规定，本案中保险公司是否赔偿，主要看发生保险事故的具体时间，如果发生保险事故时，保险合同已经生效2年了，那么保险公司应该给付保险赔偿金；若发生保险事故时，保险合同生效未满2年，那么保险公司解除保险合同，发生保险事故的不赔偿，并视故意和过失的动机不同，决定是否退还保费。

诚信包括"诚实"和"信用"两重含义。诚实，就是尽最大善意对投保内容进行告知、保证；信用，就是说话算数，严格按照合同办事。在上述龚某的案例中，存在着严重的信息不对称性。保险人在承保人寿保险的时候，存在多方面的风险性。保险代理人，无论工作做得多么细致，也不能把投保人的生活经历和身体状况搞得清清楚楚，况且投保人在复杂的社会环境中生活，很可能会遇到意想不到的突发事件。这就要求投保人尽最大诚意进行告知。同时，投保人对于保险人要求的保险费率、赔付方式等技术性问题也很难彻底明了，需要保险人尽最大诚意告知。可以说，在最大诚信原则下，保险人和投保人都有不可推卸的告知义务。如果没有最大诚意告知，任何保险人的经营都难以维持下去，最终也会损害到投保人的利益。

三、教学结果

这次课堂教学通过教师讲解，观看案例和课堂讨论，开展得生动活泼。

在知识层面上，本次教学明确了最大诚信原则的含义及其重要性，并通过龚某投保的案例，理论联系实际，使学生对最大诚信原则有了更为具体的认识，深化了对最大诚信原则的理解，完成了专业教学目标。

在思想层面上，本次教学深化了同学们对于诚信这个范畴的理解。诚信是社会主义核心价值观体系中对公民个人层面的价值要求,是我们个人的立身之本。它不仅是一个基本的伦理概念,更是个人践行社会主义核心价值观的重要抓手,必须渗透到我们学习、生活、工作的方方面面。培育诚信价值观可以使我们不断增强道德判断力和社会责任感,把握正确的人生方向,进而营造良好的社会风尚。同时,诚信也是企业的立身之本,是市场繁荣的基石。在市场经济社会,企业如果缺失诚信,谋取不当利益,必将被市场淘汰。只有严守道德底线,树立良好形象,维护企业信誉,才能在激烈的市场竞争中立于不败之地。

四、教学分析

本案例提出的问题是,龚某投保时没有向保险人告知自己曾经患病住院、动过手术算不算违背诚信原则?保险人拒绝对于投保代理人进行赔付是否为失信行为?这个案例应该给予我们什么启示?案例的实质是"诚"和"信"之间如何保持合理的张力问题,保险人认为投保人没有尽到最大善意告知的义务,投保人的妻子作为代理人认为保险人失信。这个案例给予我们的启示是,诚信是一种道德行为,是一种自觉的行动,靠外力强加是难以做到的。要做到最大诚信,只能是发自内心,自己愿意这么做。因此,道德修养是合同的基础,也是法的基础。法律再严格,合同再细致,总还是有漏洞,这些漏洞只有道德才能修补。案例通过龚某生病住院动手术却并不知自己患癌症,后来投保寿险成功这些细节来回答提出的问题。

最大诚信原则是对投保人和保险人的共同要求,是本案例的主题。反映这个主题的关键是,保险人与投保人代理者之间的意见分歧,各执一端。保险人认为龚某虽然不知自己患胃癌,但不可能不知道自己曾生病住院动手术,却没有向保险人如实告知,而这一点恰好是投保时保险人需要认真思考的,足以影响保险人是否愿意保险,影响保费和赔率的大问题。从这个角度看,投保人显然有过失,不算最大诚意。而被保险人的代理人却认为,投保人龚某不知道自己患胃癌,没有告知不算违背诚信,保险人在合同生效后拒绝赔付是违背诚信。其实,不管上述案例在法庭上如何裁判,投保人和保险人都是有过失的。投保人未告知自己生病住院动手术自然是过失,但保险人是否对此进行了询问却不得而知。假如双方都退一步,龚某妻子认识到投保人的过失,不再要求保险人按合同赔付;保险人认识到自己的过失,给予投保代理人适当解释并退回保费,则应该是最大诚信原则的最切近诠释。但是,在市场经济条件下,这样的结果恐怕难以达到。

本案例的重点，是投保人代理人和保险人对于最大诚信原则的不同理解。投保人代理人，即龚某的妻子认为，龚某不知道自己患胃癌，没有向保险人告知不算故意隐瞒，不违背诚信，而保险人不执行合同才是违背诚信。这实际上对于最大诚信原则理解有偏差。像寿险这样的标的，投保人的健康状况、生活条件、医疗条件等，直接关系投保人经营命运，如果遭到故意隐瞒和欺诈，保险人将面临沉重打击，甚至面临破产危险。这种情况龚某妻子恐怕没有考虑到，甚至是为一己之利将此抛到脑后。保险人举证了投保人未告知的过失，但是对于自己代理人是否工作做得细致，是否尽到了询问等义务，也未有给予正当的考虑，直接拒绝赔付。从保险人和投保人双方看，虽然有过失大小、程度不同的区别，但都没有完美达到最大诚信原则的目标。

本案例的难点在于如何厘清最大诚信原则概念的内部关系，如何把"最大""诚"和"信"有机统一起来。

本案例的创新点，是把保险专业教育、法治教育和思想政治教育（德育）有机结合起来，形成素质教育的合力。

本案例的推广点是案例具有内在歧义性，可以引起学生的兴趣和讨论，可以采取论辩和讲演讨论等多种形式进行。

五、教学反思

保险最大诚信原则具有广泛的社会背景，涉及市场经济运行、企业经营、法制和个人道德修养等方方面面。我国正处于社会转型期，诚信缺失问题成为行业发展的一大隐忧。在当前的经济环境下，大力推进保险业诚信建设、树立良好的行业形象，使保险业在市场经济条件下稳健发展，具有重要的现实意义。对未来保险从业者的教育，不仅局限于保险教科书中的条文，坐而论道，而且应该打开思路，让学生开阔视野、展开想象，通过诚信文化熏陶培育良好的职业道德，真正达到素质教育的效果。

为保险安全上把锁
——从泛鑫保险骗局看保险法律监管

徐爱荣

一、教学背景

"保险学"课程是 2017 年度学校"课程思政教学改革"试点课程。本次课讲授内容为第十三章"保险监管",主要围绕第一节"保险监管概述"中,保险监管手段中的法律手段展开,同时引导学生初步了解第二节"保险监管的主要内容"。本次课授课时间为 2017 年 12 月 14 日,授课地点为 5 号教学楼 122 教室,教学对象为 2016 级保险学 1 班学生。现代社会,保险业的正常运行与发展显得越来越重要,为了促进保险市场的健康发展,国家需要对保险业实施有效的监督和管理。各国对保险市场监管的手段有法律、经济、行政和计划四种手段。本次授课,教师引导学生关注法律手段的保险监管,并通过案例教学方式,将课程内容与思政理念相结合,使学生在掌握保险监管基本知识的基础上,树立法制观念,培养遵纪守法的保险专业人才。本次课采取讲授和课堂讨论相结合的方式进行。

二、教学过程

(一) 知识引导

我们先从知识层面了解一下保险监管的定义及其必要性。保险监管是指一个国家的金融主管机关或保险监管执行机关,依据现行法律对保险人和保险市场实行监督和管理,以确保保险人经营的安全和取得利益,维护被保险人的合法权益。

随着社会主义市场经济的不断发展,保险业的正常运行与发展对于社会经济的运行和人们生活的安定,起着越来越重要的作用。保险业具有广泛影响力和渗透性,任何一家保险企业都可能涉及投保人的终生生活保障。假如这家保险企业经营失败,众多的家庭和企业将受到影响,众多被保险人的晚年生活可能失去着落,并造成社会震荡。同时,保险业具有高度技术性,保险市场存在激烈的竞争,为了维持保险业的正常运行和发展,促进保险市场的健康发展,国家需要对保险业实施有效的监督和管理[①]。

一般来说,对保险市场监管有法律、经济、行政和计划四种手段。本次课重点讨论保险监管手段中的法律手段。

(二) 案例展示

下面请大家看一则案例——2013年夏发生在上海的"泛鑫保险骗局"[②],案例主要内容如下:2013年8月15日,媒体披露,上海最大保险中介机构——泛鑫保险代理有限公司(以下简称泛鑫)的高管陈怡携5亿元巨款外逃加拿大,该事件震惊了国内整个保险业。同日,上海保监局发布简要公告说:"在检查中发现上海泛鑫保险代理有限公司擅自销售自制的固定收益理财协议,上海市公安机关已立案侦查。"2013年8月19日,中国警方与斐济执法部门通力合作,在斐济成功抓获涉嫌经济犯罪人陈怡,并于当日晚将陈怡押解回国。2015年,陈怡因集资诈骗罪被司法部门判处死缓,并被没收全部财产。这个事件在国内引起了强烈震动。

泛鑫于2007年7月成立,自2010年起开始主营个人寿险代理业务,2011年新单保费1.5亿元,成为上海保险中介市场业务规模最大的公司;2012年新单保费超4.8亿元,同比增长超200%。泛鑫业务迅猛发展使业内人士感到震惊,同时也吸引了海康人寿、光大永明、昆仑健康险等保险公司与其合作。

然而调查表明,泛鑫的销售方式根本就是一场骗局。其通过承诺将保险公司给予佣金的一部分返还客户的手段,不断吸收新投保人,获取佣金,用于支付老投保人的到期利息,制造公司可持续盈利的假象,骗取更多人投保。如此循

---

① 徐爱荣、李鹏:《保险学管理》,立信会计出版社2017年版。
② 邢力:《泛鑫骗局》,理财周刊,2013(30)。

环操作,随着规模大幅增长,公司资金不足以支付承诺给客户的返佣,更是不足以长期缴纳后期保费,最终导致资金链断裂。

泛鑫事件影响巨大。由其代理人或银行员工在江浙沪等地向4 433人推荐其虚假理财产品共计13亿元,并利用手续费返还方式套取现金10亿元,至案发造成3 000多名被害人实际损失约8亿元。后来,消费人基本上得到赔付,但由此引发的群体退保和资金窟窿,对多家保险公司产生不小的震动。

(三) 课堂讨论和教师讲解

学生们从保险法律监管角度谈泛鑫事件的经验教训。

学生们发言踊跃,内容主要包括以下几个方面:

第一,在市场经济条件下,保险业的法律监管非常重要。在利益最大化的诱导下,像泛鑫这样的企业违法经营,不仅扰乱了金融和保险市场,而且对消费者造成巨大财产损失。幸亏保监会及早发现,公安部门办案高效,才避免了更加严重的后果。

第二,保险业法律监管的力度还不够,还存在漏洞。比如,保监部门对保险中介的监管力度不够,在工商局注册资金300万元的一个公司,能够吸引几个亿的保单,这本身就令人生疑,保监会竟然没有太多重视。

第三,保险专业的学生一定要树立法治意识。"君子爱财,取之有道""不义而富且贵,于我如浮云"。不懂法,不遵法,可能会像泛鑫陈怡那样,一失足成千古恨,同时要有勇气同违法行为作斗争。

总的来看,法律监管的内容概括起来就是四个"W",即什么是法律监管,为什么要进行法律监管,由谁来进行监管,监管什么。国家、行业和企业依照法律(保险法等)对保险公司、保险中介公司的经营行为进行监督和管理就是法律监管。法律监管在国家层面上,是稳定金融市场,保持社会稳定的重要手段;在企业层面上保护保险人的利益,保障企业在激烈竞争中生存和发展;在个人层面上保障投保人的利益,保障保险从业者诚实劳动的成果。法律监管的主体,从外部来说,有国家和社会媒体、社会舆论,从内部来说,主要是行业和企业自律,目前各级的保监会在法律监管中扮演重要角色。法律监管的内容非常宽泛,概括起来就是组织监管、业务监管、财务监管、中介组织监管。就本案例涉及的内容来看,对保险中介组织的监管具有针对性。对保险中介组织的监管,主要是资格监管和业务监管,资格监管是看企业有无经营许可证,从业人员是否合格,业务监管是要看中介机构是否从事了保险业以外的其他经营。从泛鑫事件的性质来看,一方面,当事人作为保险中介组织从事了非保险业的经营;另一方面,当事人非法集资,构成集资诈骗罪。

我们需要注意的是,中共十八届四中全会明确提出了"建设社会主义法治国家"的奋斗目标。社会主义法治国家的前提条件是人人具有法的精神,在思想上把法律作为一切言行至高无上的准则,遵纪守法是宪法赋予公民的义务。我们将来作为保险从业者,一定要知法、懂法、守法,这是我们事业发展、人生幸福的前提条件。同学们说的好,企业经营要守法,投身商海要懂法,维护权益要依法。

从素质培养角度看,"四有新人"就包含着守法的内容。"有理想、有道德、有文化、有纪律",纪律是法律的集中概括,不懂法不守法的人肯定不会有纪律。道德和法律也是密切相关的,法律是道德底线,道德是法律的升华。即使在一个法纪荒废的社会里,有道德的人也不会胡作非为。人们在反思泛鑫事件时总说陈怡等人为了追逐个人享受,丝毫没有考虑消费者的利益,毫无职业道德。其实,他们连法律都敢践踏,还谈得上什么道德呢!

在社会主义核心价值观体系中,包括法治的内容。法治虽然针对社会层面而言,但也渗透在国家层面和个人层面。法治不仅保障一个社会的自由、平等和公正,也是国家文明与和谐的象征。对我们个人来说,遵纪守法是爱国敬业的标志,也是诚信、友善的必要条件。

三、教学结果

这次课堂教学通过教师讲解、观看案例和课堂讨论,开展得生动活泼。

在知识层面上,本次教学明确了保险业法律监管的重要性,也引导学生初步思考了法律监管的内容,通过泛鑫案例,使学生理论联系实际,对法律监管有了更为具体的认识,深化了对法律监管的理解,完成了专业教学目标。

从思想政治觉悟看,本次教学彰显了法治意识、引导学生自觉践行社会主义核心价值观。一方面,使同学们认识到,法治意识贯穿于我们求知、立业和修身的方方面面,像粮食和空气一样须臾不可缺少,它不仅是建设社会主义法治国家的必然要求,同时也是保险业平稳健康发展的必要条件,作为保险从业人员,必须增强依法从业意识,使遵纪守法成为自觉行动;另一方面,遵纪守法也是我们爱国敬业的标志和诚信友善的前提,是我们自觉践行社会主义核心价值观的体现。这些可以说是比专业课更深层次的收获。

四、教学分析

本案例提出的问题是,发生在 2013 年的"泛鑫保险骗局"其实质是什么?这个事件给我们留下什么教训?这个事件对于我们个人有什么反面的启示?上述事件的实质是集资诈骗罪,其给我们留下的教训,是保险业法律监管丝毫不能放松,对个人的反面启示是要牢固树立法律意识。案例通过泛鑫让消费者签署两份合同,泛鑫非法集资的后果以及犯罪当事人受到法律严惩等细节来回答提出的问题。

保险业的法律监管必不可少,企业和个人都要加强法治意识是本案例的主题。反映这个主题的关键是,在市场经济背景下,由于利益最大化的诱导,像泛鑫这样的企业、像陈怡等人,无视法律红线,扰乱金融市场,破坏了经济稳定。正如案例所述,保监部门对保险中介有失察之嫌,一个在工商局注册资金 300 万元的保险中介公司能驱动几亿的资金竟然没有深究;保监部门曾发现泛鑫让员工代替消费者签署保单,竟然给予其几万元罚款草草了事。与泛鑫有业务往来的数家保险公司,为了增加保单,对中介公司也基本上采取放任自流的做法。这一系列的漏洞,归根结底是风险意识和法律意识的淡薄,最终酿成了这起集资诈骗案。为了从源头上解决问题,对保险专业大学生进行法治教育,是专业课与思政课的共同任务。

本案例的重点是犯罪当事人经营行为的非法性。集资诈骗罪首先表明,陈怡等人推出的所谓"理财产品"是一种非法行为。因为在国内,任何企业筹集资金的金融活动,必须经中国人民银行批准,否则就是非法的。这是国家经济管理的重要措施,如果放任这类管制就会产生金融市场混乱和经济震荡。另外,我国的有关保险法规规定,保险中介人在开展保险业务时,不得利用行政权力、行业优势地位或者职业便利以及其他不正当手段,强迫、引诱或者限制投保人订立保险(公估)合同。而陈怡等人恰恰在这方面逾越红线。本案例难点在于如何把泛鑫那种"拆东墙补西墙"式的手法及其危害解释清楚。

本案例的突出创新点,是把求知、立业和修身三个方面的教育密切结合起来。学到了保险监管的基本知识,明确了从事保险业的自由空间和红线,在思想灵魂深处树立了法律意识。

本案例的推广点,是发挥学生的主动性,在教师引导下畅所欲言,谈出自己真切感受和深刻体会。

五、教学反思

　　保险业的监管,尤其是法律监管是一个综合性的课题,本次课既是保险专业课,同时又是法律教育课和思政课。教师在专业课授课过程中将专业知识教育与法治意识培养紧密结合,引导学生在实践中树立法治理念,进而融会贯通,将践行社会主义核心价值观内化为自觉行动,真正让学生入耳入脑。本次课的设计需要相当精细的构思。学生学习这节课,要有保险法规等方面的知识储备,同时还需要思政课中的"思想品德和法律基础"课程相互配套。对于教师而言,也需要和相关专业的教师沟通、学习,掌握各方面知识,不断尝试改革教学思路创新教学方法,进一步提升教学水平。

从"利比亚事件"看政治风险和海外投资保险

徐爱荣

一、教学背景

"保险学"课程是 2017 年度"课程思政教学改革"试点课程。本次课授课内容为第九章"政策保险与社会保险"中的"政策保险"一节,内容主要涉及政策保险业务中的海外投资保险。本次课授课时间为 2017 年 11 月 30 日,授课地点为 5 号教学楼 122 教室,授课对象为 2016 级保险学 1 班学生。近年来,随着中国经济进一步融入世界,如何培养当代大学生具备全球眼光、风险意识、底线意识等辩证唯物主义思维方式已经成为思想政治教育日益重要的一个问题。本次授课,教师引导学生关注经济全球化形势下,日益增长的海外投资保险需求,并通过案例教学方式,将课程内容与思政理念相结合,在传授专业知识的同时,培养大学生的爱国主义精神和爱岗敬业观念。本次课采用教师讲授、学生观看视频和课堂讨论相结合的方式进行。

二、教学过程

(一)知识引导

教师引导学生先从知识层面来了解一下海外投资保险及其重要性。海外投资保险是以海外投资者在海外投资活动中可能遇到的投资风险为承保责任的一种政策保险。我们知道,政策保险是介于商业保险和社会保险之间的一类特殊保险业务,它遵循商业保险的一般原理和操作流程,又体现国家的优惠扶持政策。海外投资是一项风险投资事业,它通常要面对资本输入国特定的政治、社会环境和不发达的经济环境,从而需要有相应的风险保障。然而,一般的商业保险公司又不具备分散这种风险的能力,这就需要由国家出面,以政策保险的形式对海外投资活动提供风险保障服务。

随着我国企业海外投资项目和金额持续增加,中国企业开始走向世界。为了降低海外投资风险,2001年年底中国出口信用保险公司(以下简称中国信保)成立后,我国很快开办了这一项政策性保险业务。

保险业不仅是市场经济的组成部分,而且也是国家金融体系的支柱之一,它以金融方式降低投保人受到风险危害的程度,为投保人守住生存和发展的底线。我国企业在新形势、新环境下比任何时候都迫切需要海外投资保险制度的保驾护航。

(二) 案例展示

学生们请看一段2011年"利比亚事件"的视频,主要内容如下:2011年,位于非洲北部利比亚发生大规模群众抗议活动,政府的镇压引起骚乱,社会动荡。法国、英国、美国等西方国家动用军事干预,炮火连天。当地民众和外侨的生命安全受到严重威胁,财产受到严重破坏。中国政府紧急启动撤侨行动,在短短1个月内成功撤离中国驻利比亚人员35 860人,还帮助12个国家撤出了2 100名外籍人员[①]。撤侨行动迎得了民心和国际声誉,但是中国在利比亚的企业却受到了严重的损失,合同搁浅、项目停止、驻地遭袭、基础设施被破坏。

据有关部门统计,利比亚动乱前,在该国投资的中资企业有75家,主要集中在基础设施建设、市政工程、通讯以及石油开采等领域,投资项目约50个,涉及金额188亿美元[②]。然而这些企业中,只有为数不多的几家投保。在动乱中,中资企业受损200亿美元,保险赔付不足4亿美元[③]。巨额的经济损失使企业发展严重受挫,发人深思,也引发了国内外媒体的热议。有的媒体说,"中国在利比亚的投资就是一个冤大头",有的媒体说,"企业投资利比亚缺乏风险意识",还有的媒体抱怨中央对企业对外投资监管不力,莫衷一是。

(三) 课堂讨论与教师讲解

学生们请思考这样两个问题:第一,中企在"利比亚事件"中遭受损失的原

[①] 梅世雄、杨祖荣:《第一次动用军事力量撤侨:2011年利比亚大撤侨》,新华网,2017.8.15。
[②] 王金岩:《中国在利比亚有多少投资》,环球财经,2011(5):69-70。
[③] 北京商报:《中国企业在利受损200亿美元,保险赔付不足四亿》,和讯网,2011.8.24。

因到底是什么？第二，通过"利比亚事件"的经验教训，你认为企业如何运用保险手段降低对外投资风险？

学生们踊跃发言，教师对发言进行总结和补充。其主要内容概括为以下几个方面：

第一，中企在利比亚遭受损失的很大原因，是由于近年来我国海外投资规模迅速扩大，但购买海外投资保险的企业比例不高。那么为什么在利比亚的中企大部分没有购买海外投资保险呢？从企业来看，一些企业，主要是民营企业缺乏政治风险意识或者抱着侥幸心理，不去购买海外投资保险产品。从国家保险市场现状看，中国信保是我国目前唯一专门承办政策性出口信用保险业务的金融机构，在应对国际金融危机与"利比亚事件"中，在帮助企业分散风险方面应该扮演重要角色，但是还显得力度不够。利比亚危机之前，葛洲坝集团等4家中企对其利比亚项目向中国信保投保，危机爆发后，中国信保启动专项"理赔绿色通道"，以最快的速度向投保的4家中国企业支付了总额4亿元人民币的赔偿，而在利比亚投资未投保的多数中国企业则暂时难以得到赔付。从国际范围看，国外一些商业保险公司提供海外投资保险产品，但是他们在国内没有准入挂牌，企业也难以购买这类产品。

第二，从保险的角度来看，企业购买海外投资保险，目前是保障对外投资安全的主要通道。那么，应该由谁来承保海外投资保险呢？世界上许多国家都提供海外投资保险服务，内容和形式多种多样。从国际上看，海外投资保险的承保主体可以商业保险公司（如 Lloyds，AIG 等），也可以是官方机构或多边金融机构（如世界银行旗下 MIGA 等）。很多国家都向本国投资者或具有本国利益的投资项目提供海外投资保险服务。不同国家提供的海外投资风险保险服务的内容各不相同，形式也多种多样。在国内，2001年底成立的中国信保是目前唯一的海外投资保险机构[①]。

值得注意的是，对于企业而言，提高政治风险意识，增强识别与有效应对风险的能力，是其"走出去"后生存和发展的底线，然而提高风险意识不仅是企业的事情，而且和每个公民息息相关。随着中国"一带一路"倡议的实施和国际化进一步发展，将来各位同学出国学习、办理公务、考察、旅游的机会增多，清醒的政治风险意识，应该成为保障自身安全的常态思维。同时我们也应该看到，改革开放以来，我国保险业快速发展，服务领域不断拓宽，为促进经济社会发展做出了重要贡献。建成全面小康社会，实现中华民族伟大复兴

---

① 李瑞民、邱阳、郭伟：《境外石油天然气项目的政治风险管理》，国际石油经济，2007.8。

的"中国梦",前提是家家平安、社会稳定。从经济领域看,保险业就是社会稳定的重要抓手。我们作为保险专业人才,应更加爱岗敬业,为使保险业发展成果惠及更广大人民群众贡献自己的力量。从全面深化改革的角度看,现有的海外投资保障制度已经跟不上中国企业"走出去"的步伐,保险市场需要进一步培育,我国海外投资保险制度亟待改革与完善,同时,保险业监管的力度也需进一步加强。

三、教学结果

这次课堂教学通过教师讲解,观看多媒体资料和课堂讨论,开展得生动活泼。

在知识层面上,"保险学"的第九章第一节,讲的就是政策保险。学生们在把握基本概念的基础上,着重了解了"海外投资保险"相关内容,这个内容的理解,又反过来使大家丰富了风险概念的认识,深化了对保险重要性的认识。

在思想道德素质培养层面,同学们的收获也是多方面的:

首先,树立了风险意识和底线意识。学生们明白了,在全球化和市场经济条件下,人人都会遇到各种各样的风险,风险客观存在,不可避免,为了安全,就要保险,保险是安全的底线。对于企业来说,不仅要"走出去"参与国际竞争,还要保证安全,必须增强政治风险意识,投保海外投资保险,这是企业生存发展的底线。

其次,初步树立了爱国敬业的理念。学生们普遍认为,无论从现实生活层面思考,还是从"利比亚事件"反思,保险业都是国家金融体系的重要组成部分,在很大程度上关联着国家安全、社会稳定和百姓家庭幸福。过去上海人把保险业从业人员叫作"跑街先生",这种观念必须转变了。俗话说"学一行,爱一行,干一行",对于我们保险专业的大学生来说,一定要稳定专业思想,将来为国家和社会做出贡献,这本身就是爱国的表现。

再次,深化了改革创新的理念。90后大学生生活在一个全面深化改革的年代,我们所在的保险业也面临着改革,也在不断深化改革。"利比亚事件"中中资公司的损失原因很多,其中同国家保险市场不健全,保险运行体制存在某些弊端也有关系。因此加强保险业改革势在必行。

最后,进一步理解了社会主义市场经济的理念。我们国家的经济体制是社会主义市场经济,市场经济遵循利益最大化原则,国内资本向国外流动是必然趋势。但是国家本着向社会负责、向企业负责的原则,维护国家经济稳定,在政策法规上,包括运用金融保险手段对企业对外投资实行适度的监管,这正是社会主义原则的体现。

四、教学分析

本案例提出的问题是:在全球化和深化对外开放的背景下政治风险对企业有什么影响?如何通过保险手段规避政治风险?案例通过发生在2011年的"利比亚事件",中资企业遭受损失得不到分散承担这个典型事例,通过风险意识的强弱对比,通过是否投海外投资保险两种后果的对比,来回答提出的问题。

企业在对外投资中要增强风险意识,投保海外投资保险是本案例的主题。反映这个主题的关键是,中国早在2001年就成立了中国信保,这是我国唯一一家承保政治风险保险的政策性咨询公司,这是国家倡导和组建的金融机构,说明国家层面上对国内企业资本输出政治风险的清醒认识。案例通过"利比亚事件"中中资企业遭受200亿美元损失,和不足4亿美元的保险赔付,通过北京建工国际建设工程有限责任公司比较快捷拿到赔付这些细节来说明主题。

本案例的重点在于弄清楚什么是政治风险,什么是海外投资保险。政治风险是指资本输入国政府和其他政治组织的行为或者恐怖主义行为造成外国投资者损失的可能性[1];海外投资保险制度指资本输出国政府对本国海外投资者在国外可能遇到的政治风险,提供保证或保险,投资者向本国投资保险机构申请保险后,若承保的政治风险发生,致投资者遭受损失,则由国内保险机构补偿其损失的制度[2]。

本案例实施推行的难点在于,主讲教师必须具有比较全面的知识储备,不仅要有保险专业的理论视野,还必须具备国际政治、政治经济学和市场经济的相关知识,而学生必须具有一定的保险学、政治经济学常识才能对本案例具有较深理解。

本案例最突出的创新点是把专业基础知识教育,同职业道德教育和思想政治教育有机融合。在明确了风险、保险、保险的种类、政治风险、海外投资保险等保险专业术语的基础上,使学生强化了爱国敬业操守,初步养成了风险意识、底线意识,树立了改革创新理念,从保险业角度深化了对社会主义市场经济概念的理解。本案例的另一个创新点是教师和学生双重角色转变。教师不仅是

---

[1] 沈新荣:《谈谈政治风险保险》,上海金融高等专科学校学报,2002(3)。
[2] 陈永钊:《国际投资中政治风险的防范》,政治与经济,2008.8。

知识传授者,而且是思想启蒙者,是育人导师,是素质教育的推行者,教学方法循循善诱,思想引导诲人不倦。学生也不再是被动的受教育者,而是求职立德的主动实践者。

本案例推广的关键点,是创设一个环境,让学生亲身体验全球化背景下国际竞争的风险性,让学生在思想认知上成为一个保险市场的参与者。

五、教学反思

在专业课中贯穿思想政治教育,是大学教育的创新模式。但是限于课时,思想政治教育的内容不能过于展开,也不能在各个章节面面俱到,只能根据具体教学内容有重点地进行。专业教学和思政教学保持必要张力,时间分配合理,内容高度契合,应该是我们追求的目标。另外,海外投资保险是一个较新的课题,一些理论问题存在争论,如海外投资保险的属性问题,中资企业如何购买国外商业银行的海外投资保险等,只能伴随着以后的理论研究和实践发展来进一步阐释。

JavaEE 体系结构与科技强国

赵厚宝

一、教学背景

"JavaEE 设计与开发技术"课程是 2018 年度学校"课程思政教学改革"试点课程。本次课授课内容为第四章"JavaEE 体系结构",授课对象为 2016 级电子商务 1 班学生,授课时间为 2018 年 10 月 12 日,授课地点为实验中心 512 教室。本次课授课重点是学习"JavaEE 体系结构",同时融入"科技强国"的理念。JavaEE 更满足互联网在智能化 Web 服务方面对开放性、分布性和平台无关性的要求,深入学习能激励大学生们投身创造实践,抓住时代机遇,求是创新,为实现科技强国梦贡献力量。本次课采取项目导向教学法进行授课,在教学过程中不断地根据"项目"的需求来学习,使学生被动地接受知识为主动地寻求知识。

二、教学过程

1. 创设情境、导入新课

教师引入阿里巴巴,淘宝技术框架,延伸本章的内容。

教师介绍课程内容:JavaEE 是 sum 公司发布的标准企业级应用规范集合,它提供了一个多层结构的分布式应用程序模型,是开发基于网络的企业级应用首选平台。JavaEE 技术平台的核心思想是"容器"加组件。

现今的 JavaEE 体系结构主要体现为基于 MVC 的轻量级框架:主流

JavaEE 框架;表现层框架:SpringMVC 框架,Struts2 框架、JSF 框架、Tapestry 框架、WebWork 框架;业务逻辑层框架:Spring 框架;持久层框架:Hibernate 框架、MyBatis。

2. 开发环境搭建

学生动手搭建一个如下 JavaWeb 框架:

(1) JDK。

(2) MyEclipse。

(3) Tomcat。

(4) Mysql。

3. 教师指导

教师指导学生搭建框架。

4. 鼓励学生,面对困难,着力解决搭建过程中出现的错误

教师适时引入中兴芯片事件。

5. 重回讲台,演示 web 项目的搭建,同时指正学生搭建过程中出现的错误

教师再次讨论中兴芯片事件。

三、教学结果

教师利用学生感兴趣的话题激起兴趣,使学生整堂课都能保持积极的心态去探索新知,培养爱国主义情感。学生是学习的主体,这节课的内容很容易激发起学生学习知识的积极性。因为学生很少接触到开源框架的搭建,他们很想知道这是如何实现的,所以在这里要发挥学生的主体作用,让他们通过实践学习这部分知识,突破重点难点。计算机工程设计的学习,更强调的是学生的动手能力,秉承的原则是不管"三七二十一",先做起来,这也是有别于其他经济管理、金融等理论性课程。在教学的各个环节如何培养和提高学生的动手能力是人才培养的重要内容。

学生目前可能会搭建 web 一个应用,但是对于框架的搭建机制,进一步强调学生的逻辑推理能力,不仅要重视理论学习,更要重视实践环节的锻炼。创新性人才不是老师教出来的,而是学生在实践中做出来的。如果学生遇到实践问题都不会自己动手探索,谈何创新?

四、教学分析

(一) 专业课教学中的德育目标设计

1. 课程特点

JavaEE 是一种利用 Java 平台来简化企业解决方案的开发、部署和管理相关的复杂问题的体系结构。上课采用课堂授课结合实验验证,对于学生加深对各种框架架构思想、工作流的理解很有帮助。本课程的德育目标应该包括:培养学生团队合作能力和集体主义精神;培养学生自主学习,资料查询整理及凝练问题的能力;培养学生的安全意识,增强社会责任感;培养学生热爱科学、不断探索的精神。

2. 专业课程的德育内涵

对很多专业课的授课教师来说,往往会认为自己的主要职责是将专业课程的知识传授给学生,甚至会错误地认为在专业课课堂上进行思政教育是不务正业的做法。事实上,作为高校教师,要做的并不仅仅是传授知识,更重要的是培养学生的素养和能力。

3. 专业课程育德发展目标的定位

专业课程是高校思想政治教育改革中的隐性课程,其根本是坚持立德树人,要想"润物无声"地把培育和践行社会主义核心价值观融入教书育人全过程,就必须在确立专业课程的育德发展目标前,对大学生的相关思想状况进行认真的调查和分析。主要的途径是通过平时一些案例的引入引起学生的思考。

(二) 思想政治教育在专业教学中的融入路径

非思政课要达到育人的功能,不能生硬地把专业课或者通识课讲成了思政课,学生对这样的课程往往具有逆反心理。这种作用主要是借鉴隐性教育的理念和原则,在不经意中达到了教育的功能。现有教材上的大部分案例多存在着更新较慢、内容陈旧的问题,以此举例引导学生,会使其产生距离感和枯燥感,失去了案例教学的价值和本意。因此,教师应重视案例库和视频资料库的更新工作,以学生关注的、新鲜的案例激活课堂,借此增强课程思政教学的现实性和针对性。教师应借助案例教学实现对学生社会责任担当的再教育。教师应以贴近社会、贴近生活、贴近学生为原则,悉心分析社会热点问题对学生思想和行为所产生的影响,将学生普遍关注的典型、热点公共危机案例充实到教学案例库中。

"中兴芯片事件"充分说明了国家和民族的未来系于科学技术。"落后就要挨打"的落后本质是什么落后？不是经济的落后，不是 GDP 的落后，本质是科学技术的落后。"落后就要挨打"的实质是"科学技术落后就要挨打"！教师借此案例教育学生发奋图强、不断创新，增强国家技术自主研发的能力和水平，这也充分印证习近平总书记讲的"关键核心技术是要不来、买不来、讨不来的"，青年学生要励志。

（三）创新教育方法和载体，将思想政治教育贯穿于专业教育教学全过程

无论是专业素养教育还是思想政治教育都必须紧扣时代脉搏，突出教育主题和内容，创新教育方法和载体，传递核心价值。在"JavaEE 设计与开发技术"专业课教学设计过程中，为了突出综合性和实务性，实现全程育人、全方位育人，教师一方面将国际国内的重大时事纳入教学内容；另一方面则努力将教学过程与学生广泛使用的微信、微博等网络新兴媒介有效结合在一起，不仅在时间上实现了从课堂向课前和课后的延伸，还在空间上实现了从课堂学习向校外实践平台的延伸。

高校思政教育不仅仅是思政课教师以及辅导员的职责，也是每一位专业课任课教师的职责。尤其对计算机科学与技术专业的学生，思政教育尤为必要和迫切。为达成课程思政的预期效果，教师首先要使专业课授课教师树立课堂思政的理念，进而从专业顶层设计出发，在梳理职业素养的基础上，拟定培养方案中的毕业要求，并落实到专业课程的教学目标中，从而促使教师自发地挖掘教学内容，寻找思政教育与专业课程的结合点；其次要积累思政素材，设计开展思政教育的教学环节，实施多样化、嵌入式的思想政治教育。高校的专业课与思政课一样同为育人主阵地，每位教师只要都能很好地利用课堂这个阵地长期不懈地加强对学生的思政教育，潜移默化，若干年后必定会显现出成效，爱党爱国爱人民的情怀肯定会深深扎根在每位学子心中，这也是利国利民的一件好事。

五、教学反思

本课程因为难度大，知识点多，对这些 90 后的学生是具有非常大的挑战难度：一是，课程在理解上还是有一定的难度，而有的教师讲课的速度稍微快了点，知识点难以理解，学生自己看课本又比教师讲的少了一些知识点，所以很多

同学跟不上教师的进度就选择了放弃。二是，教师教学的内容也应该更偏向于动手，思考性的内容，而不是照本宣科，只顾课本内容。教师按照事先做好的ppt给大家讲课本上的内容，这样的教学，学生也慢慢地没有了兴趣，产生了听教师讲课还不如自己看书的思想。所以教师必须也要动手演绎。三是，教师与学生交流比较少，教师应该在课间时间与学生多交流，询问其关于课业的问题。四是，应该让有些工程项目内容更具体，更实在。目前学校的有些工程课程实际的内容名不副实，过程也过于简单，结果根本没有达到研发该有的效果。因此，教师让学生动手比有些ppt讲解课程更重要，因为亲身经历印象会更深刻，学到的东西会更多。只有明白现在大学生上嵌入式思政课的现状，才能为未来教师找到好的方法去培养对社会有用的人才。因此，专业课程嵌入思政元素多进行工程实践。改革开放的总工程师邓小平曾经说过：实践是检验整理的唯一标准。这是因为：一是，真理来源实践。我们学习的内容，来自于实践或传递，但最终来源于实践，实践和传递是源和流的关系。二是，学习的内容要靠实践来筛选。我们学的科学，那些用处大那些用处小，哪些研究没意义，哪些人适合干什么，只有实践了才知道。三是，实践是检验真理的唯一标准。真理是不是真理，用讨论分析乃至实验来判断都是不完美的，只有用实践来检验才是硬道理。四是，真理最终要用于实践。探索出真理如果不用于实践，就如种了粮食不收获一样，没用。

  由此可见，我们学习的内容，全来源于实践，又将用于实践。社会实践中能领悟一些书本中所学习不到的生活真谛，如坚忍、耐心、诚信、吃苦耐劳、勇于动手、敢于动手以及动脑筋从多角度攻克难题等。而这些在实践锻炼中获得的品质对于我们在今后的生活和工作中只会带来好处，更会让我们对专业课思政教育产生强烈的爱好。

  社会实践是引导我们走出校门、步入社会、并投身社会的良好形式，我们要抓住培养锻炼才干的好机会，提升我们的修身，树立服务社会的思想与意识。"课程思政"教育使学生对人生观、价值观、社会观产生深度的思索，进而达到专业课思政教育的最终目的。

SSH 框架与工匠精神

赵厚宝

一、教学背景

"Java EE 设计与开发技术"课程是 2018 年度学校"课程思政教学改革"试点课程。本次课授课内容为第九章"Spring,Struts2,Hibernate 框架搭建",授课对象为 2016 级电子商务 1 班学生,授课时间为 2018 年 11 月 09 日,授课地点为实验中心 512 教室。Java 平台分为 Java SE,Java EE(企业级应用标准开发平台),JavaME 三个版本,如今 Java EE 不仅是指一种软件技术,更多的是表达一种软件架构和设计思想,是一系列技术标准所组成的开发平台。企业级应用的开发过程,软件的可维护性和可复用性是降低开发成本所必须要考虑的两个重要指标,而如 SSH 的 Java EE 分层框架正好满足这种要求。本次课授课重点是学习"SSH 框架的搭建",同时嵌入"工匠精神"的理念"工匠精神"不仅包含对精心打造软件产品的追求和理念,也体现了不断吸收前沿技术、创造新成果的改革创新精神。本次课采取以项目为主线、教师为引导、学生为主体的教学方式进行授课。

二、教学过程

1. 创设情境、导入新课

引入小米公司框架,延伸本章的内容。

SSH 是 Struts+Spring+Hibernate 的一个集成框架,是目前比较流行的一种 Web 应用程序开源框架。其区别于 Secure Shell。集成 SSH 框架的系统从职责上分为四层：表示层、业务逻辑层、数据持久层和域模块层，以帮助开发人员在短期内搭建结构清晰、可复用性好、维护方便的 Web 应用程序。其中使用 Struts 作为系统的整体基础架构，负责 MVC 的分离，在 Struts 框架的模型部分，控制业务跳转，利用 Hibernate 框架对持久层提供支持，Spring 做管理，管理 Struts 和 Hibernate。其具体做法是：用面向对象的分析方法根据需求提出一些模型，将这些模型实现为基本的 Java 对象，然后编写基本的 DAO(Data Access Objects)接口，并给出 Hibernate 的 DAO 实现，采用 Hibernate 架构实现的 DAO 类来实现 Java 类与数据库之间的转换和访问，最后由 Spring 做管理，管理 Struts 和 Hibernate。业务逻辑层框架：Spring 框架。

2. 开发环境搭建

教师动手搭建一个 SSH 框架并且完成一个登录界面的认证：

(1) Struts。

(2) Spring。

(3) Hibernate。

(4) Mysql。

3. 下讲台，指导学生搭建框架

4. 鼓励学生，面对困难，着力解决搭建过程中出现的错误

教师适时引入《大国工匠》。《大国工匠》讲述了 8 个工匠"8 双劳动的手"所缔造的神话。《大国工匠》节目播出之后，工匠的故事很快引起社会热议，截至 2018 年 5 月 7 日，相关话题的微博阅读量超过 3 560 万次。人们发现，包括胡双钱在内的工匠们，之所以走入镜头，并非他们有多么高的学历、收入，而是他们能够数十年如一日地追求着职业技能的极致化，靠着传承和钻研，凭着专注和坚守，缔造了一个又一个的"中国制造"。

5. 重回讲台，演示 SSH 项目的搭建

教师指正学生搭建过程中出现的错误，鼓励学生发扬工匠精神。

三、教学结果

任务驱动的教学方法：所谓任务驱动就是在学习信息技术的过程中，学生在教师的帮助下，紧紧围绕一个共同的任务活动中心，在强烈的问题动机的驱动下，通过对学习资源的积极主动应用，进行自主探索和互动协作的学习，并在完成既定任务的同时，引导学生产生一种学习实践活动。任务驱动是一种建立在建构主义教学理论基础上的教学法。它要求任务的目标性和教学情境的创

建,使学生带着真实的任务在探索中学习。在这个过程中,学生还会不断地获得成就感,可以更大地激发他们的求知欲望,逐步形成一个感知心智活动的良性循环,从而培养出独立探索、勇于开拓进取的自学能力。

从学生的角度说,任务驱动是一种有效的学习方法。它从浅显的实例入手,带动理论的学习和应用软件的操作,大大提高了学生学习的效率和兴趣,培养学生独立探索、勇于开拓进取的自学能力。一个任务完成了,学生就会获得满足感、成就感,从而激发了他们的求知欲望,逐步形成一个感知心智活动的良性循环。伴随着一个接着一个的成就感,减少学生们以往由于片面追求研发技术课程的"系统性"而导致的"只见树木,不见森林"的教学法带来的茫然。

从教师的角度说,任务驱动是建构主义教学理论基础上的教学方法,将以往以传授知识为主的传统教学理念,转变为以解决问题、完成任务为主的多维互动式的教学理念;将再现式教学转变为探究式学习,使学生处于积极的学习状态,每一位学生都能根据自己对当前任务的理解,运用共有的知识和自己特有的经验提出方案、解决问题,为每一位学生的思考、探索、发现和创新提供了开放的空间,使课堂教学过程充满了民主、充满了个性、充满了人性,课堂氛围真正活跃起来。

学生通过 SSH 框架的搭建,巩固所学知识,培养以现有的思维模式提出有别于常规或常人思路的见解为导向,利用现有的知识和物质,在特定的环境中,本着理想化需要或为满足社会需求,而改进或创造新的事物。

四、教学分析

教学的过程中主讲人引入工匠精神的问题:

2016 年李克强总理的《政府工作报告》中,在说到"提升消费品品质"时,强调要"培育精益求精的工匠精神"。这是工匠精神这一概念第一次出现在治国安邦的文件之中,显示"培育工匠精神"的诉求,上升为国家意志和全民共识。什么是工匠精神?工匠是有工艺专长的匠人,精神是指人的意识、思维等,工匠精神即工匠对自己的产品精雕细琢,精益求精的精神理念。仔细领悟,工匠精神的认识论特征非常鲜明。工匠要做工、出活,即通过改造客观世界来体现自身的价值;工匠在一定的精神指导下工作,在改造客观世界中获取新的认识,如此从认识到实践、从实践到认识,循环往复,以致无穷,不仅在制造上不断精进,而且在认识上不断升华,以致达于物我两忘、天人合一的至高境界。

JavaEE 本身作为一名设计类课程,难度高,扩展性强,是最适合培养学生工匠精神的专业课,能充分发挥高校思政教育在工匠精神培育中的重要作用。

五、教学反思

　　思政课的很多内容与工匠精神的具体内涵相互交融、同向并轨,因此可以通过思政课的教学来培育学生的工匠精神。首先,高校思政课应将工匠精神作为一个重要的授课内容和切入点,改进与创新教学方式来培养学生工匠精神。工匠精神是在实践中酝酿、产生、升华、固化的,其培养也应该在实践和体验中不断内化。因此,思政课在培养学生工匠精神时,更要注重利用课堂互动、小组讨论、情景模拟、角色扮演、实地参观、访谈交流、辩论讨论等方式让学生产生更为直观的感受和深刻印象。其次,要注重整合校内外资源。在校内,教务处要与宣传部、团委、学生处、校友会等部门合作,将工匠精神的培养融入这些部门的品牌活动中。这样,既可以拓展培养学生工匠精神的实践载体,也有利于提升活动的品质。在校外,可以邀请优秀企业高管、劳模、非物质文化遗产继承人、工匠精神研究专家、职场达人等走进校园、走进课堂,把鲜活的工匠精神、职业素养带入课堂教学。建议加强全校教师工匠精神的培养,通过他们的言传身教来潜移默化地影响学生。

　　在理论和实践教学过程中融入工匠精神。高校将工匠精神贯穿理论和实践教学,可以促使工匠精神内化为大学生高尚的精神品质,外化为优秀的行为习惯。熟练的专业技能是应用技术专业学生职业生涯的基础,内化于心、外化于行的工匠精神更是他们长远发展的持久动力。一是建议在各个专业理论课的教学中注入工匠精神教育。各个专业在制定人才培养方案、教学大纲时,要将本专业、本行业的工匠精神贯穿其中,教师要专门讲授该行业特有的工匠精神形成的历史过程、具体内涵、外在表现、代表人物、经典案例等,让学生感受自己专业的魅力,使学生更加专注于专业知识学习,同时让学生自身的思维和言行更具职业特质。二是建议在实践教学中有目的、有规划地设计有关工匠精神的体验和培养环节。实践教学给学生的视觉、触觉等冲击力更大,容易让学生感受到专业理论知识转变为直接生产力的成就感,更容易让学生领略到专业的魅力。三是建议在学生毕业时期的实习中,教师和实习单位联合培养、考察学生的工匠精神。让学生尽快学习企业精神和融入企业文化,学习优秀员工的尽职尽责、高效务实、精益求精、勇于创新等精神品质,在顶岗实习中进一步感悟和强化工匠精神。四是建议高校重点培养一支真正具有工匠精神的"双师型""双结构型"师资队伍。高校要安排、奖励教师定期深入到企业一线采集前沿技术、管理创新、发展趋势等信息,感知和熟悉最核心最本质的工匠精神,广泛搜集最生动最鲜活的反映工匠精神的真实案例,提升教师的专业素养和实践教学能力,进而助益大学生工匠精神的培养。

大力营造有利于培育学生工匠精神的校园文化氛围。人是环境的产物,也是环境的一部分。人的行为影响环境的变化,环境也在影响着人的成长。首先,高校要在校园物质文化和精神文化建设中融入工匠精神元素,侧重于对大学生工匠精神的熏陶、培养,如举办一些优秀企业文化进校园、创业精英分享会、工匠精神大家谈等活动,促进优秀企业文化与校园文化的交汇互融,让学生在校园中就可以直接感受工匠精神的力量。高校在设计开展各种技能大赛时,要尽量结合企业的实际生产需要和技术瓶颈,邀请企业高管、技术专家作为大赛评委,这样既可以宣扬企业文化、工匠精神,又可以在大赛中物色选拔优秀人才,还可以借助高校的平台攻坚克难。其次,高校要在校园制度建设中体现工匠精神。高校充分借鉴和引入企业制度文化,让学生在遵守校园制度的过程中也能感受到工匠精神的力量。比如,在制定校园守则时,可以借鉴企业制度具体明确、操作性强、责任到人等特点;在执行校园制度时,要像企业那样严格及时、奖罚分明。对于实训厂房,严格按照行业企业的现代管理制度进行管理,参考企业6S管理法则管理学生宿舍、工作室、实训室等,让学生在校园的各种行为都受到类似于企业制度的规范和要求。最后,教育主管部门也应发挥好指挥棒的导向作用,要将工匠精神内容纳入人才培养水平评估等工作的考核指标中。

工匠精神是注重细节,追求产品的完美和极致;工匠精神是严谨,一丝不苟;工匠精神是耐心、专注、坚持。我国制造业正处于转型升级的关键阶段,制造业已不仅是国民经济的主体,更是科技创新的主战场。我国要实现从"制造大国"变为"制造强国"、从"中国制造"转向"中国智造",拥有一大批具备工匠精神的高素质人才至关重要。这些高素质人才从哪里来?大学!如果有一天,工匠精神在校园里蔚然成风,成为大学培养学生荣誉感和使命感的法宝,再看"中国制造2025"、制造强国,恐怕都不是难事了。

会计诚信职业素养

李雪琴

一、教学背景

"财务会计"课程是 2018 年度学校"课程思政教学改革"试点课程。本次课授课对象为 2018 级全校大二学生（需要具备会计学和微积分基础），授课时间为 2018 年 9 月 15 日，授课地点为 6 号教学楼 309 教室，教学目标是在会计知识的传授和会计实务技能的培养中突出价值引领，把会计专业、会计行业所传递的精神内核植入学生心中，增强其自主自发学习的动力。本学期"财务会计"课程紧密围绕诚信教育，将诚信理念贯穿于"财务会计"课程的学习中，积极培养学生树立诚信的个人品质，使大学生将来进入到会计行业后仍能保持诚信的个人品质，坚守诚信的美德，为国家会计事业和国家诚信建设贡献自己的一份力量。学生通过这部分内容的学习，不仅要掌握知识，最重要的是，作为未来会计行业的人员，学习会计信息质量要求以及会计法、会计准则、会计职业道德规范等，有助于培养学生的诚信意识以及自觉遵守相关法律、法规和树立正确的职业道德的观念，为以后步入社会从事会计工作打下良好基础。这与我校的诚信教育理念紧密结合。为此，教师在这部分内容讲解的过程中，围绕上市公司的案例，从"会计""会计信息质量要求"概念入手，层层剥离，引入案例实质部分诚信问题。这样的教学形式，使学生对诚信这一概念有更清晰深入的理解，将诚信理念根植于内心，同时培养学生会计必备的职业素养，内化于心外化于行，使学生能熟知会计信息质量的要求，理解诚信的重要性，树立并提高诚信意识，在以后的会计生涯中、人生经历中都践行诚信，做到诚信做人、诚信做事。

二、教学过程

(1) 选择适合课堂适用的案例。有些案例过于复杂,没有3～5次课程的集中分析学习,效果很不明显。教师针对课堂讲解需要,选择了江苏中显集团欺诈发行债券案例。江苏中显集团在2012—2013年,为拟发行其企业债券,在有关部门进行举证调查、信评担保过程中,其法人代表袁长胜及财务主管夏宝龙隐瞒了民间贷款,对外担保等多项事实。他们还虚报年销售额、年利润等数据,甚至作假印章及签名来增加公司的应收账款,导致中兴华会计师事务所做出了评估有误的审计报告。2014年6月,江苏中显集团的企业债券发行完成,募资达3 770.5万元。最终,中显集团因欺诈发行证券、非法吸收公众存款的案件在江苏省高级人民法院做出终审裁定。江苏省高级人民法院裁定,江苏中显集团犯欺诈发行债券罪、非法吸收公众存款罪,判处罚金80万元;并对法定代表人、财务主管以及融资负责人等判处罚金和有期徒刑[1]。

(2) 案例的选取,侧重选取"反面案例",比较容易留下深刻印象,产生较好的教学效果。江苏中显集团欺诈发行债券案件中,该公司在企业债券募集的过程中编造重大虚假内容、隐瞒重要事实、向社会公众吸收数额巨大的资金等行为不仅构成欺诈发行债券罪,而且还违反国家金融管理法律的相关规定。由于该案涉及数额巨大、对社会造成严重的负面影响。

(3) 需要在课程教学过程中思考,如何凸显"知识传授"与"价值引领"的结合,围绕"课程思政"理念的进行落实和推进。通过互联网、相关文献资料查找财务报表的相关信息,引用顺查法、逆查法等方法落实财务数据,步步深入,在传授专业知识的同时,分析案例中的可靠性原则。可靠性原则要求企业应当以实际发生的交易或事项为依据进行会计确认、计量和报告,如实反映企业各会计要素,符合会计确认和计量要求的财务状况、经营成果和现金流量。虚报年销售额、年利润等数据,甚至作假印章及签名来增加公司的应收账款,导致中兴华会计师事务所做出了评估有误的审计报告。2014年6月,江苏中显集团的企业债券发行完成,募资达3 770.5万元[2]。

该公司的行为违反了最基本的法律法规,相关会计人员没有遵守《中华人民共和国会计法》(以下简称《会计法》)和《企业会计准则》,没有按规定办理会

---

[1] 水木:《江苏中显集团被判欺诈发行罪私刻300多枚假印章伪造文件》,和讯网,2018.5.10。
[2] 同上。

计事务,进行会计核算,实行会计监督。企业也没有按照《会计法》的规定,规范企业会计行为,保证会计资料的真实和完整;没有设置规范的会计机构并配备会计人员,更没有会计机构内部的稽核制度和牵制制度。会计人员需要具备基本的职业道德——"爱岗敬业""一丝不苟""忠于职守""尽职尽责",等等。目前,在全面贯彻中共十九大精神中,以习近平总书记新时代中国特色社会主义思想为指导,认真落实党中央、国务院决策部署,以培育和践行社会主义核心价值观为根本,完善会计职业道德规范,加强会计诚信教育,建立严重失信会计人员"黑名单",健全会计人员守信联合激励和失信联合惩戒机制,积极营造"守信光荣、失信可耻"的良好社会氛围。诚信是一个恒久不变的话题,作为学生或者以后走上工作岗位,业务能力水平固然很重要,但是思想道德观念也很重要。特别是我们立信的学生,我们要时刻谨记诚信,不能存有侥幸心理。

三、教学结果

通过这样一种新颖的教学方式,教师在教授专业课程内容的同时,循序渐进地引入"诚信"理念,不断深入学生的思想和内心,使学生深切感受到了会计诚信的重要性、会计职业道德的重要性。在和同学的交流中,有同学表示:无论是在学校学习会计还是将来在企业从事会计相关职业,乃至从事经济方面的任何职业,对于我们每个人来说最重要的是要遵守法律、法规,遵守会计准则,遵守职业道德规范,尤其要做到最基本的诚信。作为一个大学生,作为一个独立的人,无论以后我们是否会作为财务人员进入工作岗位,我们都应当拥有诚信的理念,秉承诚信的原则去做人、去对待工作。正所谓"先做人后读书",如果连最基本的诚信都做不到,没有良好的职业道德观念,那么即使学习再好、成绩再高、工作能力再强都无济于事。

四、教学分析

整个"财务会计"课程的核心问题是要解决的育人问题,如何围绕这个问题进行课堂教学,在专业知识学习过程中,恰如其分地和诚信育人元素融合在一起,是要求课程教师思考的重点和难点。首先,教师要分析本学期的教学大纲和教学计划,按照教学课时的要求完成基本的教学任务。其次,教师要分析整个学期的教学内容,选择融入会计诚信思政元素的关键点。本课题组成员研究认为,会计是一门技术性、专业性较强的课程,如"长期投资""长期负债""收入核算"和"金融工具与计量"等章节,学习起来已经比较困难,不适合再补充增加其他内容。在总论和报表部分,尤其是"会计信息质量要求"和"财务报表"的披露中,适时引入较为恰当。最后,教师要寻找知识传授与价值引领的契合点。这一环节非常重要,学生在专业知识学习的同时,进行课程思政高层次的学习探讨,是对专业学习的进一步提升,也是我们教书育人的最终目的所在。

在这一教学过程所取得的成果中,教师教学的创新点是学生在学习专业知识的同时,提升了个人的优秀品质以及对未来职业道德的培养产生了积极影响。这种教学方法和模式,在改进推广中的关键点是能够找到恰当的案例,重要的是与教学内容密切相关的,又能够与我校的文化特色、教学理念等相联系,这样能够使学生更快、更乐于接受。

五、教学反思

我们项目组的"课程思政"教学方式,相比于枯燥的讲授,更能激发学生的学习兴趣,同时利用案例数据引发学生思考,提高学生的课堂参与度,同学们思想上的认识也会真正得到提高。因此,这种教学方式在以后的教学过程中值得推广,使学生在学习专业知识的同时提高思想道德观念,起到"润物细无声"的作用,加深对专业素养的认知和感悟。另外,"财务会计"专业课的课时较少,完成基本的教学任务已经困难重重,如果没有精细的思考、充分的准备和熟练的教学功底,引入会计诚信思政元素将会影响教学任务的完成和教学质量的把握。

我校从潘序伦老校长开始就注重诚信建设,采取了很多方法加强学生诚信教育,有些方法一直沿用至今。校园文化是滋养诚信意识的重要土壤,让社会主义核心价值观深入人心,全面提升学生的诚信品质,有赖于显性教育与隐性教育的有机结合,课堂教育要和各类校园文化活动同向同行,立体推进,形成浓厚的育人氛围,继而对"课程思政"教学实践进行更深一步的再认识和再思考。高校肩负着人才培养、科学研究、社会服务、文化传承创新等重要使命,加强和改进高校思想政治工作是一项重大的政治任务和战略工程。而加强会计诚信教育对于大学的专业职业教育来说更是十分重要的,也会为营造"守信光荣、失信可耻"的良好社会氛围打下良好坚实的基础。

同济堂资产评估"乌龙"事件引发的职业道德思考

邹香清

一、教学背景

"资产评估学"课程是2017年度学校"课程思政教学改革"试点课程。本次课授课内容为第三章"资产评估职业道德规范与行为准则"中的第一节"资产评估准则及法律法规"。本教学设计的教学时长为两节课,教学对象分别是"资产评估"的两个班级。其中一个班级是非会计类专业学生的学科基础课平台选修班,人数为96人;另外一个班级是会计类专业学生的专业课平台选修班,人数为120人。针对不同的两个班级,此次教学上课时间分别为2018年10月30日第三、第四节课以及2018年10月9日第九、第十节课。这两个班的授课地点分别在7DM21教室和3DM51教室。2016年财政部制定并颁布了新的《资产评估准则》,该准则于2017年10月1日开始执行。《资产评估职业道德准则》也同时颁布,并于2017年10月1日开始执行。这两项准则都对资产评估机构和资产评估人员在从事资产评估活动时应遵循的职业道德和规范做了详细的阐述。2016年制定并于同年12月1日开始实行的《中华人民共和国资产评估法》进一步从法律上规范了资产评估机构和人员从事资产评估活动的基本遵循。在此背景下设计本次教学,学生对资产评估机构及评估人员应遵循资产评估职业道德和规范有更具体的认识和体会。

二、教学过程

(一) 案例叙述

教师在教学课堂上详细叙述了案例的详细资料——案例背景、发展以及结果。在案例叙述的过程中,将案例中重要的内容进行重点讲解,并要求同学们重点理解。

根据《每日经济新闻》2017年6月26日报导,中铭国际资产评估(北京)有限责任公司(以下简称中铭国际)对同济堂进行资产评估时,运用资产基础法评估值8.7亿元,资产收益法评估值14.8亿元,评估结果选择了资产基础法,所出具的价格却是14.8亿元。这究竟是怎么一回事?

2017年6月23日,中铭国际在回复上海证券交易所(以下简称上交所)问询函时表示,出现差错,是由于公司评估助理工作疏忽,误将校订前的"资产评估报告"扫描提交给客户所致。按其说法,其采用了资产收益法评估结果。

随后中铭国际"改口":选用资产收益法评估结果,理由是:2017年6月6日,同济堂公告称其全资子公司同济堂医药拟出资2.52亿元和2.22亿元收购南京同济堂17%与15%股份,收购完成后同济堂医药的出资比例增至83.01%。这一价码正是基于由中铭国际出具的南京同济堂股东全部权益价值评估报告,该报告确定南京同济堂公司的评估值为14.8亿元。

该次评估,中铭国际分别采取了资产收益法和资产基础法进行了市场价值评估。前者得出的评估值为14.8亿元,增值率为74.42%。后者则评估得出8.7亿元,增值率为2.02%。两方法的评估结果差异6.1亿元,差异率为70.96%。

值得注意的是,中铭国际在该报告中表示,由于资产收益法的预测结果建立在种种假设条件之上,这些条件受国家产业政策、行业标准及环境控制等因素影响较大,且同济堂身处的药品流通销售市场门槛较低,市场竞争激烈,营收受定点销售主管岗位变动影响较大,故资产收益法评估结果不确定性更大。

基于此,中铭国际认为资产基础法的评估结论更加合理与可靠,因此选定基础法评估结果作为南京同济堂股东全部权益价值的最终评估结论。中铭国际该次报告最终给出的估值为14.8亿元,即资产收益法评估结果。这立即引来监管部门问询。2017年6月17日,上交所发布问询函,要求同济堂及中铭国际说明评估结论与最终选择评估结果不一致的原因,及最终评估价为14.8亿元的依据等。

同时,上交所还要求同济堂董事会说明评估报告结论不一致是否损害公司利益。《每日经济新闻》记者注意到,2017年6月23日,同济堂所披露的评估报告已"改口","本评估报告选用资产收益法的评估结果作为评估结论。"

其称评估助理疏忽所致。"由于我公司评估助理工作疏忽,误将二级复核校订前的"资产评估报告"扫描提交给客户。"中铭国际回复问询表示,评估结论采用资产收益法评估。中铭国际还进而表示,在四级复核过程中,二级复核时已发现该处错误,并进行了修改。

而对"改口"采取资产收益法进行评估,中铭国际也给出"充足"的理由。中铭国际表示,由于资产基础法无法全面涵盖诸如客户资源、商誉及人力资源等无形资产价值,无法全面、合理地体现企业的整体价值。结合本次资产评估对象、评估目的等,中铭国际认为资产收益法的评估结果能更全面合理地反映南京同济堂的股东全部权益价值。

从营收等增长预测来看,南京同济堂并不那么亮眼。中铭国际预测南京同济堂未来5年(2017—2021年度)主营业务收入增长分别为0.34%、2.24%、2.09%、2.01%及1.83%。依据商务部发布的《2015年药品流通行业运行统计分析报告》,全国药品流通行业2015年度销售额增长率为10.2%,本次估值采用的南京同济堂预测期主营业务增长率低于行业平均水平。

实际上,中铭国际预计南京同济堂未来5年的销售毛利率、营业利润及销售利润率均将低于其2016年水平。从市盈率(PE)角度分析,南京同济堂2016、2017—2019年平均PE分别为8.92倍、11.58倍(动态),均低于中铭国际选择的中国医药等5家可比公司,后者2016年度的PE平均值为44.37倍。

有业内人士对《每日经济新闻》记者表示,如果公司董事会最终接受74.42%的资产溢价,其理应给出合理解释以证明自己的考量。此外,针对收益法与基础法间高达70.96%的差异率,该人士认为该主要差异在于可辨认资产的公允价值的确认,在他个人看来,差值率这么高有不合理之处[①]。

(二)案例分析及思考

案例中中铭国际分别用资产基础法和资产收益法对评估对象进行了价值评估并给出了最后估计分别为8.7亿元和14.8亿元的估值。在评估报告陈述

---

① 每日经济新闻:《同济堂并购标的评估相差6亿元机构说"闹乌龙"但坚持高估值》,中证网,2017.6.26。

中认为资产基础法更适用于案例中评估对象的价值评估,但是其在报告中最终给出的评估值却为14.8亿元而不是8.7亿元。其对出现这个严重问题的解释是"由于公司评估助理工作疏忽,误将校订前的'资产评估报告'扫描提交给客户所致"。

根据我国《资产评估基本准则》第二章第五条:"资产评估机构及其资产评估专业人员应当诚实守信,勤勉尽责,谨慎从业,遵守职业道德规范,自觉维护职业形象,不得从事损害职业形象的活动。"根据我国《资产评估基本准则》第三章第十八条:"资产评估机构应当对初步资产评估报告进行内部审核后出具资产评估报告。"从本案例中可以看出,评估机构和评估人员所犯错误非常低级,所带来的后果难以估量,首先,由于评估结果的误导,给投资者造成损失以及监管部门的关注,必然影响到委托方并购重组活动的顺利进行;其次,对评估机构和评估人员声誉造成了难以挽回的负面影响,直接制约了今后评估业务的开展;最后,给行业社会形象带来负面影响。因此,作为评估机构和评估人员,必须时刻以评估准则为执业规范,尽职勤勉,树立评估中介的良好社会形象。

三、教学结果

通过此案例教学的详细剖析,使得学生真正理解了资产评估准则以及职业道德准则的有关条例的真正内涵,也使学生从现实的层面认识到这个准则条例不仅仅是纸面上的似乎有点遥不可及的冰冷的文字,而是会实实在在在我们日常经济活动中遇到的资产评估机构及人员都应该遵从的基本规范。同时,通过此案例让学生了解到了"采用不同的方法,相同的评估对象在相同的状态和条件下,得出的评估值一般是不会相同的"这么一个评估理论及实务界都充分认可的一般结论。再者,通过此案例的讲解和教学,使得教师感悟到案例教学的教学效果应该会比直叙书本知识和理论要好得多。

四、教学分析

正如在本案例分析及思考中所叙述的那样,本案例的剖析让学生加强了对评估准则和资产评估职业道德准则的学习,接触并理解了评估准则里的"资产评估机构及其资产评估专业人员应当诚实守信,勤勉尽责,谨慎从业,遵守职业道德规范,自觉维护职业形象,不得从事损害职业形象的活动。"以及"资产评估机构应当对初步资产评估报告进行内部审核后出具资产评估报告。"更重要的是,本案例教学给同学们进行了一次生动形象的思想政治教育,寓教于真实案例,而不是简单的说教,取得了很好的德育效果!

五、教学反思

从学生在课堂上的反应来看,在案例教学中认真听课的学生的比例明显比在纯书本知识教学中的学生比例要多得多。案例教学的课堂气氛明显比纯理论教学或书本知识教学的课堂气氛好很多。学生问问题的积极性也比往常要高涨。这充分说明,教学手段的不一样会使得学生的学习兴趣有很大的差异。学生不愿意听课,很大原因不在于学生不想好好学,而是在于教师上的课根本就"很无聊""很枯燥""没什么可听的"。

数字化叙事法英语演讲课上的诚信主题教育

涂丽萍

一、教学背景

本次课教学时间是 2017 年 6 月 28 日,授课地点在 3DL21 教室,授课对象为 2016 级和 2015 级全部学生。本课程属于专业必修课。我校以诚信教育引领学生,"人无信不立,业无信不兴",推出了"诚信分评定实施办法",开发了大学生诚信分评定系统,试点为毕业生出具"大学生个人诚信报告"等举措。我校从入学教育注重树立诚信理念,到毕业教育注重输送诚信人才,让诚信成为立信学生的"无形资产",学校的校园文化和师生实践活动等在"第二课堂"上积极推进诚信教育。课堂教学是提高学生诚信素养的主渠道。在实践英语口语演讲竞赛课程中,教师结合叙事教学法和数字化叙事法,根据诚信教育话题让学生制作故事,用英语分享自己的诚信经历和体验。学生通过实践和学习,逐步了解数字化叙事的概念和流程,领略和阐释语言的内在之美,感受语言文化内涵,透过语言体验诚信文化,讲述诚信故事,交流西方语言文化,培养辨析能力,学习其精华,掌握其精髓,为提升修养所用,为现代化建设所用。

二、教学过程

教师要求学生利用操作系统软件的数字化叙事法,使用形象化的图像和视频剪辑来制作有关诚信教育相关话题故事,将诚信故事的艺术与图片、声音、视频、动画和网页等多媒体元素结合起来,表达一个有关诚信的主题和观点。学生运用叙事化手段,即事件的话语表现手法,将诚信话题教学中某一段材料、一个语言点、一个语言教学项目尽可能以叙事的形式设计和呈现,营造出一个真实的诚信故事情景或可能的世界,使读者或听众置身诚信故事世界,感受故事氛围。参与学生以3~5人小组为单位共同制作,用英语来叙述5分钟,使学生在身心方面最大程度地投入到该学习情境,使得学生的诚信认知活动生活化和艺术化,在这样情境或可能的世界中充分协调地发挥语言、情感、想象、创造等心智能力,在这种生活化或艺术化的诚信认知活动中习得语言。同时,教师根据相关指标如故事的诚信意义、视觉效果、语法词汇、语言语调、语言流畅性等对学生的制作和表述进行互评。教学具体过程如下:①撰写诚信故事。学生构思一个诚信意义故事,用英文写出,期间需要标注出所用到的媒体元素及其呈现的时间长度。②可视化创作。学生通过搜索引擎寻找互联网上的图片、声音、视频和动画,也可以使用自己的拍摄和创作,将故事材料和可视化材料连接起来,创作自己的作品,并用自己熟悉的软件把各种数字化媒体素材整合起来形成完整的数字化叙事作品。③录制声音旁白。学生或多位学生用英语讲述诚信故事并把声音记录在一个声音文件中。④演示和评价。在多媒体教室中演示数字化叙事作品,让教师和学生来学习和讨论,并根据相关指标做评价。

三、教学结果

(1)学生通过自主的数字化制作,在数字化叙事中分享自己经历的诚信故事,学生在英语口语学习过程中获得了感知和兴趣。诚信话题生活化、艺术化,从而提高了学生的诚信品德。

(2)这种教学强化了学生的口语学习实践效果,锻炼了学生口语能力。学生在语言表达中的词汇量增加了,语言表达技能提高了。

(3)这种教学促进了学生的互动、合作与评价。学生乐于进行数字化叙事作品的制作。学生反映制作过程并不复杂。学生在数字化叙事方法的实践中积极性很高,表现非常活跃,同时积极参加讨论,踊跃阐述自己的观点。

(4)结合诚信主题,教师积极引导学生实施思想品德诚信教育,鼓励诚信故事中的多种观点和做法,这类创作都是学生以小组形式被要求在课外完成,该制作完成后与一次课堂整合起来,形成了教师课堂教学和管理的工具,激励了学生,丰富了课堂教学。

四、教学分析

(1) 教师把数字化叙事整合到英语口语演讲教学的案例项目中,表明数字化叙事给英语口语演讲教学提供了有利的技术支持,有效地促进了学生的参与制作的积极性和创造性。

(2) 学生的诚信创意表述是拓展诚信知识、争做诚信模范的有效宣传。学生的作品情节设计很有特色,结合了校内外的各种诚信活动实例,很多作品融合了词汇、图像、图形、音频和音乐,非常吸引眼球。

(3) 学生在英文叙事过程中积极地表达,在录制声音旁白的环节中,强化英语语言表达和叙述,提炼出较高水平的词汇表达和语言技能。

(4) 学生在中英文语言表达中通过语言和文化交流内涵,总结两种语言文化特色,吸收英语语言中诚信品质的养分,养成学生和谐为人、文明礼貌的语言习惯。学生挖掘英语文化的精华并学习和接受,寻找应该避讳的做法,防止全盘接纳,崇洋媚外,养成遇事分析和思考的习惯,形成良好的把控思路。

(5) 学生通过听自己的录音效果,可以自评语言的流利度,赏析自己的作品效果,正确互评和对比检查,以此理解公平较量、平等给分的规则意识和思想修养,同时,充分利用这个相互学习和相互交流的平等学习机会,尊重规则、尊重同学,向同学学习,养成良好的思想道德素养和人生价值观,不断完善自身诚信教育内涵和有效的实践体验。

教师组织数字化叙事与该课程诚信教育实践活动,一定程度上验证了网络数字辅助促进学生语言学习实践的有效性和推动作用,整合诚信教育理念在语言教育实践的融入,也提升了该课程思政教育教学能力和教学影响力,为学校特色的诚信教育活动的开展提供了可积累的经验和做法。

教学融合设计中的重点是每个步骤的思政教育引导,包括学生的作品没有抄袭,全部原创,在诚信教育中推动了学生的诚信作为。

教学实施推进中的难点是学生小组中需要有电脑技术较好者,以此提升制作效果,否则学生会有任务完不成的畏惧心理。

教学成效成果中的创新点是每个制作必须是原创制作,这个是此次活动诚信教育的基石。

实践证明,最终学生的创作都完成了,大部分学生完成质量良好,有些学生有限于计算机技术的应用,制作内容量太少,内容肤浅。

五、教学反思

本次教学实践有着一定的教育教学收获,但也存在一些问题,主要表现在以下几个方面:

(1) 学生的制作需要相关指导,包括制作技术的指导和诚信教育的引导,由于班级太大,这种指导的范围有限。未来需要借助软件进行审阅修改,融入诚信检测查重,辅助于批阅软件,以提高教师评阅效率和评阅效果。

(2) 该课程班级太大,人数太多,受众学习和实践效果不理想。课程教学尽管与数字化叙事法结合展示出一定的教学效果,但是真正在大课堂上展示的人数有限,大部分靠教师评阅,某种程度上扼杀了学生的表现积极性,其诚信教育效果没有得到很好的体现。课程教学今后需要增加指导教师的参与,将思政教育内容融入本科指导教师的工作中,形成有效的指导管理机制。

(3) 细化评估指标体系。教师对参与制作学生的作品进行研究和总结,提出适合该课程教育的合理指标体系,通过研究分析评价结果,反哺该课程的教学环节,提高诚信教育教学和研究效果,提升该课程教育的有效性,尤其是思政课程建设的培育质量。

当今网络时代技术不断推进,语言技能训练和教育如果能结合这些新技术手段,用以推进课程建设,推动教育教学,激发师生共同参与建设课程的积极性,融入思政教育内容,完善相关体系和制度,寻找可改革和可创新的教育方法辅助教学,形成课程思政教学实践的有效工具,将是我们此类课程建设更上一层平台推动力。"课程在哪里,诚信教育就要在哪里。专业课需要和思政课同向而行、协同推进,各自守好一段渠。"校党委书记李世平说,要通过生动的教学,带给学生浸润式体验,让他们感受到诚信就在身边。这是我们的责任,也是我们需要共同维护和传承的校园文化。

关于人力资源管理理论基础人性假设的思考

沈 磊

一、教学背景

"人力资源管理"课程是 2018 年度学校"课程思政教学改革"试点课程。本次课授课内容为第二章"人力资源管理的理论基础"中的"人性假设理论"一节,授课对象为 2016 级金融学和国际经济与贸易等专业的学生,授课时间为 2018 年 9 月 25 日,授课地点为 6 号教学楼 206 教室。

人性假设和激励理论是人力资源管理两个重要的理论基础,学生通过人力资源理论基础的学习,要掌握不同人性假设和不同的激励理论对企业管理者的商业意识重要影响和对人力资源管理活动的指导意义。虽然人性本善、人性本恶问题的讨论学生之前或多或少都有所了解,甚至部分学生参与过相关议题的辩论,本章中涉及到的大多数相关的激励理论也在管理学课程中有所学习,但是很多学生对人性理论仍一知半解,受二分法思维的影响,简单地将人性划为善恶,造成先入为主的认知。另外,因为人性问题的探讨是很多社会科学研究的出发点和理论假设的前提基础,因而对于人性讨论的中西方文献多如牛毛,特别是近年来行为经济学的发展促进了对人性更加深入和全面认识,如何梳理出一条理论发展的脉络和主线,让学生在学习过程中对人性有一个比较全面的认识和把握是本次课程教学的难点之一。

如何结合专业课程的教育,让学生"坚持中国特色社会主义道路、中国特色社会主义理论体系、中国特色社会主义制度、中国特色社会主义文化"、"坚定对中国特色社会主义的道路自信、理论自信、制度自信、文化自信"是高校思政教育的一个重要的方面。由于西方经济学教学在高校经管类学科的全面普及,使得现在很多大学生提及人性认识会立即联想到西方经济学的"经济人"假设,造成"人类是自私的"观念根深蒂固,因而忽略了人性中"无私的基因"——人类具有合作的倾向。同时,我国传统文化对于人性的讨论问题要远超于国外对人性的认识。因而,在授课的过程中,教师如何结合我国传统文化对人性的探讨,通过人性与企业人力资源管理实践的结合,纠正部分媒体宣传给学生带来的认知偏差,让学生更加全面的认识人性的同时,加强对我国传统优秀文化的传承,进而树立民族文化的自信,具有重要的意义和价值。同时,教师通过人性问题研究的脉络发展的讲解,也能够帮助学生提升创新的意识,培养学生的批判性思维,而不是简单的人云亦云。

二、教学过程

在课程的设计方面,本次课程基本遵循了经典的罗伯特·加涅的"教学九步法",具体包括引起学习者兴趣、告知学习者目标、回忆先前的学习、呈现新的学习内容、提供学习指导、引出学习行为、提供反馈信息、评价学习行为和促进学习成果的保持和迁移。就新的学习内容的呈现方面,课程的教学将主要按照两条线来开展,一方面是介绍中国传统文化对人性的认识;另一方面介绍西方理论界对人性的认识,并比较两者之间的联系与区别。最终通过华为的案例和海底捞案例的对比,结合战略人力资源管理的5P理论,将理论与实践结合起来,说明人性假设理论对企业具体管理实践的指导价值和管理者思维的影响。就中国的传统文化,采用视频的教学方式,截取易中天在《百家讲坛》上对人性的讨论作为教学材料,阐述我国古代对人性问题的讨论。就西方理论界对人性问题的认识,从温家宝总理推荐的西方经济学鼻祖亚当·斯密撰写的《道德情操论》一书开始,说明人性探讨的重要性。

课堂上,首先,教师针对学生对人性的看法做了一个小调查,让学生选择人性本善,还是人性本恶,学生还是比较接受人性善恶的二分法,且目前很多学生认为人性本恶的看法,也有少部分同学认为人性本善。其次,教师告诉学生对人性的认识会影响日常的各项活动,本次课程的教学目标是掌握不同人性假设和不同的激励理论对人力资源管理活动的指导意义和对企业管理者的商业意识重要影响。教师接着问学生为什么会有这样的认识,人性难道简单的可以划分为恶和善吗?什么是恶?什么是善?学生开始反思自己对人性的看法来自什么地方,很多同学说受辩论赛的影响,受媒体宣传的影响,受其他课程的影响。教师就问学生,这些说法是正确的吗,全面的吗,从而激发学生自己的观察和思考以及批判性思维的培养。教师然后播放和讲解了易中天在《百家讲坛》上关于人性探讨的视频,学生才认识到原来自己对中国古代文化认识的局限性和片面性,荀子的思想是"人性有恶,人性向善",而非"人性本善"或"人性本恶"就能简单地一言概之。同时,通过对西方近些年来人性的研究讲解,学生发现人性并非简单地用善恶二分法就能够说明问题的,人性具有复杂性,且充满矛盾性,其表现为哪一方面受到后续生长环境的影响非常大,人性本身中有同情、协作的成分。最后,教师分别以华为的企业文化和人力资源管理案例以及任正非对人性"恶"的认识①,海底捞的企业文化和人力资源管理案例以及张勇对人性"善"的强调②,进行对比分析,让学生认识到企业家对人性的认识会影响到其组织内部的各项活动,包括企业的人力资源管理活动。同时,为再次加深学生,对于人性的认识不能像西方经济学那样简单的归结为自私自利,人性具有复杂性,西方经济理论和管理理论都有其局限性的一面的认识,教师推荐《易中天中华史》《百家争鸣》《海底捞你学不会》作为学生课后的延伸阅读材料。

三、教学结果

学生通过课堂讨论华为和海底捞案例的讨论和本章的学习,对人性的研究有了比较明晰的认识,也了解了中西方对人性认识的异同。很多学生通过本课程的学习,课后与教师沟通说,没有想到我们老祖宗在对人性问题上的认识深度和领先程度远远超越西方国家上千年,西方目前对人性的认识其实并没有超越我们老祖宗的看法。这对于学生树立文化自信起到了重要的引导作用。同时,很多学生说,以前就简单地认为人性本善、人性本恶的问题,其实人性并没有想象的那么简单,人性中既有恶的成分,也有向善的倾向,人类社会的发展正是由于人类善于发展善的一面,相互合作,才使得人类社会能够不断地发展壮大,因此应该从自身做起,从现在做起,努力克服人性的惰性,在学习上、生活上追求上进。另外,也有部分学生以更加开阔的心态,全球化的视野表达,相对于我们对人性分析比较"高大上"、更理论化、抽象化而言,西方对人性的分析就更加"接地气"、更加具体一些,对个人的发展和对企业的人力资源管理实物更具有实践指导性,因此未来中国管理理论的发展应该吸收和借鉴这方

---

① 丁伟:《华为之"熵"激发企业活动》,哈佛商业评论,2017(3)。
② 黄铁鹰、梁钧平、潘洋:《"海底捞"的管理智慧》,哈佛商业评记,2009(4)。

面的研究成果,从而构建出更加能够指导中国企业具体实践活动的中国自己的管理理论。

四、教学分析

课上,教师在华为案例和海底捞案例的对比中也引发了学生强烈的讨论,让学生意识到,企业管理的过程就是不断地克服人性恶的一面,不断发扬人性善的一面。同时,环境对人性向善、向恶的发展有着重要的影响,而环境是需要大家共同创造的,因此需要从自己做起,从每个人做起,努力践行社会主义价值观,从而营造良好的社会风气和氛围。教师在讲解华为案例的时候,由于这几年华为取得的发展成就,很多学生也使用华为手机,所以学生对案例的预读和讨论热情比较高。学生通过案例的讨论,对华为每隔几年折腾一次的做法——从1996年的"集体大辞职"(市场部主任集体辞职),到2000年的"内部大创业",再到2007年的"老员工大让位"(7 000位老员工辞职门事件),消除工号文化,2010年的"奋斗者大排队",华为成立至今一直在"折腾",一直在通过持续变革保持长期的奋斗者为本的企业精神,特别是对2017年2月6日,在华为内部沟通网站心声社区上出现了一篇员工匿名的帖子[①],称华为中国区开始集中清理34岁以上交付工程维护人员,研发部门则开始集中清退40岁以上的老员工,有了重新的认识和对待。学生也认识到其实包括自身在学习过程中也存在惰性的问题,需要在今后的学习和未来的职业发展过程中不断的挑战自我,克服"得过且过"的"人性弱点",才能够不断地超越自己,才能够在学习和职业发展上有所突破。

五、教学反思

当然,在本次课堂讲授和案例教学过程中也存在很多改进的地方。第一,由于人性问题的研究文献太多,同时在课堂上短时期内把问题阐述清楚,并让学生能够理解和掌握,对于教师的理论水平、表述能力要求都很高,需要教师在未来的课前花更多的时间和精力,进行更加充分的准备。第二,华为的案例中涉及热力学定律方面的内容,如案例中提到所谓的"耗散结构",这个对于文科性院校的师生而言,可能讲述上有一定的难度,特别是在学生问到的时候,如何

---

① 亿邦动力网:《华为34岁以上老员工遭清退是空穴来风》,亿邦动力网,2017.2.21。

把它表述清楚,其实对于教师有很大的挑战,需要未来多向相关方面的专家咨询请教,从而能够把案例讲的更深、更透。第三,个别学生也许受到成长环境影响,在对待事物方面缺乏开放的心态,因此在课堂案例的讨论中,观点过于偏激,需要在今后的各个课程的教学以及未来的大学生活中,协同各方的力量,更好地加以引导。

第三部分　综合素养课程篇

国际经济组织与全球经济治理和大学生责任意识

李金祥

一、教学背景

"国际经济关系与经济组织"课程是 2017 年度学校"课程思政教学改革"试点课程。本次课授课内容为第一章"国际经济关系、经济组织和全球治理概论"中的"国际经济组织的类型和发展"一节,授课对象为 2017 级各专业选修本课的同学,授课时间为 2018 年 3 月 12 日,授课地点为 2 号教学楼 105 教室。本次课主要讲授国际经济组织的内涵、功能及其与全球经济治理的关系,教师在传授专业知识的同时,让学生理解在当前全球治理中国际组织的价值取向、中国对全球治理的价值判断和贡献、大学生与国际经济组织及全球治理的关系等内容,将教书育人的内涵落实在课堂教学主渠道,突出育人价值,让立德树人"润物无声"。本次课采取教师讲授和学生课堂讨论的方式进行。

二、教学过程

在讲授国际经济组织的功能部分中,教师在授课中指出,习近平总书记说:"没有哪个国家能够独自应对人类面临的各种挑战,也没有哪个国家能够退回到自我封闭的孤岛。"全球治理和全球经济治理是应对这些挑战的唯一对策。1994 年墨西哥金融危机,1997 年亚洲金融危机后,国际货币基金组织和世界银行等都扮演了救火队长的责任,是一个重要的治理力量。正是因为国际经济组织的这项功能,1997 年后,亚洲国家加快了建设亚洲地区货币合作性的国际经济组织。如此,教师采取一种比较潜隐的形式渗透于知识点的讲授过程当中,使学生认识到中国积极参与国际经济组织和创建国际经济组织的意义,并支持国家的这类方针和政策,使学生于潜移默化中接受主流价值观念的熏陶。进入21世纪以来,随着经济全球化持续深化、发展中国家对中国参与全球经济治理的期待的增加、中国国家实力的不断增长、中国对世界经济增长贡献度的进一步提升以及中国海外利益的不断扩大,中国更加积极地参与全球经济治理,这既是时代的需求,也是中国的国家利益所在。

在讲授国际经济组织与全球治理的关系时,教师坚持理论与实际相结合,在介绍全球治理理论的同时,从国际社会的实际出发,从社会实践出发来解释治理理论的形成,依据实际来评析理论逻辑。教师突出地指出了当前国际经济组织中,西方国家一度曾在其所主导的组织中占有优势。这种优势招致了一些全球经济治理的问题,那就是西方色彩太浓,存在着不公正不合理的缺陷。具体来说,这些组织主要由西方国家的人员控制、制定有利于西方国家的规则、为西方垄断资本服务及零和博弈的倾向。近几年,随着新兴大国的群起性崛起和全球治理改革合力的推动,西方的优势正逐渐丧失。这也是产生中美贸易争端和特朗普反对一些国际经济组织的原因。特朗普不是不要国际经济组织,而是要在全球经济治理中,重建美国的优势。

进而,教师引用2015年10月12日习近平总书记在中共中央政治局第二十七次集体学习时的讲话:全球治理体制变革不仅事关应对各种全球性挑战,而且事关给国际秩序和国际体系定规则、定方向;不仅事关对发展制高点的争夺,而且事关各国在国际秩序和国际体系长远制度性安排中的地位和作用。

中国在全球治理格局中角色正在发生微妙的变化:已经从最初基于反对霸权主义和强权政治的排斥者、批评者,到对外开放不断扩大中的观察者、参与者、学习者、规则的遵循者,再到国家实力全面提高基础上的倡导者、建构者。中国参与和建立国际经济组织,目的不仅在于在维护和拓展本国利益的同时,也在推动国际经济治理朝向更公正更合理的方向转变。正如,财政部副部长朱光耀所指出的,中国牵头筹建的亚洲基础设施投资银行将同现有国际发展金融机构实现互补。它是现有国际金融体系,特别是世界银行和亚洲开发银行的补充,而不是替代。

在总结部分,教师总结了本课程对于大学生的意义。在坚持思政课程的主体地位,维护和坚守社会主义意识形态的主阵地,始终服务于党和国家的发展目标及任务的思想指导下,教师强调财经类院校的大学生要有参与全球经济治理的抱负,并力争抓住这类机会为国家服务。当代大学生如何积极参与全球治理? 财经类院校的大学生参与全球经济治理,并不仅仅是去当志愿者,如一些国际经济会议或组织的志愿者,还应该包括更丰富的内容和方式。一方面,青年学生应该在大学期间认真学习有关全球经济治理的理论、了解国际经济组织运行的程序和规律;另一方面,同学们还应该积极参与全球经济治理的实践,如到一些国际经济组织中实习以备未来到国际经济组织中工作,增强中国在国际经济组织和全球治理中的影响力。

三、教学结果

国际经济组织和全球经济治理的授课内容,给学生的直观感觉是一些不关自身的"高、大、上"内容。本次教学加深了学生对国际经济组织和全球经济治理的运作规律的理解,使得课程教学贴近学生的现实。本次教学,一方面加强了学生对全球经济治理理论的认识,使学生们认识到,"国际社会普遍认为,全球治理体制变革正处在历史转折点上";另一方面深化了学生们对以习近平总书记为核心的党中央所提的积极参与全球治理理念的理解,使他们认识到,我国参与全球治理的根本目的,就是服从服务于实现'两个100年'奋斗目标、实现中华民族伟大复兴的"中国梦";要审时度势,努力抓住机遇,妥善应对挑战,统筹国内国际两个大局,推动全球治理体制向着更加公正合理方向发展,为我国发展和世界和平创造更加有利的条件。而且,今天,中国已经成为世界大国,国家也提出要推进中国特色大国外交。这意味着中国将更加积极地参与到国际事务和全球治理中去。在这一过程中,除了中国政府的努力之外,我们需要中国青年积极参与国际经济组织中去,并发挥与中国的大国地位相称的作用。而且,对于大学生而言,大学生参与包括国际经济组织在内的全球治理,是青年大学生实现个人价值的必然途径。本次课的内容强化了学生对当前党和国家的国际组织外交政策的支持,提升了学生对本课程的兴趣和为国服务的意识。

四、教学分析

本次课要解决的问题是在教学中力求实现知识传授与价值引领的结合。本次课的知识要点是国际经济组织的内涵、功能、国际经济组织与全球经济治理的关系。本次课所包含的价值引领主要体现为当前全球治理的价值取向、中国参与全球治理的价值所在和如何为国育才和储备国际经济组织和全球治理的人才。本次课解决问题的思路是以"人才需求和供给"的框架,从世界和中国需要哪方面的人才、人才所必须具备的素质、到当代大学生应该怎么做准备为主线,贯穿全球治理理论和国际经济组织运行规律的教学中。这有效地增强了学生对课程知识和我国主流全球治理理论和政策的理解。在中共十九大报告中,习近平总书记指出:"中国将继续发挥负责任大国作用,积极参与全球治理体系改革和建设,不断贡献中国智慧和力量。"本次课使在校大学生认识到,全球治理是他们的责任所在,他们也须有能力参与全球治理,而参与国际经济组织,是他们贡献中国智慧和力量的最佳途径。

五、教学反思

本次课在知识传授和价值引领的融合方面仍然有不少显性德育的痕迹。再则,中国参与全球经济治理的实践还比较短,也缺少大量有影响力的国际组织官员。因而,本教学设计缺少了鲜活的代表性人物的经历和感悟来引发共鸣,随着中国参与全球经济治理的加深,国际经济组织中中国官员的增多,中国在既存和新建国际经济组织中的角色和力量的转变,本课程将能以更具体人物历程和感悟来体现知识传授和价值引领的统一,就能强化全球经济治理理论、国际组织理论和课程思政相关元素的无缝对接,并拓展隐性德育的路径。

世界银行集团的治理功能变化与改革

李金祥

一、教学背景

"国际经济关系与经济组织"课程是 2017 年度学校"课程思政教学改革"试点课程。本次课内容为第一章"国际经济关系、经济组织和全球治理概论"中的"国际经济组织的类型和发展"一节,授课对象为 2017 级各专业选修本课的学生,授课时间为 2018 年 5 月 7 日,授课地点为 2 号教学楼 105 教室。本次课所讲授的主要内容是世界银行集团治理功能的变化、改革世界银行的原因、世界银行治理结构的主要问题、改革世界银行的相关对策等。通过本课程德育元素的渗入,培养学生理解习近平总书记所说有的三大赤字中的"治理赤字""共商、共建、共享"的治理原则、构建人类命运共同体的理念等中国的治理智慧,使学生理解党和国家大政方针的正当性、合理性和进步性。

二、教学过程

在讲授世界银行集团的治理功能的变化这一部分时,教师突出世界银行的变化,即世界银行现在强调政策指导和知识转移,淡化资金转移职能。这从侧面反映了全球经济治理所需的公共产品供给开始减少。各国面临着"治理赤字"的问题。

"治理赤字"是当前全球治理面临的一个关键问题。现有全球治理远远不足,已建立的机构往往受西方议程和利益的主导。那些全球性机构在代表性、问责性和有效性方面存在不足,往往局限于发达国家的利益和目标,而不是反映占世界人口85％的发展中国家的需要。我们应该认识到全球治理不应狭隘,需要更好地回应发展中国家的需求。实现更好地全球治理,就是要解决发展中国家长期遭受"治理赤字"的问题。

在讲授世界银行治理结构的主要问题这一部分时,教师坚持灌输与渗透相结合的原则。灌输注重启发,是能动的认知、认同、内化,而非被动的注入、移植、楔入,更非填鸭式的宣传教育。在讲授世界银行的选区划分和执行董事分配、行长选任、"行长的选拔程序不透明、不合理"、投票权分配制度和表决权集中制度所存在的问题时,教师启发学生思考,这些问题从侧面反映世界银行治理中的哪些特点,这些特点是否符合最大多数国家和全人类的利益。进而,教师把学生的思考引向什么是真正的善治,其标准应该是什么的问题。教师通过灌输与渗透相结合,采取春风化雨的方式,让学生从被动、自发的学习转向主动、自觉的思考。

在讲授改革世界银行的原因这一部分时,教师进行显性德育和隐性德育的结合。在显性德育方面,教师指出世界银行的局限性表明,由美国等少数发达国家主导的全球治理机制弊端丛生,治理失灵,严重缺乏公正性、公平性和代表性。在隐性德育方面,教师结合全球大势和习近平总书记讲话精神,让学生明了,人类面临的全球性经济问题数量之多、规模之大、难度之深前所未有,单靠一国之力已无济于事,需要各国携手合作,共同应对。这就暗含了集体主义和共同体意识的教育。

在讲授改革世界银行的对策部分时,教师引入全球治理的中国智慧。结合中国参与全球治理的实践,如完善亚洲金融合作机制、促进亚洲互联互通、设立丝路基金和发起创办新兴多边金融机构,指出中国的治理原则是共商、共建、共享。这表明,中国开始越来越多地承担起推动世界经济发展的责任并发挥更大作用,在参与全球治理方面采取了更加积极主动的行动。中国式治理力求实现把中国的发展、中国人民的利益、"中国梦"和中国人民的幸福与世界发展、世界人民利益、世界梦和世界人民的幸福联系起来。在这种治理模式下没有一家独大,而是各方平等参与;没有暗箱操作,而是坚持公开透明;没有赢者通吃,而是谋求互利共赢。

在总结部分,教师提出世界银行的局限性要源于西方式治理的思路和原则。西方式治理强调霸权式治理、少数大国主导和暗箱操作(尤其在世界银行行长选任问题上),其目标是少数大国获益。在自身经济增长乏力、民主制度和发展模式逐步暴露不足的情况下,西方国家参与全球治理的意愿有所下降,逆全球化有所发展。

中国式治理是弘扬和践行和合思想,和合、包容是中国传统文化的本质与精髓。随着全球化的深入发展和世界各国、各地区、各民族相互依存关系的日益加深,中国传统优秀文化积极的处世之道和治理理念愈来愈凸显其时代价值,同当今全球化时代具有越来越多的契合点与共鸣点,为中国在新时代参与全球治理提供了强大的智力支持,使得中国所主张的全球治理理念具有深厚的中国"和合"文化的底蕴。在此背景下,中国在议题框定、议程设置、规则塑造、舆论宣传、统筹协调等方面为全球治理注入了新动力,从全球治理的参与者转变为全球治理的引领者。根据新时代特征确立和合系统思维,中国将最终推动构建人类命运共同体。

人类命运共同体思想是在全球治理的过程中产生的,两者有着不可分割、相辅相成的密切关系,其中,人类命运共同体是全球治理的目的,全球治理是建设人类命运共同体的途径与手段。当今世界,既有发达国家,又有发展中国家和不发达国家;既有社会主义国家,又有资本主义国家和封建主义国家,各类国家在价值观念、社会制度、发展道路、发展模式等方面分歧明显、诉求不一,如何实现世界各国和睦相处、和谐发展,人类社会往何处演进,演进的路径是什么,就成为必须回答的时代课题,而中国的人类命运共同体思想和全球治理理念则对上述问题做出了清晰的回答。

人类命运共同体思想蕴含着中国元素,包含着中国智慧,承载着时代课题,是对中国优秀传统文化的继承、创新与发展,是对新中国成立以来中国外交经验的科学总结和理论升华。人类命运共同体是人类社会演进的重要一环,是走向更高级社会形态的过渡阶段,科学解释了各种社会制度能够长期共存的原因,界定了当今世界的历史定位和时代属性,克服了以前各种关于世界现状和前景理论的不确定性、模糊性、不可预期性,指明了人类社会发展的新愿景。这种思想指导下的亚洲基础设施投资银行和"一带一路"建设方案是对世界银行不足的有力补充。

三、教学结果

"课程思政"应成为能够深入学生的心灵,引领他们思想和精神攀升的教育,其重要责任就在于价值引领,促进学生思想政治素质提升。本节课在一定程度上有利于实现这一目标。学生通过这次课程的学习,不但增强了对世界银行运作机制和局限性的认识,也使学生理解中国不再是一个旁观者,它以更加积极的态度思考,推动全球秩序的变革,最终构建人类命运共同体。本节课还加深了学生们对中国式治理的理解、认可和支持,增强了他们的世界眼光和责任意识。由于理解了中西方治理原则、思维和理念的区别,本课程有利于学生增强明辨是非、善恶,提高认识,树立正确观念和道德评价能力。

四、教学分析

本节课要解决的问题是力求实现关于世界银行改革的知识传授与社会主义价值培育的结合。本节课的知识要点是世界银行集团治理功能的变化、改革世界银行的原因、世界银行治理结构的主要问题、改革世界银行的相关对策等内容。

本课程所包含的价值引领主要体现为"治理赤字""共商、共建、共享"的治理原则、构建人类命运共同体的理念等马克思主义中国化的最新成果。解决问题的思路是从剖析世界银行的局限性和改革对策入手,引入中国式治理智慧,并用比较分析的方法,让学生感知中国式治理的优越性、公正性和先进性。

五、教学反思

本课程从横向现实的维度出发,结合世界与中国发展的大势、中国特色与国际现状、时代需求与时代责任等视角,使思政教育元素嵌入到课程知识的教学中。从价值引领角度来看,本课程中的价值从属于爱国主义、社会主义和理想教育范畴。由于课程属于试点期间,在设计本课程的过程中,教师仍需要进一步完善课程思政教学的实现方式。在本课程教学中,显性德育要多于隐性德育,而且学生的主体地位仍有挖掘和提升的空间。习近平总书记指出:"现在的学生主体意识较强,思政课教学要从问题出发,激发学生参与,引导学生反思,推进以教师'教'为中心向以学生'学'为中心的教学范式转型。"而且,按照前沿的教育理论,课程目标不再局限于知识的传授,而是在经过重视培养学生能力之后开始注重培养学生的综合素质。这些都是教师在设计本课程时需进一步探索和思考的问题。

从中美贸易摩擦探讨中美关系之"修昔底德陷阱"

潘 辉

一、教学背景

"欧美历史与文化"课程是一门全校人文素养类选修课。为了让学生更好地认识当前的中美贸易摩擦问题,更好地理解中美关系的机遇与挑战,我们在"欧美历史与文化"课程中关于希腊城邦内战的一节中设计了案例教学。为了便于课堂的讨论,教师把学生进行分组,按照对"修昔底德陷阱"理解分成不同的组进行讨论。本次课教学时间是2018年4月24日第九、第十节课,授课地点是6号教学楼316教室。本次课采取教师主讲,学生讨论的形式进行授课。学生通过本课程的学习,了解"大国博弈"的现实性和紧迫性,在中美贸易摩擦的当口,让当代大学生有国际化的视野,增强爱国主义精神和民族危机感。

二、教学过程

(一)教师讲解:"修昔底德陷阱"的来源及其历史概貌

第一步:教师介绍古希腊伯罗奔尼撒战争的情况。

伯罗奔尼撒战争是以雅典为首的提洛同盟与以斯巴达为首的伯罗奔尼撒联盟之间的一场战争。最终斯巴达获得胜利。

战争第一阶段(公元前431—前421),雅典在伯里克利的领导之下,凭借强大的海军,采取陆地上防御在海上进攻的策略。而斯巴达在阿基达摩斯二世的领导之下,凭借它令人畏惧的战士,于公元前 425 年洗劫了阿提卡。两个强邦侧重点不同的军事力量导致了战争第一阶段的僵持局面。

伯里克利的继任者克里昂继续推行雅典的帝国主义政策。公元前 424 年,他率军在斯法特克里亚岛附近的海战中取得了对斯巴达的重大胜利,但由于他提出了过分的要求,丧失了达成和平协定的机会。克里昂于公元前 422 年在安菲波利斯阵亡之后,和平谈判才变得可能。雅典的主和派在尼西阿斯的领导下掌握的权力,并且于公元前 421 年与斯巴达签订了《尼西阿斯和约》。根据该合约,双方恢复了战前的疆界。不过,双方的盟邦仍然冲突不断。公元前 420 年,由亚西比德领导的主战派在雅典取得了权力,并且和斯巴达的宿敌阿哥斯结盟。但阿哥斯仍于公元前 418 年被斯巴达击败。

公元前 415 年,战争进入了一个新的阶段,冲突的舞台移到了西西里。但是到了公元前 413 年,战事又回到了阿提卡。斯巴达与波斯结盟后,在波斯大批黄金的资助下,斯巴达开始建立自己的舰队,雅典的处境变得危险起来。虽然亚西比德于公元前 411 年在阿比多斯,继而于公元前 410 年在库奇克斯两次击败了斯巴达人和波斯人。但是公元前 407 年雅典海军在诺提乌姆的战败表明,强大的雅典在军事上和财政上已经枯竭了。公元前 405 年,在羊河之役中,强大的雅典海军惨败。斯巴达的海军司令莱山德成功地封锁了雅典,并迫使其投降。霸权均势被改变了,斯巴达此刻成为了希腊世界的霸主。

第二步:"修昔底德陷阱"的提出。

雅典人修昔底德根据自身见闻所记述,写了《伯罗奔尼撒战争史》一书。修昔底德总结说,"使得战争无可避免的原因是雅典日益壮大的力量,还有这种力量在斯巴达造成的恐惧"。

相比于结束不久的希波战争(公元前 499—前 449 年),希腊各城邦为抵御波斯帝国的战斗,伯罗奔尼撒战争几无正义性可言。希波战争时期,希腊自由城邦成立了以雅典为首的提洛同盟,战争结束后,提洛同盟逐渐成为雅典加强海上霸权的工具。随着雅典日益兴盛,尤其是海上军事力量的强盛,周边小国(城邦)不断依附,这威胁到了传统陆上军事强国斯巴达,于是在斯巴达的主导下,半岛上成立伯罗奔尼撒联盟以对抗雅典。战争固然有人性、意识形态(雅典为民主政治,斯巴达为寡头式军事政权)、阶层压迫等原因,但归根结底是雅典和斯巴达的利益之争。雅典的兴盛和输出意识形态及对周边的压迫,让斯巴达人感动恐惧。

《伯罗奔尼撒战争史》一书为后人推崇的另一个原因是"修昔底德陷阱":一个新崛起的大国必然要挑战现存大国,而现存大国也必然会回应这种威胁,这样战争就变得不可避免。"修昔底德陷阱"在历史上似乎屡试不爽。15、16世纪,因为航海技术的发明和运用,葡萄牙、西班牙开始在世界各地开拓殖民;16世纪末英国崛起,并与当时的海上霸主西班牙展开大海战,西班牙惨败;随即英国又与荷兰争夺海上主导权,历经四次英荷战争而夺取海上霸权。此后发生的两次世界大战,都未逃出"修昔底德陷阱"设置:德国以及随后日本崛起,挑战英、法、美等现存大国制定的世界秩序,所有利益之争最后都以一场大战的形式展开。

(二) 课堂讨论:结合中美贸易摩擦讨论中美关系是否存在"修昔底德陷阱"

问题设计。

(1) 中美贸易摩擦的大致脉络是什么?说说你的评论。分组讨论后的回答总结:2018年3月22日,从美国正式公布"301调查"报告开始,中美贸易摩擦已经持续半年多时间。现在,美国对华征收关税的部分清单已经落地,中国也进行了对等反击。同年9月24日,美国新一轮对华2 000亿美元的关税征收,也正式开始实施,中方也已做出相应的反击,对美600亿美元商品加征了关税。中美贸易摩擦仍在不断升级,美国威胁要进一步对另外2 670亿美元来自中国的商品加征关税。除贸易摩擦外,美方也对来自中国的投资采取了单边保护主义措施,如对中兴通信做出的惩罚性措施。事实上,自特朗普上台以来,全球第一大经济体和最大的军事强国的战略,初步呈现大拐点的征兆:对内民粹主义、对外孤立主义、经济民族主义;而全球第二大经济体中国主张开放的全球贸易,以日益增强的军事实力捍卫中国的核心地缘利益,以全球强国姿态,积极参与全球治理,成为国际秩序的建设者。两者的发展路线开始出现一些不协调的一面。

(2) 中美陷入"修昔底德陷阱"的可能性有多大?分组讨论后的回答总结:近年来,随着中国的崛起,经济总量连续多年居世界第二并不断逼近美国,国防实力也日渐强盛。国际社会尤其是西方世界关于中国威胁论的声音不绝于耳,认为中国的崛起将重塑当前美国等西方国家主导的世界秩序,甚至觉得中国崛起亦将陷入"修昔底德陷阱"。为此美国也在实施"亚太再平衡"战略,以此应对中国崛起。从历史循环论的角度看,这种担忧不无道理。不过,如今世界的运行状况与历史上的任何时期都有着巨大差异。虽然中国的崛起必将影响美国的利益,且这种影响已经在西太平洋地区有所显现,但这种影响是有限度的。中国将台海、南海视为核心利益,但这对于美国而言,并非核心利益。换言之,即便中国崛起后主导了东亚和东南亚秩序,美国的选择也未必是战争。

选择战争,对中美两个大国而言,都将是不堪承受的。两国都拥有核武器,即便是20世纪50年代初中美在朝鲜战场对峙,美国也不敢动用核武器,何况如今两国核打击力量均已十分强大。更为重要的是,当今社会已经告别了依靠掠夺资源谋求强盛的形式,即便中美之间在部分利益上有冲突、此消彼长,但各国之间的合作共赢,其效用远胜于利益之争。换言之,中美一荣俱荣、一损俱损。陷入"修昔底德陷阱"的可能性微乎其微。当然,中国崛起虽不会重演"修昔底德陷阱",但随着中国崛起,世界局部地区秩序将重塑,各国间的博弈也将继续。

(三) 教师总结提升

(1) 中国的崛起是不争的事实,中美贸易战就是美国为我们做得最好的背书,美国把中国作为对手甚至敌人,是对我们最大的尊重和认可,是对我国改革开放40年来中国特色社会主义道路和社会主义制度的充分肯定。

(2) 世上本无"修昔底德陷阱",只是美国为了遏制中国崛起的舆论工具,制造中国威胁论,为中美矛盾和分歧推卸自己的责任。

(3) 既然美国都这么相信我们,我们还有什么理由不相信自己。因此,我们有充分的理由加强"四个自信"——中国特色社会主义道路自信、理论自信、制度自信、文化自信。

三、教学结果

(1) 学生通过对"修昔底德陷阱"本质内涵的发掘和学习,基本能够将理论知识与当前中美贸易摩擦紧密结合起来,锻炼了学生活学活用的能力,拓展了学生的知识面。"修昔底德陷阱"是以古希腊历史为起点,对人类历史的重大事件为依据提炼出来的,虽然是过去的历史故事,但是对今天的世界具有很重要的指导意义。中美两国作为世界上第二和第一的经济强国,目前的竞争态势似乎越来越明显,从某种程度上来说,中国的崛起引发了美国的戒心,美国似乎感受到了中国的挑战,按照"修昔底德陷阱"的逻辑,中美贸易战的本质是美国作为守成大国对中国新兴大国的打压所致。学生通过此次教学,能够将"欧美历史与文化"的理论知识活学活用。

(2) 培养学生独立思考问题能力。以往的传统教学,由教师灌输式的学习,学生只是被动地接受,主观能动性并没有积极的发挥出来,更谈不上培养学生分析问题和解决问题的能力。教师通过分组讨论的形式,让每组学生从不同的视角出发，分工合作，从搜集资料开始，然后制作 PPT，或准备相关视频剪辑，确保每一位同学都有明确的任务，经过每个小组的讨论，确定论点，提供论据，然后集中演讲和展示。学生通过这种教学形式，培养了独立的思维能力，提升了分析问题的能力。

（3）对中美贸易摩擦及中美关系从一个历史的视角去分析。当前中美贸易摩擦是国际政治经济领域的热门话题，大多数的观点都是从中美贸易不平衡的视角去解读。其实，随着中美贸易战的不断深入，现在美国开始指责中国的经济发展模式进而指责中国的社会制度等非贸易领域的问题。因此，中美贸易战已经远远超出了国际贸易的范畴。事实上，种种迹象表明，中美贸易战只是美国企图遏制中国的一个借口而已，本案例正是从这个视角出发，分析中美贸易战的实质所在，为中美贸易战提供一种更广阔的分析视野。

四、教学分析

（1）教学中德育因子的把握。教师引导学生通过对"修昔底德陷阱"本质内涵的探索和讨论，提升自己对中美贸易摩擦的了解和认识，增强对我国改革开放 40 年来取得成就的认可，增强爱国爱党的情怀，增强民族自豪感和自信心。教学的重难点是如何更好地让学生认识到社会主义道路的优越性，认识到中美贸易摩擦的本质以及中美关系的复杂性。

（2）教学中德育价值的体现。教师通过中美贸易摩擦的分析，让大学生了解到美国之所以对中国进行贸易制裁，主要是因为中国的快速崛起，美国试图遏制中国发展。从某种程度上来说，美国的举动进一步印证了中国的快速发展，从侧面证明中国改革开放 40 年来的巨大成就，表明中国已经走出了一条适合中国发展的一条道路，也印证了中国发展模式的正确性。中国从一个半殖民地半封建的基础上，在党的领导下，经过中国人民的不懈努力，已经成为一个强大的中国，激发当代大学升的民族自豪感，增强大学生的爱国热情。高校是人才培养的重要基地，也是研究和发展先进文化、传播先进文化的前沿阵地。学生通过该案例的学习，培养对当代中国发展成就的认识，体会到中国特色社会主义制度的巨大力量以及社会主义先进文化的力量，增强对中国特色社会主义的道路自信、理论自信、制度自信和文化自信，为实现中华民族伟大复兴的"中国梦"汇聚起磅礴的青春力量。

（3）讨论式教学增强了课堂双向交流。传统的教学方法是老师讲、学生听。在本次教学中，学生对案例进行消化，然后查阅各种他认为必要的理论知识，这无形中加深了对知识的理解,而且是主动进行的。学生经过缜密地思考,提出解决问题的方案,这一步应视为能力上的升华。

五、教学反思

(1) 教学设计方面,教师可创新更多方法把历史文化知识与当前的中美贸易战更好地衔接起来,进一步提升教学内容的连贯性。历史文化是一面镜子,折射出诸多人类智慧。教师应加强对历史文化的提炼,去伪存真,增强教学内容的可读性和趣味性。同时,教师应对中美贸易战的资料加以优化,透过现象看本质,将历史文化与中美贸易战无缝衔接,并提升到理论的高度。

(2) 在思政元素的提炼方面,教师通过对中国取得的成就的介绍,提升学生的民族自豪感和自尊性,但是本课程思政元素有待进一步的挖掘,以形成系统性的思政元素库。本次教学中提炼了一些思政元素,如爱国主义、四个自信等,但是思政元素还稍显单薄,应通过一个案例提炼多种思政内涵,达到课程育人的目的。

(3) 在课堂组织方面,教师在分组讨论的基础上,可以再丰富教学形式,争取让每一个学生都有机会展现自己的才华。教师要加强网络教学和翻转课堂的综合运用,在条件允许的情况下,结合虚拟现实技术再现历史场景,同时在课堂上,组织同学采用贸易谈判模拟等现场模拟教学,提升课堂教学的效果。

给留学生讲好中国故事

过国娇

一、教学背景

"中国概论"课程是2018年度学校"课程思政教学改革"试点课程。本课程授课内容主要包括中国地理人口概貌、中国历史发展及演变、中国政治及外交政策、中国经济发展及挑战、中国社会生活及热点问题等五个大专题,内容涵盖中国国情的方方面面。本课程授课对象为我校2018级本科留学生,授课时间为2018—2019学年第一学期周一和周三,授课地点为6号教学楼403教室。"中国概论"课程作为一门面向留学生本科新生介绍中国基本国情的通论型课程,是向外国留学生讲好中国故事的直接窗口,也为广大留学生提供了一把用以打开了解中国大门的钥匙。本课程的教学重点是通过本课程的学习,提高外国留学生对中国发展概况、历史文化以及社会热点问题的总体认识,增强他们跨文化交际能力;教学难点是引导留学生认同中国道路和核心价值观,培养他们知华友华爱华情感。近年来,教师在本课程的教学实践中,不断完善教学内容构建、丰富拓展教学形式和积极改革教学方法,力争向广大留学生生动讲好中国故事。

二、教学过程

(一) 构建讲好中国故事的内容体系

"中国概论"课程内容虽然涵盖众多,但经过近年来的完善与调整,教师可以用一个形象的比喻来描述本课程的内容体系构建,如果把本课程比喻成一场大型的"中国秀"(China Show),那本课程各部分内容在这场秀中的角色主要构建为:中国基本地理概况——舞台背景;中国历史发展演化——故事大纲;中国人口和民族状况——故事主角;中国政治、经济、社会发展——精彩表演。这些角色和内容互相依托和影响,环环相扣,教师在展现这场大型的"中国秀"时既要注意展现各个角色的特点,也要注意它们之间的相互衔接,力争全面地讲好中国故事。

(二) 丰富讲述中国故事的教学形式

为了提升在本课程中讲好中国故事的实效,教师应注重第一课堂和第二课堂相结合,不断丰富课程教学形式,在第一课堂中主要开展直接教育,让留学生系统了解中国各方面的国情和文化知识;第二课堂则主要通过各类活动和文化体验来丰富中国故事的讲述,让留学生在实践中真实体验中国国情和文化特点,活动形式包括博物馆参观、文化实践、社会调查等多种形式。同时,注意发挥中国学生的力量,鼓励中国学生与留学生结对子,让他们在生活中接棒讲好中国故事。随着信息技术的发展,教师也要充分运用各类信息媒介讲好中国故事。因为留学生学习和住宿比较灵活,多呈现分散化、个体化特征,因此,教师在每学期开课前要加强课程在线资源建设,每学期开课后建立课程微信群,及时给学生推送课程相关的课外学习资源和资料,并在线及时答疑解惑,因时因地制宜,讲好中国故事①。

(三) 积极尝试讲述中国故事的新方法

1. 引进案例教学,让中国故事的讲述更生动

根据教师的了解和观察,许多留学生在来中国前对于中国国情和文化知识的了解并不全面,也不系统,他们对中国的传统文化和历史的背景知识有所了解,但对中国的政治与经济现状却知之甚少,加之国外一些媒体对中国国情选择性的片面报道,造成了这部分留学生认知上的偏见。因此,教师在授课过程中如何选择较全面反映中国政治经济发展的案例,从而消除留学生的偏见则显得非常重要。如以中国的民主选举制度为例,由于与西方国家在制度上存在巨大的差异,留学生对中国现行的选举制度存在偏见,对于中国的民主集中政治体制存在一定的误解。为了消除留学生的偏见和误解,教师在教学中引入中国社会基层民主的案例,向留学生们展示中国村民自治和社区居民自治的具体情

---

① 袁海萍:《刍议高校向来华留学生讲好中国故事》,新课程研究,2016(12)。

况,生动而形象,展现了中国民主的特色和优势,取得了很好的效果。另外,在案例的选择上,为充分调动留学生学习兴趣,教师及时更新具有代表性和典型性的教学案例。例如,以前教师讲到中国经济改革开放的发展与成就时,一般都会讲到深圳特区发展和小岗村家庭联产承包责任的案例,通过近几年的教学实践发现,大多数留学生对这类典型案例兴趣不高,因此,教师在上课过程中,及时改变授课策略,将这些知识只作为背景知识简略介绍。而在课堂教学中,教师重点讲解一些与时俱进的、最能够反映中国社会经济发展的案例。例如,在讲到中国的商业和科技发展成就时,教师重点引入阿里巴巴无人超市以及华为手机研发等案例。与时俱进的案例教学进一步提升了留学生的学习兴趣,取得了良好的教学效果[1]。

总之,由于近年来教师在本课程中运用一些典型和具有时代性的案例进行教学,留学生的学习兴趣得到了激发,有效提升了课堂教学效果。

2. 定期组织课堂讨论和 Presentation 展示,让留学生自己讲述中国故事

首先,教师会根据不同章节内容,选择具有一定的开放性的论题让学生定期开展讨论和做课堂展示。原则上教师每完成两个单元章节的教学,就安排学生选择这两个章节中感兴趣的话题进行一次小组讨论和 Presentation 展示。其次,在讨论和做课堂展示时,教师要求学生做到两结合:一是课堂知识和课外查找补充资料相结合;二是中国国情和留学生所在国的相关国情的比较分析,有效结合起来。留学生通过这两个结合,不但对中国国情知识有比较全面客观的认识,而且通过比较分析,能形成较好的跨文化交际能力。另外,留学生分成小组做课堂讨论和展示,可以分享来自不同国家的国情和文化知识,开拓学习视野,增强跨文化交际能力。

教师通过近年来的教学实践和对留学生教学效果的调查反馈可以看出,小组讨论和 Presentation 教学法得到了广大留学生的欢迎和肯定。99%的留学生认为这种教学方法非常好,不但培养了他们思考和解决问题的能力,提升了团队合作意识,而且这也是拓宽留学生视野的行之有效的教学方法。

三、教学结果

经过一年多的"课程思政"教改实践尝试,本课程取得了良好的教学效果,

---

[1] 李国:《案例教学在留学生课堂中的实践与思考——以上海师范大学商学院"中国政治与经济"课程为例》,改革与开放,2017(20)。

也得到了留学生的积极反馈,主要表现如下:

(1) 留学生的获得感增强。教改后的本课程以展现"中国道路"为主线,将"知识传授"与"价值引领"有机结合,充分挖掘了本课程的德育元素,增强了授课内容的系统性。在学期末的课程反馈中,留学生纷纷表示修读本课程让他们对中国地理概况、历史发展、政治外交、经济发展、社会文化等专题有了系统全面的了解,对有中国特色社会主义道路和核心价值观的有了更客观的认识,消除了来华前对中国国情的片面理解和认识。

(2) 课堂氛围更加活跃。教师在教改中积极尝试翻转课堂理念、加强课堂讨论环节,并分阶段地组织留学生进行课堂展示,这些教学理念和方法的改革极大调动了留学生学习积极性。留学生在课堂上积极参与小组讨论、踊跃发言,课程展示环节各个小组分工合作、配合默契,并能对其他小组的展示内容大胆提出自己的意见和观点。很多留学生认为"课堂讨论和课程展示发挥了大家的主动性,同学们互动很多,课堂氛围非常轻松,很喜欢。"

(3) 留学生的综合能力得到了明显提高。首先,留学生的表达能力有了明显提高。开学初的课堂上有些来自亚洲文化圈的留学生(如蒙古、韩国等国)在小组讨论中还比较害羞,不太敢开口,需要老师的鼓励和调动,在课程展示中也表现出不自信的一面,不敢与其他同学有眼神和口头互动交流,到了学期末最后一次课程展示,教师感觉到这部分同学的进步很大,他们大都消除了入学初的羞涩和被动,能主动加入课堂讨论和自信地进行课程展示。其次,留学生的分析问题和解决的问题的能力有了较大提升。教师通过对比学生的期中和期末测验中的表现看得更清楚,在期中测验中最后一个分析论述题中,留学生们对灵活运用所学知识进行分析的能力还比较局限,分析问题还多局限课程所学知识,不能发散到课程外,而到了期末考试的小论文写作中,很多留学生都能自如将课程知识联系实际,不仅对课程所学内容能融会贯通,还能联系中国和自己国家的国情进行客观对比分析,分析问题和解决问题的能力有了很大提高。

四、教学分析

"中国概论"课程的最大特点是教师不仅仅是重视中国国情知识和客观事实的系统介绍学习,更重要的是通过分析客观事实来充分展现中国的道路自信、理论自信、制度自信和文化自信。教师通过结合中国国情,生动地讲好中国故事,引导留学生认同中国道路和核心价值观。可以说,以上德育内容和功能贯穿于本课程各个章节教学内容中①。

比如,第一章"中国地理和人口概况"的教学内容中,教师通过介绍中国地理资源概貌以及人口和民族状况,让留学生认识中国基本国情:中国具有广袤的土地、丰富的资源,但同时人口基数庞大,人均资源贫乏。并引导留学生认识到这一基本国情及其特点是中国一系列内外政策的出发点,也是理解中国道路的出发点。又比如,第二章"中国历史发展及演变",在梳理中国整个历史演变过程和重要历史人物事件的基础上,教师把重点放在了对中国近现代史以及马克思主义在中国的传播和影响分析,目的就是让留学生认识到选择马克思主义理论和共产党领导的新中国的必然性,体现了历史发展和中国人民的必然选择。再比如第五章"中国社会生活及热点问题",教师通过对中国教育、文化生活、科技创新、社会福利等不同社会热点问题的探讨分析,全方位展现中国近年来提升国家文化软实力的成果,展现中国人民丰富多彩的社会文化生活和昂扬向上的精神风貌,展现社会主义核心价值观的文化自信。

总而言之,本课程以展现"中国道路"为主线,通过对中国地理人口、历史发展、政治外交、经济发展、社会文化等专题知识的全面介绍,将"知识传授"与"价值引领"有机结合,充分挖掘本课程的德育元素,增强了留学生对有中国特色社会主义道路和核心价值观的理解和认同。

五、教学反思

近年来,教师都在积极思考如何在"中国概论"课程中给留学生讲好中国故事的课题,也在不断尝试与实践,并进行教学反思,在今后的教学实践中,教师认为以下几方面的问题有待改进和提高:

(1)进一步提升讲述中国故事的方法和技巧。来华留学生作为我国高校中的一个特殊群体,由于他们生长环境、文化背景以及受教育情况不同,对他们进行"课程思政"具有明显的特殊性与复杂性,更应讲究方法和技巧。面对课堂上留学生比较偏见甚至偏激的观点和意见,教师应具有平和包容的态度,不能把自己的观点强加于留学生接受,太急切或目的性太强都容易引起留学生的反感。事实胜于雄辩,教师应通过大量地举例子、摆事实等方法,循循善诱引导留学生理解进而认同中国国情和中国特色社会主义道路和核心价值观。同时,教

---

① 过国娇:《在留学生教学中开展课程思政的教改探析——以"中国概论"课程为例》,文教资料,2019(6)。

师结合课堂教学，进一步强化课外社会文化实践活动环节，拓展德育平台，使留学生在真实场景的体验中认识中国国情，理解和认同中国道路。

（2）进一步加强中外国情和文化的对比分析。在教学实践中，教师发现很多留学生对中国国情的认识多基于本国国情出发，在对具体问题阐述时会自然地联系对比本国的实际情况。教师认为这种对比分析有利于留学生全面深入看待和分析问题，但同时也对教师的备课和知识储备有了更高要求和挑战。教师想要自如驾驭课堂，需要在"备学生"上下更多工夫。留学生的个体差异较大，他们的教育程度和文化背景往往不尽相同。教师要更好面对这群鲜活多样的留学生个体讲好中国故事，就要在备课时应多从留学生文化背景出发，不断丰富自身的跨文化知识，设身处地从留学生的角度多备课。只有这样，教师在课堂上才能有的放矢，从容应对留学生随时提出的问题和困惑，更有效地提升教学效果。

（3）因为本课程是用全英文教学的，这对任课教师的语言和教学能力都提出了双重挑战，特别是案例教学对教师全英文教学能力的要求较高。在今后的教学中需要老师进一步提升外语能力，加强全英语案例库和全英文教材的建设，并与教学团队定期进行教学研讨，交流经验，充分发挥团队的力量，共同培育好本门课程的建设和发展，真正把"中国概论"课程建设成为广大留学生客观、全面了解中国的窗口和钥匙，充分利用"中国概论"课程平台更高效地讲好中国故事。

在英语学习中强化民族自信

——以"Fighting with the Forces of Nature"单元写作训练为例

严 淑

一、教学背景

本课程的授课时间为 2017—2018 学年第二学期,授课地点是 6303 教室、6401 教室和 6420 教室,授课对象是 2016 级各专业各班。本课程属于综合素养课,采用《全新版大学英语》(综合教程 4)作为授课教材。"大学英语"是高等教育的一个有机组成部分,是大学生的一门必修的基础课程。大学英语教学是以英语语言知识与应用技能、学习策略和跨文化交际为主要内容,以外语语言学和教学理论为指导,并集多种教学模式和教学手段为一体的教学。其目标是培养学生的英语综合应用能力,特别是听说能力,使学生在今后工作和社会交往中能用英语有效地进行口头和书面的信息交流同时增强其自主学习能力,提高综合文化素养,以适应我国社会发展和国际交流的需要。近年来,在学习西方语言的同时,学生对西方文化乃至世界文化都具有一定的认识与了解,但与此同时容易造成对西方文化的盲目追随和对本土文化的发展与精髓的忽略。教师在大学英语教学中有效地融入文化、德育因素,引导学生客观地看待不同文化间的差异已是迫在眉睫。

二、教学过程

"大学英语(4)"每个授课单元分为:课文精读、词汇学习及运用、写作技巧、扩展阅读四个板块。本次教学展示的是第一单元"与自然力的抗争 Fighting with the Forces of Nature"中的写作技巧板块"提供依据 Providing Evidence"的教学情况,循序渐进引入技能训练,润物无声融入德育元素。

1. 模拟训练引出主题

结合课前热身提问与课后讲演练习的内容,开展模拟辩论活动。

热身问题:列举一些人类战胜自然的例子。List some instances where man conquers nature. 列举自然力比人类强大的例子。List some cases where the forces of nature are too powerful to resist. 投票题:你认为人类与自然,谁更强大? Man or nature, which do you think is more powerful?

模拟辩论:根据投票结果决定正反方人员,并抽取代表参加课堂小型辩论。

2. 现场点评模拟辩论中的问题

学习如何提供依据 Providing Evidence 的写作技巧。

3. 由浅入深进行针对性训练,引出德育元素

练习主题1:请为以下观点提供支撑依据:上海的生活成本高。Try to support the saying that: The living cost in Shanghai is high.

练习主题2:请为以下观点提供支撑依据:全世界都认为中国比过去更强大。Try to support the saying that: It is internationally acknowledged that China is much stronger than before.

4. 点评及布置作业,强化效果

作业:众所周知,中国比过去更为强大,在世界经济、政治乃至军事舞台上都扮演着重要角色。It is internationally acknowledged that China is much stronger than before. China has played an important role in the international stage politically and economically, as well as in military development. 撰写一篇不少于300字的作文,自拟题目。可就某一方面或若干方面进行讨论,重视支撑观点的依据列举。对于参考的文献和资料需做出脚注。Write an essay no less than 300 words. Choose one aspect to discuss and choose a proper title for your essay. Use evidence to support your opinions. (very important) Search for the information or statistics from the library or from internet when necessary. And marked it with footnote.

三、教学结果

从教学软件统计的数据、课堂教学的实际表现以及课后作业完成情况三方面来看,本次教学活动在提高学生学习效率、参与程度,提高知识点掌握水平,

培养学生的爱国情怀、建立文化自信上收到了良好的成效。

1. 课内反馈

教师使用教学软件平台，丰富了教学活动的形式，提高学生参与率。并且，平台的实时数据统计功能可以及时反馈学生动态，直观有效。例如，课堂模拟辩论的分组可根据之前热身提问环节的结果（如图1所示）直接达成，在投票人选中通过学生自荐的形式组成正反方成员组，有效地避免了课堂气氛沉闷、无人主动应答的现象。再如，课堂辩论结束后，先由观摩学生进行投票，选择"最佳辩论小组"（如图2所示）和"最佳辩手"。投票结束后，教师点评双方的表现，自然过渡到"提供依据"这一主题的技能学习中。

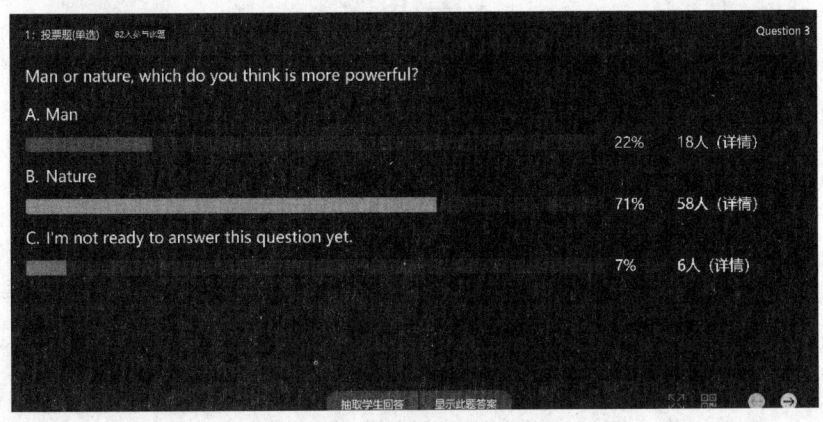

图1　热身题投票结果

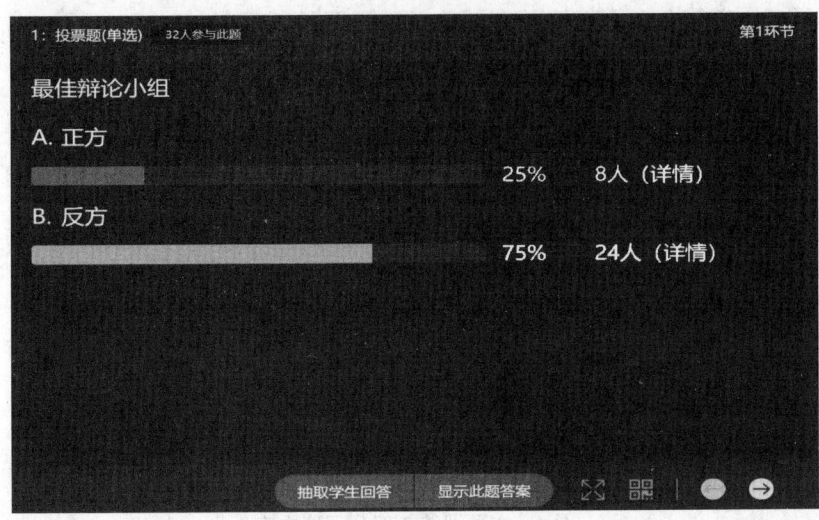

图2　最佳辩论小组投票结果

教师授课由浅到深,自然过渡到德育元素的引入。在第一个以上海的生活成本高的训练主题中,教师促使学生从自身出发,积极展开思考。学生通过软件平台话题版块作答,教师以词云的形式快速展示学生思考结果(如图3所示),以浏览话题个别评论并点评的方式考察该写作技能的初步掌握情况。

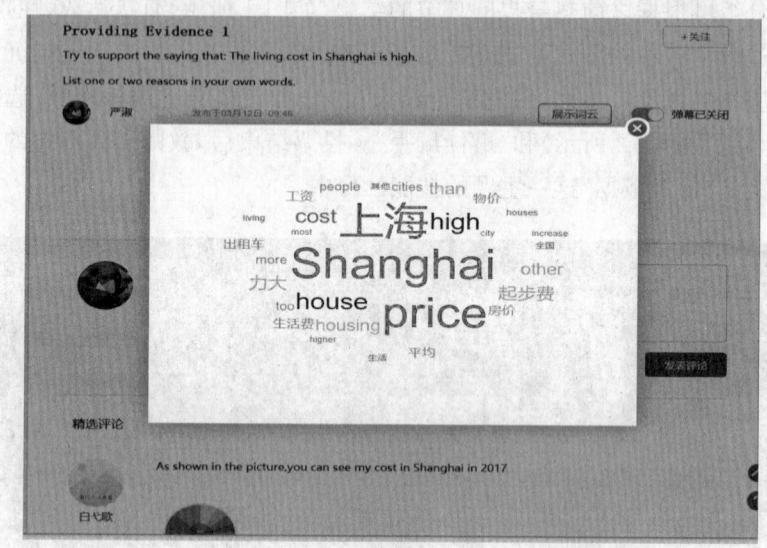

图3　词云展示评论结果

在第二个中国日益强大的主题训练中,学生现场完成的思考即头脑风暴的过程,可以在浏览评论时看到学生积极思考的一面,大多数人看到经济、生活、文化、体育等众多方面的影响力(如图4—图6所示)。

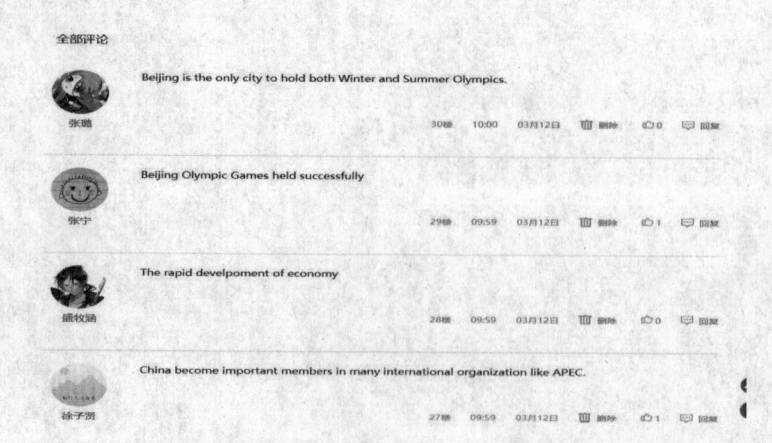

图4　主题训练2部分评论内容

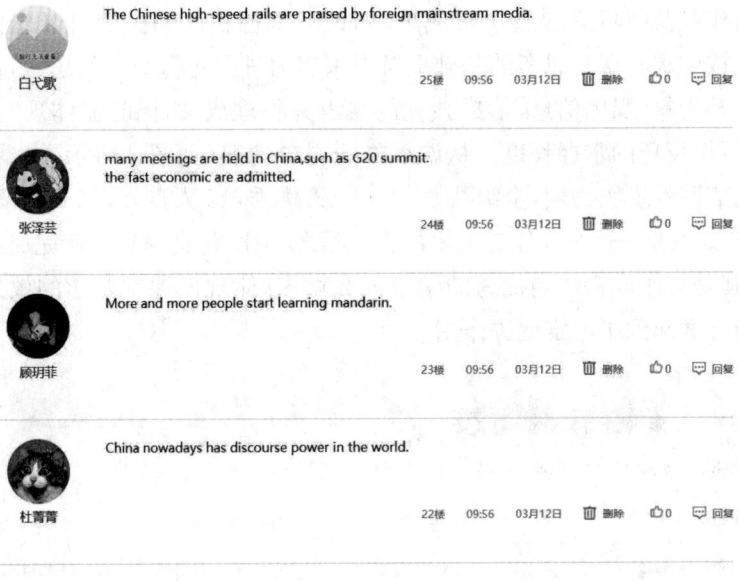

图 5 主题训练 2 部分评论内容

图 6 主题训练 2 部分评论内容

2. 课后反馈

课后作业及时巩固课堂学习成果，知识点掌握程度和民族自豪感极大提升。学生按要求在课堂思考的基础上对中国实力进行更深更广的思考，借助参考各类文献资料、媒体信息，形成独立的观点并整理成文，同时需体现“提供依据”这一写作技巧的掌握程度。从课后作业得分情况（如图 7 所示）来看，以第一和第二节课的班级为例，全级共 55 人，10 人优秀，12 人良好，23 人中等，4 人差，6 人未交作业。这与往届普通班的作业情况相比，优良率和作业完成率有所提高，尤其是写作成绩达到优秀的学生人数增多，体现出课堂教学的效果对学生写作的态度起到了一定促进作用。

已选0/55 批量给分▼ 打回作业 下载▼ 查重率超过50%自动标红

2016195524	杨小欧	85 /100	0%	18/03/24 22:11	字数：2280	批阅4次	进入批阅
2016191C26	张宁	90 /100	4.55%	18/03/23 23:19	字数：2104	批阅4次	进入批阅
2016191B44	饶逸文	95 /100	0%	18/03/25 21:38	字数：2085	批阅4次	进入批阅
2016195730	黄兰秀	90 /100	0%	18/03/23 18:13	字数：2046	批阅4次	进入批阅
2016148143	王梓屹	95 /100	4.35%	18/03/21 21:13	字数：2022	批阅4次	进入批阅
2014144149	陆钏列	85 /100	2.5%	18/04/06 00:08	字数：1905	批阅3次	进入批阅
2016191824	刘璐	95 /100	6.12%	18/03/25 13:47	字数：1771	批阅4次	进入批阅
2016191909	陈茜	95 /100	2.08%	18/03/23 12:03	字数：1765	批阅4次	进入批阅
2016148113	张泽芸	90 /100	4%	18/03/25 15:53	字数：1735	批阅4次	进入批阅
2016195919	盖艺文	90 /100	5.88%	18/03/25 13:23	字数：1733	批阅4次	进入批阅
2016133106	盛牧涵	90 /100	2.38%	18/03/21 11:18	字数：1698	批阅4次	进入批

图 7　部分课后作业批阅得分情况

从课后作业完成质量来看，除达到本次训练写作技巧的目的以外，在学生的作文中不难看出强烈的民族自豪感和为写作进行资料搜集付出的大量时间（如图 8 和图 9 所示）。这与以往的学生相比，对待作业的认真态度有所提高，而在其认真搜索阅读大量数据的同时，亦是对中华民族独立和强大的又一次体会。

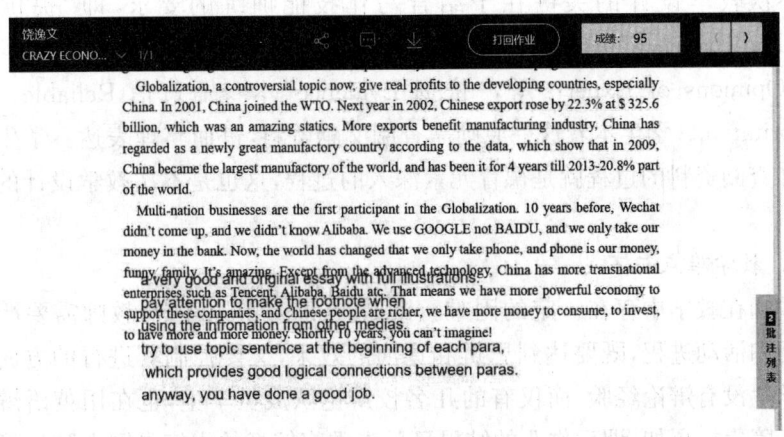

图8 部分作业展示

图9 部分作业展示

四、教学分析

1. 教学方法及效果

本次教学除完成知识点讲解等基本授课目标外,同时希望通过德育元素的融入,引导学生树立民族自豪感和民族自信。由于现在大学生接触的媒体信息量巨大,各类资讯丰富多彩,对民族文化的忽略不可小视。集中的爱国主义教育或学习固然有效,但在课堂上融入中国元素,亦可以激发学生的爱国热情,并为此广为阅读,扩充知识面。学生在形成自己独特的视角下,也加强并加深了对中国实力的理解,形成强大的民族自信。在教学中,教师采用循序渐进的引导教学模式,根据一定的教学内容,创设与学生现实生活息息相关的情境,提出一系列有价值、有难度的问题,组织引导学生讨论交流,激发学生的求知欲,活跃学生的思维,从而实现一定的教学目标。从课堂反馈和课后作业不难看出,教师在课堂上对学生加以适量的引导,可以启发学生产生大量思考,发挥语言学习的优势,进而可以实现德育教育的目的。

本次教学在课堂实施之时就赢得大多数学生的注意力,并跟随授课节奏,与教师共同完成了一次专业课程学习与民族自信提升的结合。通过课上课下,线上线下的结合方式,教师在教学过程中对大学生的文化自信的培养得以实现,做到立德树人,润物无声。

2. 教学关键及重点

本次教学设计的关键在于结合写作技能训练的要求,即"提供依据 Providing Evidence"包括:事实 Facts,统计数据 Statistics,理由 Reasons,专家意见 Opinions of Experts 等,"依据 Evidence"本身需可信 Reliable,权威 Authoritative。学生本着这一原则需查阅文献资料,进而整理表达。学生展开思考和查阅资料的过程就是德育元素深入的过程,这也是本次教学设计的重点所在。

3. 教学难点与不足

教师在教学中存在一定的困难。比如,在课堂辩论环节,教师需要严格把控时间和活动进程,既要达到思辨和竞演的效果,又要控制其进行的方向。大多数学生没有辩论经验,而仅有的几名校辩论队成员学生,也在用英语辩论时出现了障碍。再如,课后作业的结果显示查重率较高的内容是网上随处可查到的例子(高铁、申办奥运等),不排除学生为完成作业而走捷径的因素,这样的作业就缺少创新点。

五、教学反思

教师今后在大学英语课堂上继续推进德育并行的授课时,必须注意的几个关键问题是:①以学生为中心。课程设计与进度要与学生的实际情况紧密结合,确保授课对象的核心地位。②以引导启发式教育为基础。教师在授课中是控制方向的掌舵者,课堂参与及讨论要有的放矢,德育元素的融入不能生搬硬套。③以教师的人文素养为保障。作为"传道授业解惑"的主角,教师在课堂中不以个人偏好影响学生,不戴有色眼镜看待学生,树立客观正面的形象。

  大学英语的教学与德育教育同向同行、并行教育的意义重大。但短短几节课的时间中,教师教育的深化与拓展作用无法充分展开,如课程结束后对学生的长期发展反馈无法掌握。另外,本课程教学中学生的覆盖面小,专业背景相对集中,在实际教学中体现出的反馈也会有一定局限性。教师今后将一如既往坚持专业课程的"课程思政"建设工作,争取与更多平行教学班级的授课教师加强合作交流。同时,教师要寻求跨专业领域的合作,向更多的专业课教师、思政教师、辅导员学习交流。

学好翻译,讲好中国故事

柏 威

一、教学背景

"英语学科竞赛辅导(一)"课程的授课时间是 2018 年 1 月 8 日,授课地点为 5DS21 教室,授课对象是 2016 级商务英语专业学生,讲授内容为"汉英翻译"。本课程属于专业必修课。本课程教学目的是为了促进学生了解汉语背后的文化和价值观的真正内涵并掌握汉英翻译的基本理论和技巧,提高学生对中华民族传统文化和价值观的认同感,初步培养学生利用翻译作为媒介进行对外传播的能力。习近平总书记曾指出:"要加强国际传播能力建设,增强国际话语权,集中讲好中国故事。坚定中国特色社会主义道路自信、理论自信、制度自信,说到底是要坚定文化自信,文化自信是更基本、更深沉、更持久的力量。"可以说,无论是"四个全面"战略布局的铺展,还是"一带一路"、亚洲命运共同体建设的推进,中国内政外交中的文化底色越来越凸显,也越来越重要。在此背景之下,构建思想政治理论课、综合素养课程、专业课程三位一体的高校课程思政教育教学体系的做法在上海市高校中开展起来。思想政治教育已经不再单纯局限于思政课堂本身,而是要依据各专业课程的特点,将思想政治教育贯穿、融合到专业教学的课堂中去,以专业教学为载体,让学生在学习专业知识、培养专业技能的同时也能够识大局、知大势、懂大道。根据我院的课程特色和人才培养的需要,在短学段开设的语言技能系列课程中,融入了民族传统文化(经典文学作品等)和时事新闻(国家发展战略、社会热点等),让学生能够学习语言、培养翻译能力,同时学习语言所代表的作品的内容、思想以及如何进行对外的跨文化传播。

二、教学过程

翻译课程的主要内容包括了理论知识的讲解和实际技能的训练，与思想政治教育的结合主要体现在技能训练的过程中，包括所选语料的内容和处理源语的方法。"课程思政"强调的理念是思政教育与专业课程的有机结合，相应地就要求教师在教学设计中要把专业内容和与其相关的文化、情感、道德、价值观等融合起来，使专业课课堂成为"有文化底蕴、有温度和情怀"的课堂，也一改学生对思想政治教育仅限于思政课上惟课本知识至上的旧印象。

1. 提高文化自信，始于文化自知和自觉

教师在课堂上先对翻译的策略、方法和技巧从理论层面进行了概述并举例说明。在随后的翻译技能训练环节，教师选取了20组句子（长句、短句和两者的组合皆有）作为练习，其中15组是汉译英，5组是英译汉。

课程设计初衷：在目前全球范围内的跨文化交际中，80％以上的跨文化交际都是由英语转换到其他语种，不管是在专业领域还是文化生活领域。因此，学生未来如若从事职业翻译，可能面临的较多是英译汉的工作。但相比较而言，对于母语是汉语的学习者来说，汉译英的难度更大，其难度主要集中在对源语（汉语）的挖掘和目标语（英语）的表达。

课程设计目标：打破绝大多数学生固有的"汉译英的时候，汉语理解肯定没问题"的这一"想当然"的印象，让他们认识到要正确地在目标语中进行表达，前提是一定要结合文化背景、语境等各种因素以充分理解源语的内涵，而汉语的特点之一正是重内涵不重形式。

比如，"桃"。这一汉字在汉语和英语中意象是完全不一样的。又如，"桃李"在汉语中可以指老师辛勤培养出的学生，而"Peach"在英语里则可以形容长得好看的姑娘、容易受伤的人等。在练习中，有"桃李不言，下自成蹊"这样的一个成语，该如何向英语人士翻译才能让他们理解其中的含义？学生给出了若干个版本的译文。在没有查询相关资料的情况下，几乎所有学生都错误地理解了这个成语，更是没有学生知道这个成语是和汉代名将李广相关的，因而译文皆是错译，更不用谈是否兼具神采了。再比如，练习中有"桃园三结义"这样一个典故，所有学生都知道，但是怎样来翻译才能让英语人士既能听懂又不显得过于赘述？同样也是几乎没有学生能够做到。学生通过讨论和讲解，明白了这样的具有特定文化背景的表达，应当以直译和释义相结合的方式，让英语人士明白这是汉语中特定的具有文化或历史背景的表达并且理解它所代表或比喻的意义。

学生通过这样的练习，认识到：同一事物在汉语和英语中的文化内涵是不一样的，要做好汉译英，要先理解汉语表达的真正内涵。万不可在跨文化交际当中，以汉语为母语的译者将汉语原有的意象直接转述为英语而错误地阐述了原有的内涵，因而教师强调了：汉语虽是母语，但首先要能理解语言，其次要理解语言背后所代表的文化，并且要养成从文字表层含义挖掘其真正内涵的意识，即所谓的文化自知和自觉的能力。

2. 传授专业知识和方法，更传递信仰和情怀

同样是在翻译技能训练的过程中，教师选取的语料里包含了一些时事新闻（尤其是财经新闻）中引出的内容。这样的语料属于非文学体裁，有其自身的文本特点。据此，教师让学生分成小组自行讨论并决定翻译方法、形成译文。

课程设计的问题1：汉语的新闻报道中经常有较多"中国特色"的语言表达。例如，关于中国特色社会主义建设的常用句式、正式文本中常用四字短语或成语，这些也都是我们在讲述"中国故事"中一定会遇到的问题，该如何处理才能让英语人士理解？在这个问题上，大多数学生认为，应当简化或注释。

课程设计的问题2：非文学文本中具有文学色彩的表达该如何翻译？学生也形成两种不同的意见：尽量与原文一致以保留文采、不需要保留因为要考虑目标语读者的理解。

在经过这两个问题的处理后，学生的译文形成了两种风格：一种是非常简洁，仅仅保留了关键的信息；另一种是较为全面，虽偶有赘述，但完整保留了原文的信息。

师生讨论的结果：首先，对于汉译英来说，汉语有时存在套话、表意重复或交叉、追求表达形式或韵律美等现象，如若按照原文直接翻译为英语，会形成难以理解的英语表达或者与英语的表达习惯相去甚远。但是在对外传播中，汉语中的意象要尽可能地保留，"中国特色"的文化要最大程度地阐释，这是我们国家对外宣传的展示，也是我们文化自信的体现。在方法上，我们可以用通用的语言表达进行解释，也可以用英语文化中相似的意象进行类比。其次，在译入语的表达上一定要照顾目标语读者的理解能力和情感感受。比如，属于汉语中具有一定知识背景的文学性表达可以以转述的方式译入到英语中。又如，要照顾到西方读者的民族情感、宗教信仰、性别等各方面的感受，不能使用容易引起歧义或误解的表达。不论从政治、文化、文学还是单纯的人际交流来讲，这种为他人着想就是一种善良的品质。

因此，教师从这个问题中就可以上升到翻译的职业素养、道德和情怀。教

师要成为合格的翻译,在保障译文准确性和可读性的情况下,适当采取相应的翻译方法和技巧,有时需要规避和阐释,有时需要直译,有时需要简译或不译。我们更需要行使文化使者的职责,大胆而自信地从正面的、积极的角度对外宣传中华民族的传统文化,做好对外文化的传播。

三、教学结果

1. 学生认识到"讲好中国故事"所需的知识和能力

"讲好中国故事"必须具备对中国文化有一定程度的了解和一定的汉英双语能力和翻译能力。实际教学过程包括教师讲解、学生练习、小组讨论、师生交流等几个环节。教学完成之后,学生在理论知识和翻译技能方面都有所收获,对翻译的理论支撑、中国文化内涵的解读和翻译、具体的翻译方法和技巧等都有所了解和掌握,了解了"讲好中国故事"所需要的知识和能力,并能在此基础上有意识地逐步积累相关知识、培养对外交流和传播的能力。

2. 学生获得了对传统文化和价值观的新的认识

教学设计的初衷之一就是要给学生"惊喜",具体说是让学生发现自己所不知的或自认为已经了解的概念的真正内涵,也让学生认识到他们经常认为很容易做到的语言转换和表达在特定背景和语境下并不一定容易做到。在这样的教学中,学生不仅学习到了新的知识,更是对原有知识的更新,同时还能学习到知识内容中所蕴含的中华民族传统文化和理念,让他们认识到在对外传播"中国故事"时在特定语境下哪些内容是最值得对外译介和传播的。

四、教学分析

教学设计的重点是"中国故事"的内涵阐释。"中国故事"的含义,从广义上讲包括了从古至今中华民族一切的优秀文化和传统理念,更包括了新中国成立以来特别是改革开放以来中国所取得的举世瞩目的成就以及当代的"一带一路"倡议、"中国梦"等最新概念,这就要求学生具备相当宽泛的知识面,而要做好翻译一样要求学生广泛涉猎各个学科领域、各行各业乃至古今中外的知识。因此,教师向学生提出,要"讲好中国故事",先要知道并了解"中国故事",要求学生能够以本案例的教学为基础,根据自身的兴趣和学习安排,较为系统地学习中国传统文化相关的知识。这是一个非常漫长的过程,但从长远来看,有利于培养能够"讲好中国故事"的人才。

教学设计的难点是如何把握语料的代表性与难度的关系。具体来说,如果源语表达(尤其是汉译英)较为生僻或者内涵涉及比较冷门的知识,难度有了但代表性就差了,会影响学生对汉译英难度的认知;反之亦然。解决这一问题的方法:增加语料来源的领域,包括文学和非文学,同时也考虑到尽量增加一些能让学生学习传统文化和价值观、了解时事、开阔视野的内容。

五、教学反思

本次教学的实际教学效果良好。从实际情况来看,学生确实收获了不少对传统文化的新的理解和对时事传播的新认知,也对做好翻译并最终实现对外传播中国文化所需的能力以及实际操作中的方法和技巧都有所了解和掌握,但有如下两点需要进一步思考和改进。

(1) 学生的实际经验和知识基础。"中国故事"所涉及的知识面广泛,而且在其相关的特定语境下的翻译需要有一定的实践经验才能体会具体操作的方法和技巧。由于学生的知识基础、实践能力和相关经验等条件与教学内容所需的不一定能匹配,且学生个体之间也存在较大差异。这一点应当在今后的授课中提前加以了解,以免学生觉得过难或者过于浅显。同时,教师应当在教学准备的过程中尽可能地多收集相关的且尽量符合学生实际水平的背景资料,保证课堂教学重点的同时在内容上有一定的发散程度,有利于学生形成知识体系。

(2) "课堂思政"的目标分配。"课堂思政"是开展思政教育的非常有效的一种新形式,但专业教学课堂要兼顾专业教学和思政教育两个目标,实际上正是"教书"和"育人"这两个目标。要"讲好中国故事",每个专业的学生的做法不一样,而教师要思考的是如何将思政教育相关的内容较为自然、合理地融入专业教学中去,让学生在未来能够很好地利用自己的专业知识和能力来传播中国声音。

英语语言技能课堂中中华文明价值观的传播

李潇骁

一、教学背景

"学科竞赛辅导(一)"课程是外国语学院于 2017—18 学年第一学期短学段开设的一门新课,属于 2016 级学科基础课程。本次课为口译专题授课,授课对象为 2016 级商务英语 3 班的学生,授课时间为 2017 年 1 月 8 日下午第五—第八节课,授课地点为松江校区 3 号教学楼 3DM33 教室。本次课采取教师讲授和学生课堂讨论、实战演练的方式进行。本课程旨在帮助学生了解学科竞赛(口译部分)的基本内容和方式,培养学生在口译领域的基本技能。通过本课程德育元素的渗入,既可以提高学生的政治素养,增强学生对我国传统文化的热爱,又可以将西方文化与中国文化有机结合,帮助学生树立正确的价值观,同时,在实战演练的过程中,还可以培养学生团结协作、迎难而上的精神。

二、教学过程

本课程以中华文明价值观转播为指导思想,体现思政教育内涵,以传播中华文明价值观为主题,以设置情景教学为导入,采用学生自主体验式练习、分组讨论和操练以及拓展式实战练习等教学手段,运用层次性和递进性的教学策略,通过教师的理论讲解,示范指导和练习,学生观察、模仿、体验、互动、讨论、评价的学与练,达到完成教学的目的,启发学生主动参与创意的合作学习和讨论,提高学生的政治素养,培养学生对传统文化的兴趣和对文化传播的热情,提高自身传统文化修养和积极对外文化的传播动能。

本次课堂授课主要分为以下内容。

1. 口译介绍

向学生介绍口译的基本概念和基本理论，特别是政治和外交领域的口译。从内容上看，这类口译政治性强、意义重大，常常关系到国家大事、世界大事、国际关系、双边合作等重要问题。从对象上看，参加会见、谈判的人多为国家、政府领导人、政治家和外交官。因此这类口译活动不仅形式正规，而且措辞严谨、准确，讲究礼仪及政治文化背景。

在授课过程中，教师会用实际的例子来提醒学生措辞准确的重要性。例如，"英国"不能译为 England，而应译为 UK，以避免冒犯苏格兰、威尔士、北爱尔兰等地的来宾；"中国台湾"应译为 Taiwan Province，而不能仅用 Taiwan 一个词，等等。

2. 分脑训练

任何语言应用者或同传译员须具备"分脑"，即一心二用的本领。因此，我们在训练课上进行了一些抗干扰练习。例如，教师要求学生一边听一段中国文化新闻报道的音频，一边和搭档用母语或英语聊天，聊什么内容不限，但不能停下来，等音频放完后，要求学生概括音频大意，同时回忆聊天内容。学生通过这样的练习，不仅可以培养边听边说边译的能力，也将时事热点以材料的方式渗透到课堂中，培养政治素养。例如，教师将习近平总书记在中共十九大发言中关于"思想文化建设"和"中国特色社会主义进入了新时代"两段内容作为听力音频，提醒学生关注"软实力""新时代""中国智慧和中国方案"等关键词，并由此展开，探讨这些关键词语的英译。

3. 视译练习

即边看文稿边进行翻译。在进行视译材料的选择时，教师特意选取了一些政府工作报告、官方新闻稿、正式会议发言稿等内容作为中文材料，并选取一些国际社会热点内容的新闻报道作为英文内容，使学生了解国内外时事热点，传统文化和思想道德理念作为深入补充材料，引导学生尊重和热爱自己的传统文化和思想，树立正确的价值观。例如，教师以奥巴马访华时的演讲文本为例，在基本练习之余，重点关注其中引用的中国名言"温故而知新"（Consider the past, and you shall know the future），并由此展开联想，让学生收集习近平总书记在演讲中曾引用过的古典名句，讨论这些名句所传达的思想和主张，并思考如何将其翻译成英文。例如，"志存高远，脚踏实地"可以译为"Aspire for high and grand while planting our feet firmly on the ground."等。此外，教师进一步展开联想，对于习近平总书记讲话中引用的外国名言展开讨论，如莎士比亚的"凡是过去,皆为序章"("What's past is prologue"),讨论这些名言本身的含义以及在口译中如何处理这些中外名言的问题。

三、教学结果

"课程思政"的内涵不在于单纯地开展思想政治教育活动,而是以具体课程为载体,将思想政治教育自然地融入传授知识、技能训练等各项具体的教学活动里,在潜移默化中培养学生正确的价值观、人生观、世界观。在本课程的教学中,教师不是单纯地向学生灌输各种理念,而是结合学科特点,在练习的中给学生加以指引,这既帮助学生在潜移默化之中提高了思政素质和道德品质,树立了正确的价值体系,又使得教师能够更加关注学生的思想政治素养,实现了教学相长。

此外,在讨论口译中中外名言的翻译时,学生对于我国的传统文化有了深入的认识和理解。学生只有深入了解中国的文化血脉之后,才能对中国传统思想文化进行更好的传承和升华。对于学生而言,在这种潜移默化的教学模式下,既避免了理论知识的枯燥无趣,又加深了自己对于社会文化、政治文化和道德理念的认识。另外,许多学生是第一次接触口译,刚开始难免觉得口译太过于"高大上",担心自己无法完成,但是通过循序渐进的练习和分组讨论、操练,发现课程结束后自己已经对口译有了基本的概念,并且可以完成简单的口译练习,这也在不知不觉间增强了学生的自信心,培养了他们不畏艰难、迎难而上的精神,在日后遇到困难时,也能这样一点一点将其攻克。

四、教学分析

作为一门外语课程,教师在培养学生外语技能的同时,也会向学生介绍西方的文化和价值观,让学生感受到多元文化的交汇和碰撞。因此,教师在授课过程中的一大难点就是如何将西方文化和中国传统文化有机地结合起来。例如,在视译练习中,教师展开了对中国古典诗词名句英译的探讨,在这个讨论中,教师先关注的是这些名句本身。教师引导学生分析这些句子的意思,同时体会中文凝练、对仗、优美的表达,在掌握了句子的含义之后,再进入讨论其对应的英文翻译。学生在这样的练习中,在提高了英语水平的同时,又增强了对祖国语言、祖国文学和祖国文化的热爱。学生在提高实际技能的同时,也了解了国内外形势、我国的社会发展现状、社会价值观的发展变化等方面的内容,加深了对中华民族传统的社会文化、政治文化、道德理念的理解和认识。这对提高学生的时事政治素养、培养学生适应于社会的道德价值观大有助益。

教师授课中另一个关键点是对于学生政治素养的提高。随着当今社会的不断多元化,许多学生对政治不感兴趣,不愿参与政治,强行向他们灌输政治理论只会造成他们的抵抗和逆反情绪。因而,教师认为,在实际的练习中进行潜移默化的引导和渗透是最佳方法。例如,教师在口译练习材料的选择上,尽量选择最新的、讨论度较高、关注度较高的材料,一方面可以调动学生对于时事政治的兴趣和热情;另一方面也可以提高学生的政治敏感度,让他们在不知不觉中提升了自己的政治素养,也有助于学生坚定政治信仰,塑造精神家园。

五、教学反思

"课程思政"主要包含两个方面。一是"课程",不同学科、不同课程有不同的特色,最重要的是教师要结合自己的学科特点和课程特点进行授课,在课堂教学中,不仅要传授专业知识,也要渗透育人元素,引导学生树立正确的价值观,在外国语学院的课程中尤其如此。二是"思政","思政"不应该是强行灌输枯燥的理论,而是应该"润物细无声",让学生在不知不觉中提升自己的道德、政治和文化修养。

在外语类学科的授课中,最重要的就是陆谷孙先生所说的"学好外国语,做好中国人"。在本课程的教学过程中,教师在传授相关知识、训练竞赛技能的同时,也让学生提高了自身的政治素养,学习了我国社会和国家发展相关的理念等。与此同时,教师也向学生渗透了传统的文化和价值观,并在此基础上,自然而然地比较传统文化与西方文化的差异。更重要的是,学生学会了如何用英语表达我的传统文化、思想和价值观相关的内容,为他们将来向外国友人乃至国际社会传播"中国声音"创造了可能。

当然,本课程教学内容也有需要提升的部分。例如,在材料的选择上,教师将重点放在了国内的工作报告、官方演讲等中文材料上,对于国外的材料讨论不足。其实,许多英文的新闻报道和政治家的演讲都是我们深入了解西方政治体系、政治理念和文化价值观的窗口,这一方面,教师认为在以后的授课中,可以通过这些文字材料,帮助学生了解西方社会的政治和文化,由点到面、从深入浅,在掌握了这些政治和文化背景知识之后,学生可以更出色地完成口译任务,也可以更好地向国际社会讲好中国故事,传递中国声音。

将"工匠精神"融入"书画装裱工艺"

何 爽

一、教学背景

"书画装裱工艺"课程是 2018 年度学校"课程思政教学改革"试点课程。本课程为综合素养类(全校选修)课。本次课授课内容为第三章"古书画装裱技艺在新时代的传承和发展"中的"将工匠精神融入书画装裱工艺"内容,授课对象为 2016、2017、2018 级全校学生,授课时间为 2018 年 3 月 26 日,授课地点为 1 号教学楼 1106C 教室。书画装裱艺术是我国独特的民族艺术,已成为中华文化的特定符号之一。传统的手工裱画作为非物质文化遗产在中华文化的对外传播中具有重要的地位,其对繁荣中国传统文化、保护古书画、欣赏中国书画、鉴别书画真伪等都起到很大的作用。本次课重点讲授古书画装裱技艺在新时代的传承和发展。本次课采取学生互动讨论为主、教师点评的方式进行。

二、教学过程

学生通过观摩纪录片《我在故宫修文物——书画的修复、临摹和摹印》,展开教学大讨论。学生通过分组讨论、每组同学代表发言的形式,说出自己对装裱修复者们的"匠心传承"精神的感受。

1. 讨论问题

我们通过纪录片的观摩,感受到了什么?

如何理解"工匠精神"?

在校大学生如何践行工匠精神?

以上讨论主题以分组讨论、每组学生代表发言的形式,说出自己对装裱修复者们的"匠心传承"精神的感受。

2. 讨论研究要点

古书画装裱发展历程:古代传统匠心精神的演进史;追求卓越的古技艺;新时代的书画装裱发展:在继承中孕育滋养,在发展中扬弃创新;"匠心传承""精益求精"——在匠艺实践中的想象力和创造力。

3. 教师讲评重点

当代的匠艺实践,既是一种劳动实践又是一种艺术创造实践,当代的工匠不再是按部就班的被动工作,而是一种从小生活在耳濡目染的场域中的模塑,是一种精益求精、尊师重道的精神。

从视频中可以看出,在匠艺实践中匠人处于高度专注中,需要把该项技艺中大量的复杂技能牢记于心,并内化为可供随时加以提取和运用的默会知识,在此基础上,才会迸发出无穷的想象力和创造力。这种精神给予我们当代大学生的启示——爱岗敬业、坚守专注。

技艺的传承往往会"程式化",形成程式就意味着创造成果被固化,造成对艺术创造的制约,在时代的大潮中,只有与时俱进创新发展才会涅槃重生。应当树立传统非物质文化遗产是鲜活的而不是静止的,要——发现重铸,提升与重铸文化传统,提升与重铸国民性格,提升与重铸人生。

三、教学结果

1. 教师收获

"十年磨一剑",按照业内人的说法——入行 5 年也还算是新人。通过本章节的教学,教师在教学中深切体会到,工匠精神的内涵的扩展——精益求精的敬业精神、追求卓越的进取精神、突破自我的创新精神、德技兼修的重德精神。教师要提升业务水平,强调自主创新、道技合一,提升对教学内容的求精探索的内生动力。

2. 学生的收获

纪录片中有这样一段采访:书画装裱组的纪秀文回忆她的学徒经历时说:"每天都在练基本功,就是磨刀和裁纸。师傅要求严格,除了要记清楚 40 多道工艺的工序外,我每天还要把桌子上成沓的过期报纸折成五六层,然后裁得像火柴棍那么细。厚厚的纸裁起来本来就不是件容易的事,何况还要裁得很精细。第一刀的力道要轻,每刀的力度也都不一样,刀口要紧贴裁尺,裁的纸口不能出一点纸毛,要达到这样的要求不勤奋练习肯定是不行的。"

这段话给学生们的印象深刻,大家在大讨论中都提到了这个例子,范南立说"机械化生产普遍发展,网络发达,传统工艺越来越稀少的年代,匠人精神成了一种可贵的财富。"韩镇鸿说:"在当前快餐文化下,能够静下心来暂时脱离这个繁杂的世界和碎片化的信息本身就很难……"李全芯说:"我感觉需要专注于手头上的事情,细心地做好每一个细节,耐心地重复每一个动作直至完成,不断用审慎的完美主义目光检视自己手头上的事物,保持学习和技艺的操练……"范凯利说:"意识到了大师们完成整幅作品的不易,他们这认真严谨的工匠精神值得我们学习,毕竟我们还总是动手感受一下,连他们的半分辛劳也难以体会到就觉得非常不容易了,所以应该好好学习他们持之以恒、严谨认真、细致入微的工匠精神。"崔增武说:"纪录片向我们展示了一幅装裱好的作品的全部过程,每一道工序都有其特点与不可或缺的作用。每一道工序不仅展示了传统手工艺者的技艺水平,更加包含了丰富的传统文化。这些都勾起了我的极大兴趣,我决定认真学这门课。亲身感受优秀传统工艺的风采与不易,把握这次机会去亲身了解传统文化的魅力。"

四、教学分析

教师通过课上观摩纪录片,教导学生学习到文物修复者的执着、专注、匠心和对传统技艺的传承、创新精神,书画装裱艺术。正如"故宫匠人"古书画装裱修复师杨泽华所说,传承的不仅是技艺,还是中华文明史、科技史、思想史的传承,是人类文明的传承和延续。每一代书画装裱修复师都是传承的载体,承载着历史赋予的责任和对未来的开拓。师傅在传授书画装裱技术手法的同时,也潜移默化地把博大精深的中华文化史、思想史、科技史进行了具象与抽象结合的传授。

1. 匠心传承——去浮躁之心,养成精心、静心、耐心学习的好习惯

通过观摩纪录片《我在故宫修文物——书画的修复、临摹和摹印》,学生感受到文物修复者的执着、专注、匠心和对传统技艺的传承、创新精神。教师告诫同学们:匠人精神并非一种过时的精神,这种精神延伸到现代,需要静心、细心、耐心,长时间修炼的技艺和艺术审美水平,任何一件事,要想做好,都离不开专注、细心,刻意练习,钻研精神,执着力。

教师总结:同学们要向他们学习这份细心、精心、静心,并将这份静心延伸到自己学习和生活中,找出的不足之处加以改正和提高;要向他们学习这份耐

心,踏踏实实为实现自己的奋斗目标永不放弃;要向他们学习这份信心,克服重重困难终将取得优异的成绩。

2. 技艺中定式法则的遵循

(1) 法则、定式。书画装裱修复技艺在操作手法定式上有严格的规定。修复技艺的提高是建立在基本功的训练和对传统工艺定式的遵循上。对正确的姿势、手法,用刷的轻重缓急、裁刀的力度、制糨糊的火候、染料、托画心、揭补、全色、接笔、镶接、研装等工序的要求极其严格。比如,在托绫(绢)工序中,要求所托绫绢的经纬要方正,图案横平竖直。先浸湿绫绢,并不停地用手拍打,使其纹理清晰;上糨糊时要用排刷上下左右"米"字形刷,其目的是把刷排均匀,这样托好的白色绫(绢)在染色时才会更美观。这些步骤必须严格按照传统方法的定式要求进行,因为每一遍的排刷,每一遍的用力轻重,都非常讲究,每个步骤都有严格规定和定式,蕴含着古人的智慧。

(2) 经验的积累和发挥。世界上任何一门传统技艺,经验都是很重要的,经验是严谨遵循技艺的定式下逐渐取得的。这是因为文物的伤况有着普遍性和特殊性两方面。每件文物因其受保存环境、质地差别等各种因素影响,在断裂、折伤等普遍性伤况之外,还有着不同伤况的特殊性,这种情况下,需要依据经验来选择适合的操作手法[1]。这种发挥也往往带有个人的经验积累和创作发挥。

因此,经验在书画装裱修复中起着很重要的作用,而最初的经验积累则是严格遵循法则、定式的收获。基础知识的掌握是最为重要的,在完全掌握的基础上,就可以发挥我们的创造精神,这时我们就可以游刃有余,事半功倍。

五、教学反思

中国古代人讲究格物,就是以自身来观物,又以物来观自己。书画装裱修复技艺的传承是超越工匠范畴的艺术承接。

1. 爱岗敬业,守好一段渠、种好责任田

在品格、精神层面,故宫博物院书画修复的老师傅们每天都会来得很早,进门后首先要查看一下墙上贴的画,打水、擦地、擦拭案台,为一天的工作做准备。这一切已然是一种习惯了,没有人要求他们必须这样做,每天的早来、晚走也是没有报酬的,而且是几十年的坚持。这种潜移默化的行为,就是师辈想要给年轻人传授的爱岗敬业、无私奉献的精神。师傅在传授书画装裱修复技艺的同

---

[1] 杨泽华:《对传统师承制传授技艺的解读》,故宫学刊,2017(1)。

时,技艺中的精神层面也悄然无声地教给了徒弟,这是一种无形的传授①。作为一名非遗课程的教师,更应该守好一段渠、种好责任田,遵循教书育人规律,遵循学生成长规律,不断提高工作能力和水平。

2. 同向同行,协同育人

明确课堂的多重意义及其所承载的多重使命,有助于我们更好地理解教师的职责、明确教师立德树人的使命,阐释以学生为中心、"传道授业解惑"的师道内涵。例如,做一把椅子,就像在做一个人一样,他是用人的品格来要求这个椅子。他在修这个文物的过程中,他跟它的交流,他对它的体悟,他已经把自己也融到里头。

中国古代工匠以精雕细琢、精益求精的精神,倾注着他们毕生精力。中国工匠师们做人做事低调不张扬、奉献而不求索取,这正是儒家思想的写照。书画装裱技艺蕴含着中国人的智慧,是中国人在生活劳动中的奇思妙想、智慧灵光闪现的发明与创造。我们所要做的就是要赋予传统师承制新的活力和生命力,把书画装裱技艺传承下去,让更多的文化遗产得到保护、传承和发扬。我们需要重拾工匠敬业、勤奋、执着、创新精神,形成一种独特的、具有创造性的文化和价值观。

---

① 杨泽华:《对传统师承制传授技艺的解读》,故宫学刊,2017(1)。

将弘扬中华传统文化融入"书画装裱工艺"

何 爽

一、教学背景

"书画装裱工艺"课程是2018年度学校"课程思政教学改革"试点课程。本课程为综合素养类(全校选修)课。本次课授课内容为第一章"书画装裱工艺概述"中的"书画装裱的历史脉络""书画装裱的材料及其特征""学习书画装裱艺术的意义"三节内容,授课对象为2016、2017、2018级全校学生,授课时间为2018年3月5日,授课地点为1号教学楼1106C教室。书画装裱艺术是我国独特的民族艺术,传统的手工裱画作为非物质文化遗产在中华文化的对外传播中具有重要的地位,其对繁荣中国传统文化、保护古书画、欣赏中国书画、鉴别书画真伪等都起到很大的作用。本次课重点讲授古书画装裱的艺术特征及其文化内涵,让学生领略书画装裱技艺发展的历史脉络以及渗入其中的古人哲学意识和审美意境,促进当代大学生增强对传承中华优秀文化的使命感和责任感。本次课以时事为引导,学生课堂讨论和教师讲授的方式交替进行。

二、教学过程

本次课计划以一个时事为引子,提出三个问题,通过学生分组讨论,吸引学生对传统文化中的书画装裱艺术产生兴趣。并以此为引导,导入书画装裱的历史脉络以及在当前文化大发展、大繁荣的历史时期,教师如何要把握这次弘扬中华传统文化的有利时机,了解中华传统文化精神,并以手工装裱为契机,通过对古书画装裱历史的演变为脉络,通过实际操作,提高学生对传统文化的认知和兴趣,更重要的是要从民族自信和文化自信的角度去认知、理解,把非物质文化遗产所蕴含的文化精神、民族特色、思维模式、艺术形式看作是维护我国文化身份和文化主权的象征之一。

1. 引入时事

2017年11月8日,习近平总书记和夫人彭丽媛与来华进行国事访问的美国总统特朗普和夫人梅拉尼娅参与书画装裱的实际操作,体验书画装裱工序的关键环节——托画心(如图1所示)。两国元首夫妇在专家演示下,一步步完成这道工序,并一起向大家展示,赢得现场热烈掌声①。

图1 托画心

2. 分组讨论

问题1:为何美国总统和夫人来华国事访问,亲自体验书画装裱的技艺?其意义何在?

分组讨论要点:中国书画是世界各国一致公认的东方艺术之瑰宝。伴随着书画艺术而发展的书画装裱工艺,是中华民族独有的工艺,才使历代书画珍品才得以保藏久远。中国的装裱技艺历经战国、两汉、魏晋南北朝、隋唐,至宋代时期达到辉煌,发明的宋式装裱——"宣和装",后至明代的"苏裱"达到高峰。中国的装裱技艺在唐初时开始传入日本,从奈良时代至室町时代,日本的装裱

① 新华网,2017.11.9。

从技术手段和艺术形式上都深受到我国装裱技艺的影响,是对我国书画装裱艺术的继承。除日本之外,在一些亚洲国家,也十分珍视这别具一格的特有工艺。书画装裱艺术成为中华文化的特定符号之一。

中美两国领导人及夫人亲自参与书画装裱中"托画心"的环节,是中国在倡导"尊重文明多样性构建命运共同体"主题下,在"大力传承和弘扬中华优秀传统文化"的旗帜下,传播中国声音,展示中国文化的魅力和文化特色,倡导中国文化自信,推动人类文明繁荣与进步的重要内容,是在尊重世界文化多样性的基础上,强调中国文化的主体性行为,增强中华文化在国际上的传播力影响力,增强了我们——当代大学生对中华文化传承的使命感和责任感。

问题2:装裱与书画有什么关系?

分组讨论要点:书画作品承载中国传统文化,书法用高度概括、抽象的方式体现着中国人的哲学理念,国画写意或写实,都蕴含着丰富的文化内容。中国书画以其深厚内涵和独特魅力,表现中国传统文化和中国人的文化精神。而装裱的基本功能是保护、展示、美化书画。历代珍贵的书画、碑帖等能够流传至今,其中最关键的一点就是因为经过了装裱和修复,用纸、绫、绢等材料将其背面、四周加以保护。可以说,离开了装裱工艺,就不可能留有现存于世的如此众多的丹青墨迹。书画与装裱是融为一体的,缺一不可。

问题3:书画装裱是如何体现中国文化的?

分组讨论要点:书画装裱艺术体现古人哲学意识和审美情趣。中国古人认为宇宙是一个整体,天、地、人三者相通。《老子》四十二章中讲到"万物负阴而抱阳,冲气以为和",表达了天、地、人合一的精神。书画装裱中,画心表达的是人,天头是天,地头为地,三者合为一个整体。周嘉胄在《装潢志》中曾做过详细阐释:"书画之命,我之命也,趋承此辈,趋承书画也……上贴亦不易事,如人着衣冠,切须留意。琼瑶在握,自亦可喜,再展菁华,则色飞神爽矣。若不七碗酬兴,亦须在三雅熏心。"书画装裱中,画心表达的是人,天头是天为阳,地头是地为阴,三者合为一整体,这符合中国传统的人文主义世界观和哲学传统。

常见的装裱形式为竖式,由天杆、画心、地轴三部分组成,由此可以看出其与中国传统文化、思想、精神是密不可分的。如同人的穿衣品位能显示其内涵修养一样,书画装裱的颜色、材质、形式也在无声地诉说着人所倾注其中的思想意识。

3. 教师讲述

教师为学生梳理书画装裱历史发展脉络,为学生讲解书画装裱的材料及其特征,为学生阐释书画装裱艺术的意义——坚定文化自信。

几千年以来,优秀传统文化及其主张的仁爱、诚信、爱国、奉献和自强等美德,作为中华民族传承下来的宝贵精神财富,激励着一代又一代的华夏儿女前仆后继,奋力拼搏,推进着中华民族的发展进步。书画装裱与修复技艺具有鲜明的中国特色,是非常值得珍视的民族非物质文化遗产、中国传统文化中的瑰宝。如果说,中国传统文化是中华民族在长期生息繁衍中形成的具有稳定的共同精神、思维方式和价值取向的精神成果的总和,那么它已经深深地内化为人们的心理素质和民族性格,并渗透到社会生活的各个领域,成为制约人思想形成和发展的重要力量。因此探寻中华传统艺术的生成发展规律,在传统的基础上引导学生提升与重铸文化传统,提升与重铸国民性格,提升与重铸人生。

三、教学结果

　　教师在教学中的收获:各专业学生选择本课程的目的,不在于回到古代,而在于切入当下;不仅仅在于把握传统的工艺技术知识,更重要的是学习指导人生——中华艺术特殊的审美,又无不扎根于精深博大的中华哲学。在装裱课程教学过程中进行优秀传统文化及其美德的教育,是本课程思政教学研究与改革的迫切需要,也是提升高等学校人才整体素质培养质量及效果的必然要求。

　　学生有如下的收获:

　　沈懿瑶:走进这门课,真正体验民间艺术是对民间文化的尊重,是对传统文化的尊重。我理解的"传统","传"为传承,"统"为道统。我深知,除了书画装裱、剪纸艺术,想要学习好中华传统文化,根本不能局限于这些。我理应怀揣着一颗敬畏之心,以自己的绵薄之力弘扬民间艺术,传承民间文化。

　　童靖:装裱师的工作虽然琐碎,却充满的艺术感,他们用自己默默地劳动,充当着画家背后的支持者。他们的一举手,一投足,都体现了对美的珍视和对艺术不懈的追求。这一学期的学习、体验,着实体验到了民间艺术的魅力,通过自己动手的实验让我喜欢上这些艺术制作,也希望中国的民间艺术,传统艺术的发展越来越好。

　　王冬钰:我们以新的视角重新认识了博大精深的中国书画装裱文化以及勤劳智慧的中国古代劳动人民。中国书画装裱艺术的形成与发展离不开中国古代书画装裱技艺者在实践中的不断探索与创新。

　　孙亦伟:我获得更多的,是在书画装裱背后的,对于中国非物质文化遗产的一种敬佩与赞叹。这些没有实体的技艺虽然看似简单,但是每一道工序都必不可少,做好做精亦是十分困难。而且,现如今许多非物质文化遗产已经濒临灭绝,人们开始去关注这些我们国家老一辈们留下来的传统技艺,去感受去学习,最后去继承,甚至将其发展,创新。

四、教学分析

"书画装裱工艺"课程不仅是要培养学生的专业能力,还要培养学生的爱国情怀,对传统优秀中华文化的认同感和自豪感以及增强对传统文化勇于创新,不断拓展的勇气。本课程教学目标应为"知识目标＋能力目标＋素质目标"三层次。教师通过讲述装裱的历史脉络的同时,使学生增强对中华民族优秀传统文化的感受和体验,通过了解中华传统优秀文化的博大精深以及中华文化的独特创造、价值理念、鲜明特色,让学生增强文化自信和价值观自信,主要体现在以下两个方面。

(1) 立足于中华优秀传统文化。抛弃传统、丢掉根本,就等于割断了自己的精神命脉,博大精深的中华优秀传统文化是我们在世界文化激荡中站稳脚跟的根基。中美两国领导人及夫人亲自参与书画装裱与修复的实践,正是中方在全球化的时代主题下,传播中国的文化魅力、展示中国的文化特色、倡导中国的文化自信,推动人类文明繁荣与进步的重要内容,是在尊重世界文化多样性的基础上,强调中国文化的主体性行为,提升了中国文化的国际话语权和影响力,增强了我们,特别是高校学生的文化自信。

(2) 要清楚中华优秀传统文化的历史渊源、发展脉络、基本走向,要珍视的民族非物质文化遗产、中国传统文化中的瑰宝。书画装裱与修复技艺具有鲜明的中国特色,是非常值得珍视的民族非物质文化遗产、中国传统文化中的瑰宝。中国传统文化是中华民族在长期生息繁衍中形成的具有稳定的共同精神、思维方式和价值取向的精神成果的总和,它已经深深地内化为人们的心理素质和民族性格,并渗透到社会生活的各个领域,成为制约人思想形成和发展的重要力量[1]。在装裱课程教学过程中进行优秀传统文化及其美德的教育,体现了本课程思政教学研究与改革的迫切需要,也体现了提升高等学校人才整体素质培养质量及效果的必然要求。

---

[1] 曲洪志:《中国传统文化与新时期思想政治教育》,马克思主义与现实,2004(6)。

五、教学反思

（1）教师通过本课的试点教学，深刻感受到要拥有精深的知识、开阔的视野和丰富的精神世界，要有坚定地政治思想，专业业务精湛，师德高尚，还要勇于创新。

（2）教学更要育人，"术与道相结合"，不仅要教会学生基础知识和技能，更要告知学生要把继承和发扬中国传统技艺作为己任，要时刻站在保护传统文化遗产的高度责任感的立场上，将德育教育融会贯穿于美育和素质教育中，让学生深入体会传统非物质文化遗产是鲜活的而不是静止的，鼓励他们不断融入并一代代教育传承下去，这样才能在经济一体化背景下和倡导"尊重文明多样性，构建命运共同体"主题下，保持本民族文化的特色，从而实现文化自觉的文化自信的转变。

学习《不忘初心》，唱响革命精神

倪 燕

一、教学背景

"合唱训练与指挥"课程力求突破普通高校艺术教育和思想政治教育相分割的传统模式，通过课程内容的设计，将思政教育与艺术教育、传统文化教育紧密结合，并聚焦中华传统文化与思政教育的有机结合，在对具有思政教育功能的艺术作品进行遴选的基础上，探索基于角色扮演、以学生为中心的新模式，并为艺术类、传统文化类课程与思想政治理论课形成"协同效应"寻找路径。教师在课堂上通过谱例的训练以及拍点、句子、节奏的训练，不仅要达到对指挥中的协调、协和等因素的熟练掌握，还应在训练过程中，发挥艺术作品中的德育元素，把思政教育与艺术教育紧密联系，使学生感受到艺术作品中精神力量，并能以作品中角色的先进事迹为榜样，形成激励自己前进的精神动力。教师在"合唱训练与指挥"课程中加入了对《不忘初心》的学习、欣赏，并以多种音乐形式加以改编、演绎，让学生们在学习音乐的过程中感受什么是初心，学习怎样不忘初心。

二、教学过程

1. 知识引导

"不忘初心"这个词一直烙印在我们的生活当中，"不忘"意味着我们相对曾经有了十足的变化，"初心"则时刻警醒着我们，不能安于现状，仍要坚持奋斗。

不忘本来、吸收外来、面向未来。习近平总书记在中共十九大报告中也已然给出了一个重大判断：中国特色社会主义进入了新时代，这是我国发展新的历史方位。不忘本来：必须认识到的是，经过长期的努力，我国社会主要矛盾已经转化为人民日益增长的美好生活需要和不平衡不充分的发展之间的矛盾，但我国仍处于并将长期处于社会主义初级阶段的基本国情没有变，我国是世界最大发展中国家的国际地位没有变；吸收外来：为了解决这个不平衡，大力提升发展质量和效益，更好满足人民在经济、政治、文化、社会、生态等方面日益增长的需要，更好推动人的全面发展和社会全面进步是离不开取长补短的过程的，不仅仅是自我的努力提升，更需要海纳百川；面向未来：到21世纪中叶，我们要建成富强、民主、文明、和谐、魅力的社会主义现代化强国，进一步建设物质、政治、精神、生态文明，做到体系、能力现代化，综合国力得到领先，从而实现共同富裕。

2. 教学展示

为了庆祝中共十九大胜利召开，让学生们在学习音乐的过程中能够不忘初心，在"合唱训练与指挥"的课程中特地加入了对《不忘初心》的学习、欣赏，并以多种音乐形式加以改编、演绎。把独唱作品改编成合唱作品，使学生在潜移默化中加深对爱国的认知，以振兴中华为己任、主动传播发扬中华优秀传统文化、自觉报效祖国。让同学们牢记"不忘本来、吸收外来、面向未来，更好构筑中国精神、中国价值、中国力量，为人民提供精神指引"重要方略，认真思考如何推动中华优秀文化创造性转化、创新性发展，继承革命文化，发展社会主义先进文化。

星海合唱团在接受了《不忘初心》教学后，有幸受到松江区广富林街道"喜迎十九大、文脉颂中华"首届文化艺术节的邀请，现场演绎了作品《不忘初心》。该作品是在纪念红军长征胜利80周年文艺晚会上演唱，从最初的民歌形式创作，到改为流行歌曲，并在春节联欢晚会上演唱。诠释了共产党人走过的革命历程，新时代凝聚着每一位年轻人的理想，汇聚成一个民族共同奋斗的初心。

三、教学结果

（1）学生通过课程学习，形成比较自觉地学习优秀作品中精神力量的意识。学生认识到中国共产党在中华民族伟大复兴历史进程中的决定性作用，并能以作品中角色的先进事迹作为激励自己前进的精神力量。学生用更加丰富的艺术形式反映各民族大团结，用更加频繁深入地交流、互动，来观摩反映少数民族文化、风俗、重大事件的作品。学生全面了解中国主要的民族艺术形式，熟知汉族及少数民族典型的优秀艺术代表作,感受这些作品的民族情怀以及在不同历史时期的进步作用,在深入了解中华优秀传统文化的基础上树立高度的文化自信。

(2)学生不仅能够丰富音乐素养、陶冶情操,还能够在音乐中激发自身的爱国主义情怀意识与诚信意识,获得中华优秀传统美德,得到多方位的提升。学生虽来自各个不同的水平,但能够通过互助的学习,使班级的整体水平上升一个层次。课程本身在遴选作品时就会根据需求制定多层次、多角度的计划,根据不同的班级及学生因材施教,形成共同进步、发展的局面。

(3)随着课程的深入开展,教师使艺术更普及、更专业化,将德育和美育更融合、更平衡地相辅相成。此外,学生会大力支持其发展,并在其他学生中自发地推广该门课程,使得更多的同学能够与其接触,并在课程中得到丰富的收获。在本课程与合唱团两方面同时建立综合素质养长效机制,将德育与美育间的融合与平衡更好地把握。

四、教学分析

《不忘初心》由朱海作词,舒楠作曲,入选了第四批"中国梦"主题新创作歌曲。近年来分别在"永远的长征——纪念红军长征胜利80周年文艺晚会""2017年央视春节联欢晚会""庆祝香港回归祖国二十周年文艺晚会"等重要场合表演。该作品温暖感人,大气又能让人感受到柔情,让同学们在学习过程中铭记红军战士用生命和热血铸就的雄壮历史;铭记革命先辈为了我们如今的美好生活吃的苦受的累;希望孩子们在享受现在的生活的同时,能够不忘初心,能够将革命先辈的精神传承下去。

一曲《不忘初心》,曲调悠扬,歌词暖心,一句"不忘初心,继续前进,万水千山,最美中国道路",让人重温红军长征那段艰苦的辛苦岁月,诉说着对祖国和人民的浓浓深情。"万水千山,不忘来时路",歌曲开门见山,希望听众们能够不忘自己从何而来。"你是我的一切我的全部",心怀感恩,对祖国对人民的感恩,希望能够回报祖国。学生通过学习、现场改编学习这首歌曲,对这首歌的有了更深一层的了解,在演绎这首歌的过程中也能投入更多的情感。在今后的学习和日常生活中,都能不忘初心,方得始终。

五、教学反思

（1）教师改变先前单一的教学模式，更多地引入以新媒体为载体的艺术传达，选择学生感兴趣的、易投入的作品，通过教师的指导进行全新的演绎，使学生有更多的机会及热情参与进课堂中来，增加课堂趣味性，同时帮助学生体会歌曲中的思想情操和人文情怀，提高自身素养。

（2）教师创建课堂共享群组，分享课上欣赏过的作品以及其他各类作品，提供多样化选择，并鼓励学生发现、分享优质作品，使师生交流互动的时间延伸至课下，为学生提供机会参观合唱团排练、观看校内外各类演出，鼓励其参演更多更优秀的作品。